© Descartes & Cie, 1999
32, rue Cassette, 75006 Paris

ISBN 2-84446-014-3 – ISSN 1263-9230

ESPÉRANCES ET MENACES DE L'AN 2000

LE CERCLE DES ÉCONOMISTES

ESPÉRANCES ET MENACES DE L'AN 2000

Descartes & Cie

Sommaire

Sommaire

Préface

Le Cercle des économistes est, comme son nom l'indique, un cercle, c'est-à-dire une réunion amicale de professionnels engagés dans un métier, l'économie, qui n'a pas très bonne réputation : les économistes utiliseraient des outils ésotériques, les résultats de leurs modèles seraient peu fiables – la qualité de nos prévisions est sévèrement critiquée par rapport à celle des météorologues, c'est dire – et par-dessus tout l'attitude de cette corporation serait parfois arrogante.

Malgré cela, nous nous sommes résolus à proposer au lecteur un ouvrage pour partager le plus largement possible, au tournant du siècle, ce que nous pensons de la situation économique actuelle, ce que nous nous représentons de son évolution plausible ou probable, ce que nous recommandons pour faire en sorte que les citoyens de ce pays

– ou leurs enfants – connaissent des temps meilleurs dans les années à venir. Que dire en quelques pages introductives pour présenter le fruit de ce travail ?

Ce qui nous a frappé en réunissant ces textes, c'est finalement, au-delà de la diversité des thèmes et des préférences de chacun, un petit nombre de propositions claires sous forme de diagnostic ou de plans d'actions. On peut les regrouper selon trois volets.

La croissance, tout d'abord, dont nous voyons se profiler le retour, avec cependant des risques d'inégalités nouvelles. C'est là, manifestement, un diagnostic partagé et c'est sans doute le message le plus significatif après vingt-cinq années de crise rampante ou brutale, après tant de chocs pétroliers, de crises financières, de contraintes monétaires et budgétaires, après tant et tant d'années de chômage en Europe. Mais d'où vient cette confiance nouvelle ? L'apport le plus intéressant de l'ouvrage est peut-être que ce diagnostic se nourrit à plusieurs sources qui se renforcent l'une l'autre. Il y a fondamentalement l'analyse macro-économique – où le parallélisme avec la situation américaine joue un rôle important – mais il y a aussi une approche plus industrielle tournée vers le détail des nouvelles technologies et de leur diffusion du côté de l'offre comme de la demande et il y a enfin l'approche internationale qui montre comment la réalisation de l'Union monétaire depuis le 1er janvier 1999 libère ce potentiel de croissance après que les efforts faits pour préparer l'euro eurent au contraire déprimé l'activité en Europe pendant plusieurs années.

Voilà bien les économistes ! pensera peut-être le lecteur sceptique, toujours naïfs et prêts à voir la reprise au tournant de l'an 2000, comme le Président Hoover en 1930. Il est facile de récuser ce parallèle car le deuxième message de cet ouvrage, c'est la nécessité d'une adaptation profonde de nos comportements et de nos institutions au monde qui vient. La croissance n'est jamais donnée, ou garantie, elle provient toujours de l'énergie mise par une collectivité à en saisir la chance. Toutes les analyses rétrospectives le démontrent, les conditions à réunir sont nombreuses et cet ouvrage recense les actions et les stratégies à mettre en œuvre dans tous les domaines pour enclencher une croissance durable. Vouloir le succès, pour nous comme pour nos partenaires, des négociations commerciales internationales. Prolonger l'intégration européenne en particulier dans le domaine social, constituer des acteurs industriels et financiers de taille à lutter à l'échelle mondiale à l'heure de la globalisation. Mais aussi réformer des modes de décision opaques et inefficaces en matière de choix publics. Adapter notre système d'enseignement supérieur et de recherche à la nouvelle croissance, fournir à chacun le capital humain, l'éducation, indispensables pour se mouvoir activement dans « l'économie de la connaissance ». Ou bien encore mettre en place des systèmes de rémunération dépassant le traditionnel conflit salaires/profits et qui soient à la fois incitatifs et équitables. Voilà autant de pistes et de propositions concrètes dont on retrouvera l'écho, dans les prochains mois, à Seattle, à Bruxelles, rue de Grenelle ou au Palais Bourbon.

La troisième observation, c'est que tous ces économistes – utilisateurs dans leurs travaux scientifiques de courbes d'offre et de demande et familiers des hypothèses de concurrence plus ou moins parfaite – tous mettent en avant la nécessité de la régulation. C'est dire combien l'époque de l'opposition doctrinale entre le Plan et le Marché leur paraît lointaine tout comme les positions idéologiques intransigeantes de Margaret Thatcher. Ce que cherchent les économistes, c'est aussi ce que cherchent les opinions publiques, les décideurs économiques, les gouvernements : comment mettre en place de nouvelles règles du jeu bien adaptées à un état du monde où l'on trouve à la fois une concurrence plus vive et une intégration plus poussée. Une concurrence plus vive, ce qui exige plus de souplesse, plus de réactivité de la part de tous les acteurs, entreprises, salariés, pouvoirs publics. Une intégration toujours plus forte de tous les éléments du puzzle : intégration à l'échelle mondiale, pour l'énergie, le commerce, la finance, l'environnement ; intégration à l'échelle européenne, pour la monnaie, la fiscalité, les conditions sociales, intégration bien sûr à l'échelle nationale (et même locale). C'est de là que vient l'impérieux besoin de régulation. Plusieurs articles se prononcent sur les questions posées à ces différents niveaux et l'on y trouvera deux fils conducteurs : la recherche de la rationalité économique, qui permet de donner toute son efficacité au marché et l'exigence de solidarité, explorée sous divers aspects, sans laquelle la coopération des acteurs risque de tourner à vide.

Tous les plans d'action que l'on trouvera dans ce livre,

en particulier ceux rassemblés à la fin de chaque contribution, montrent que les économistes sont tout aussi capables
de s'engager que d'analyser. Et finalement, cet ensemble
de réflexions et de propositions conduit à estimer que la
balance penche davantage du côté des espoirs que des
menaces.

M. Guillaume, J.-H. Lorenzi, J. Mistral

Mondialisation
ou guerre économique ?

Pierre Jacquet

Guerre de la banane, du bœuf aux hormones, des OGM, de la protection agricole, de la culture… A l'aube du XXIᵉ siècle, la mondialisation n'a pas bonne presse auprès de l'opinion. Elle devient le bouc émissaire des problèmes sectoriels, elle catalyse et cristallise les oppositions de toute nature. Elle unit les mécontents dans un repli frileux sur la dimension nationale et dans une logique défaitiste qui s'en prend souvent à l'étranger. Elle soumet les gouvernements à une pression forte pour maintenir des frontières et des protections. Jamais depuis la fin de la Seconde Guerre mondiale, qui a ouvert la voie à une expansion remarquable du commerce entre les nations, l'organisation multilatérale des échanges n'a été aussi menacée par un sentiment de rejet de la mondialisation, alors même que s'est ouvert à Seattle, fin novembre 1999, un nouveau cycle de négociations commerciales multilatérales, le « Cycle du millénaire », aux contours encore mal définis.

Cet article souligne l'importance, pour la France et l'Europe, de « vouloir » la mondialisation, c'est-à-dire d'adopter une attitude active et offensive, fondée non pas sur le souci de se protéger, mais sur celui de contribuer à la mise en place des règles du jeu qui organisent l'interdépendance économique entre pays.

1. Les risques de rejet de la mondialisation

Bon an, mal an, l'internationalisation et la libéralisation des échanges ont progressé à un rythme soutenu depuis plusieurs décennies en dépit de difficultés, de tensions et d'oppositions souvent nourries. D'une certaine façon, les mouvements de rejet perceptibles à la fin du XXᵉ siècle ont donc un air de « déjà vu », qui pourrait préoccuper d'autant moins que le progrès technique soutient naturellement le processus de mondialisation.

Pourtant, plusieurs raisons mettent en garde contre un excès de complaisance : d'abord, le phénomène de mondialisation n'est pas vraiment nouveau. La fin du XIXᵉ siècle a déjà été le siège d'un mouvement un peu analogue, caractérisé par l'internationalisation des horizons, sous l'effet notamment d'un progrès technique très dynamique qui diminuait de façon sensible les coûts de transaction entre pays. A cette phase d'intégration internationale, cependant, la politique des États a substitué dans la première moitié du XX⁰ siècle une phase de désintégration, que certains attribuent notamment, au moins en partie, au fait que les perdants de l'intégration ont été trop ignorés et ont fini par imposer une réaction de rejet.

Deuxièmement, la fin de la guerre froide a privé le système commercial international du cadre politique dans lequel était ancrée la libéralisation des échanges, à savoir celui d'une opposition idéologique et militaire Est-Ouest dans laquelle l'Occident se voulait un modèle de cohésion et de prospérité. A cette vision, certes étroite et qui se voulait d'ailleurs par définition temporaire, aucune autre n'a été substituée, laissant ainsi le processus de libéralisation multilatérale avec un cadre politique vacillant.

Troisièmement, les États-Unis s'affirment, à la fin du XX⁰ siècle, comme la seule superpuissance prospère, dont la réussite économique alimente une méfiance croissante vis-à-vis de toute approche multilatérale qui ne servirait pas d'extension aux intérêts américains. Ce n'est pas que les États-Unis se replient sur eux-mêmes ; c'est, plutôt, qu'ils sont de plus en plus tentés par une démarche unilatérale, peu compatible avec une approche multilatérale équilibrée. Il s'agit là d'une différence importante entre le cycle de négociations multilatérales qui s'ouvre et les précédents : les États-Unis avaient alors une vision globale, certes compatible avec les intérêts américains, mais fondamentalement tournée vers la mise en place d'une économie mondiale ouverte et intégrée. A cette vision semble avoir succédé l'impatience de celui qui n'a – croit-il – de leçons à recevoir de personne. Dès lors, le risque existe que les inévitables conflits commerciaux soient de plus en plus difficilement contenus et maîtrisés.

2. Le mythe de la guerre économique

La mondialisation, savant mélange de progrès technique, de développement des échanges, de mouvements de facteurs de production et de politiques de déréglementation et libéralisation, accroît considérablement la portée et l'intensité de la concurrence. Les entreprises y jouent leur avenir. Pour elles, le « jeu » de la concurrence est à somme nulle ; soit elles emportent le marché, soit elles le perdent au profit d'une de leurs concurrentes. L'analogie guerrière s'applique donc aux résultats (sinon aux moyens) de la concurrence du point de vue des entreprises. Mais l'appliquer aux nations revient à faire une double erreur.

D'abord, cette analogie guerrière est fondamentalement contraire aux enseignements élémentaires de l'économie internationale. Les gains de l'échange international sont, plus de deux siècles après la démonstration magistrale de Ricardo, encore extrêmement mal compris ou admis. Ils reposent sur la division internationale du travail, sur le gain de niveau de vie pour des consommateurs ayant accès à une gamme plus large de produits meilleur marché, sur l'effet bénéfique de « l'aiguillon » de la concurrence sur l'innovation et la qualité. Tant le pays importateur que le pays exportateur « gagnent » au commerce international. Bien plus, les gains de l'échange résident davantage dans l'importation que dans l'exportation, contrairement aux idées reçues : le commerce international ressemble à un processus de production qui transforme les exportations en importations. Cette idée finalement assez simple – puisque le niveau de vie se juge à la quantité de biens et services disponibles à la consommation, et cela comprend les importations – suggère que l'accent mis sur les balances commerciales est très largement déplacé. Ce qui compte n'est pas tant le solde des échanges que le volume des importations et celui des exportations : à balance constante, plus ces volumes sont élevés, mieux se porte le pays. Le solde ne compte que parce qu'il reflète, lorsqu'il est négatif, l'endettement net du pays vis-à-vis du reste du monde. Un déficit systématique conduit tôt ou tard à une dette extérieure dont il faudra assurer le service.

La seconde erreur consiste à assimiler un peu rapidement les intérêts sectoriels, voire individuels de l'entreprise sanctionnée par la concurrence, à l'intérêt national. Si l'entreprise est « vaincue », la nation l'est-elle aussi ? A une époque où la nationalité de l'entreprise devient plus difficile à déterminer sans ambiguïté, cet amalgame est encore plus déplacé. Mais, plus fondamentalement, la perte de l'entreprise doit être évaluée au regard des bénéfices d'autres groupes de la population, notamment les consommateurs qui bénéficient de la concurrence. Il est tout à fait légitime, dans nos démocraties, que les producteurs s'organisent pour faire valoir leurs intérêts ; mais ils bénéficient d'un contexte inégal, car ils n'ont en face d'eux que des États disposés à les entendre, voire à les aider, alors que les consommateurs – et les autres secteurs productifs – ne perçoivent pas vraiment le manque à gagner que la protection implique pour eux.

Comme le progrès technique, le commerce international entraîne d'importants effets de redistribution des revenus. Ceux qui en souffrent, naturellement, cherchent à l'éviter. Dans certains cas, il pourra être légitime de les aider, temporairement. Mais, en règle générale, le processus de croissance se nourrit de cette dynamique inégalitaire, dans laquelle certains secteurs disparaissent au profit d'autres plus prometteurs. L'un des rôles des gouvernements est précisément de faciliter cette évolution et de la rendre acceptable par une politique adéquate d'incitations et de répartition des revenus.

Comme pour le progrès technique auquel il est étroitement lié, le commerce apporte aussi parfois des inquiétudes d'ordre éthique ou sanitaire : mais dans ce cas également, il ne relève pas d'une guerre économique, mais d'un problème de détermination collective de normes et de principes d'action, qui appellent à la négociation.

Dans un article de la revue *Foreign Affairs* qui a fait date, l'économiste américain Paul Krugman a mis en doute la pertinence de la notion de compétitivité nationale. Pour lui, cette notion relève de la même confusion entre entreprise et nation. Le niveau de vie national correspond à la productivité moyenne du pays ; cette notion se suffit à elle seule, sans que l'on ait besoin de définir un nouveau concept, et sans que l'on juge de cette productivité à l'aune de ce que font d'autres pays.

Cette analyse a le mérite de la simplicité ; mais elle omet de prendre en compte le contexte politique et social dans lequel la productivité moyenne progresse dans un pays. Or, les gains de productivité ne sont pas neutres socialement ou sectoriellement ; ils créent des gagnants et des perdants, et entraînent donc également des problèmes de redistribution susceptibles d'amener des réactions de rejet et des conflits sociaux. On peut dès lors réhabiliter la notion de compétitivité nationale, en la définissant comme la capacité d'un pays et de son système institutionnel et social à générer le consensus social nécessaire à la poursuite de gains de productivité importants. Ainsi définie, la compétitivité nationale reflète, entre pays, un processus d'émulation, et ne relève pas d'une dynamique guerrière. Autrement dit, les pays moins « compétitifs » connaîtront une croissance moindre de leur revenu par habitant ; mais ils s'enrichiront plus rapidement que s'ils refusent la libéralisation commerciale.

3. Les enjeux de la négociation commerciale multilatérale

Jamais l'interdépendance économique internationale n'a été si générale et si dense. Le progrès technique joue un rôle déterminant dans la dynamique de mondialisation, dans une sorte de cercle vertueux dans lequel chacun renforce l'autre. La libéralisation des échanges et la mondialisation reçoivent au moins autant leur impulsion du secteur privé et de l'innovation que des orientations politiques des gouvernements.

On pourrait donc penser que le commerce international fonctionne bien, que nos pays bénéficient déjà largement de l'ouverture existante. Que le souci de faire avancer davantage la libéralisation commerciale, en l'étendant à d'autres domaines encore protégés et en abordant des questions qui dépassent de loin la seule politique commerciale pour mettre en jeu l'ensemble des politiques réglementaires des États, est à double tranchant et peut même s'avérer contre-productif. L'activisme des négociateurs pour obtenir davantage d'ouverture peut paraître déplacé : la mondialisation n'a pas besoin d'être soutenue par une démarche activiste. Ne risque-t-on pas, au travers d'un nouveau cycle de négociations, de cristalliser le mécontentement en lui donnant du grain à moudre et d'aboutir à un rejet, un peu comme l'a montré le destin de l'accord multilatéral sur l'investissement (AMI) négocié dans le cadre de l'OCDE et dorénavant définitivement remisé. Une pause ne s'impose-t-elle pas, surtout après l'échec cuisant de politiques d'ouverture particulièrement mal gérées, en matière financière, dans un grand nombre de pays en développement ? Plusieurs arguments militent cependant pour entreprendre un nouveau cycle de négociations.

La théorie de la bicyclette

Premièrement, seule la négociation quasi permanente peut maintenir le cadre politique nécessaire à l'acceptation d'un commerce libéralisé entre entités politiques indépendantes. On pourrait même avancer que la fin de la guerre froide rend, sur ce point, la négociation encore plus importante pour garantir la paix commerciale, c'est-à-dire fournir une méthode de gestion des conflits et tensions susceptible d'éviter l'escalade. On retrouve ici une version de la « théorie de la bicyclette » : comme cette dernière, qui tombe dès que l'on s'arrête de pédaler, l'ensemble de l'édifice libéral patiemment construit depuis plusieurs décennies peut s'effondrer dans la multiplication de conflits protectionnistes si l'on s'arrête de négocier. La négociation multilatérale compte ici bien davantage comme un processus que comme une dynamique de résultats. Toutes les parties ne l'abordent cependant pas de la même façon, comme le suggère notamment la tension entre les vues américaines, inspirées par des lobbies impatients en quête de marchés, et les thèses européennes plus institutionnalistes et moins « pressées ».

Un cadre juridique à renforcer

Deuxièmement, la négociation commerciale multilatérale fournit également un cadre juridique, l'amorce d'un droit international du commerce entre nations, dont l'avantage est de dépolitiser partiellement les relations commerciales internationales. Le droit international fournit une protection aux moins puissants : on comprend que les États-Unis traînent les pieds, et que l'Europe, puissance économique mais non encore puissance politique, ait beaucoup à y gagner.

Les avancées du cycle de l'Uruguay en la matière méritent d'être notées. L'organe de règlement des différends de l'Organisation mondiale du commerce (OMC), établi avec cette dernière le 1er janvier 1995, avait déjà reçu, mi-octobre 1999, plus de cent quatre-vingts demandes de consultations. Il a résolu vingt-cinq différends, tandis que trente-sept plaintes ont été soit retirées, soit résolues par un accord à l'amiable. Cent trente-cinq plaintes ont été initiées par des pays développés, trente-six par des pays en développement, dix à la fois par des pays développés et en développement. Les États-Unis ont été la cible de vingt-cinq plaintes (dix-huit de pays développés, sept de pays en développement) ; l'Union européenne, quant à elle, a été attaquée dix-neuf fois (dont huit fois par d'autres pays développés). Parmi les vingt-cinq cas résolus, dix ont impliqué les États-Unis. Dans trois cas, le jugement a été rendu à leur encontre. Mais, en dehors de ces cas, ils ont également accepté de modifier certaines de leurs politiques par le biais d'accords à l'amiable avec les plaignants. Notons, au passage, que l'organe de règlement des différends ne rend qu'un jugement sur la conformité des politiques menées par rapport aux engagements pris et formule des recommandations aux pays reconnus fautifs. Ces derniers peuvent accepter ou refuser de suivre ces recommandations. Lorsqu'ils ne s'y prêtent pas, le plaignant peut mettre en œuvre des mesures de rétorsion dont le volume total doit recevoir l'agrément de l'OMC. C'est ce qui s'est passé dans le cas du différend transatlantique sur la banane : l'Europe a « perdu », mais n'a pas changé les politiques incriminées, conduisant à des rétorsions de la part des États-Unis.

Au total, l'organe de règlement des différends est bien apparu comme le recours normal en cas de conflit commercial, ce qui représente un progrès considérable par rapport à une logique purement politique que l'on souhaite endiguer. En fait, le fonctionnement même de l'organe de règlement des différends rend la poursuite de la négociation commerciale fondamentale : en l'absence d'avancées des négociations, l'organe sera appelé à statuer et à combler le vide juridique en faisant jurisprudence. La négociation permet aux gouvernements de conserver la maîtrise de cette construction d'un droit international encore balbutiant. C'est l'une de ses principales contributions. Compte tenu de la complexité des sujets et du nombre de pays concernés, on ne peut plus guère attendre de la négociation commerciale multilatérale qu'elle accélère l'ouverture des différents pays ; cette dernière est dorénavant pratiquée de façon souvent unilatérale ou régionale. Le rôle de l'OMC consiste dorénavant bien plus à ancrer les pratiques existantes dans un accord multilatéral, de façon à valider ce qui existe et à éviter tout retour en arrière. C'est ce que les négociateurs appellent la « consolidation » de l'existant.

Pour une régulation globale
Troisièmement, la libéralisation purement commerciale

(le démantèlement des barrières aux échanges transfrontières de biens et services) est déjà largement acquise. Certes,
il subsiste un certain nombre de pics tarifaires à supprimer
et certains domaines ont jusqu'à présent échappé à la libéralisation : la négociation traditionnelle a donc encore un
bel avenir. Mais elle est dorénavant doublée d'une mécanique beaucoup plus complexe. Elle porte en effet sur les
conditions générales d'accès aux marchés, qui impliquent
bien plus que l'échange à proprement parler, mais qui
couvrent aussi les conditions d'investissement et de production. Autrement dit, que ces sujets soient abordés
directement ou par l'examen des différents secteurs, le
traitement de l'investissement direct et la politique de la
concurrence seront de plus en plus au centre des négociations commerciales multilatérales.

En fin de compte, les négociations multilatérales ont
pour vocation de traiter de la régulation des marchés. Il
s'agit là d'un champ extrêmement vaste et difficile, qui
met en jeu différentes cultures et approches concernant
l'interaction entre la régulation par les marchés et la régulation publique. Là encore, l'interdépendance croissante
révèle déjà ces différences et en fait des objets potentiels
de conflits. L'affaire des organismes génétiquement modifiés (OGM) montre les difficultés considérables qu'il
va falloir surmonter dans un contexte où la santé publique
est un souci prédominant.

La négociation multilatérale peut s'interpréter, d'une
part, comme un processus d'apprentissage d'une régulation
plus efficace par la confrontation de modèles très différents

qui doivent être adaptés à une réalité qui ne cesse d'évoluer ; d'autre part, comme l'émergence d'un processus de reconnaissance mutuelle, c'est-à-dire de recherche de normes minimales à partir desquelles la cohabitation entre différents systèmes de régulation devient possible. D'une certaine façon, les négociations à l'OMC vont de plus en plus ressembler à celles qui ont marqué la réalisation du marché unique européen, au moins dans leur nature, si ce n'est dans leur ambition.

Arbitrages internes

Enfin, la négociation commerciale multilatérale joue un rôle important et utile en matière de politique intérieure. Elle oblige en effet à constamment remettre en cause les protections existantes. Ce n'est certes pas agréable pour ceux qui en bénéficient, mais c'est la meilleure contribution possible à l'efficacité de telles protections. Sans remise en cause, ces dernières deviennent naturellement et rapidement des rentes de situation auxquelles les bénéficiaires finissent par s'accrocher comme à autant d'avantages acquis. Ce caractère souvent immuable des protections existantes pose au moins deux problèmes : le premier est que l'existence d'une rente nuit à l'innovation et à la compétitivité de celui qui en bénéficie ; le second est que l'absence de remise en cause nuit à la légitimité démocratique de la protection. Or celle-ci doit être régulièrement soumise au débat et à l'examen, parce que l'évolution de l'économie et du progrès technique déplace les besoins de protection. Il est frappant de constater que de nombreux secteurs doivent leur protection au fait qu'ils ont été protégés il y a déjà plusieurs décennies. La négociation commerciale multilatérale est un antidote à l'immobilisme des avantages acquis.

Les enjeux du Cycle du millénaire

Le Cycle du millénaire va devoir, conformément aux engagements pris à l'issue du cycle de l'Uruguay dans les accords de Marrakech de 1994, reprendre la négociation sur l'agriculture et les services, et plus généralement sur un programme dit « incorporé » (aux accords de Marrakech) qui fixe déjà au cycle qui s'ouvre un agenda fort complexe. Mais il est peu probable que l'on en reste là, même si, un mois avant la conférence de Seattle, aucun accord n'avait encore pu être trouvé sur le contenu à donner aux négociations. Quelques dossiers délicats devront être abordés d'une façon ou d'une autre, comme le traitement de la culture ou la recherche de normes sociales et environnementales (dont les OGM).

Le monde de la culture est en effervescence, notamment depuis la négociation de l'Accord multilatéral sur l'investissement (AMI) dont il a précipité l'échec. Cependant, l'argument que la culture n'est pas un bien comme les autres est bien peu convaincant : on peut en effet dire la même chose de l'automobile, de l'alimentation, de la santé, des services de transports, etc. Chacun de ces biens ou services a des caractéristiques propres ; tous ont cependant aussi une dimension économique qu'il serait incongru de nier. L'interdépendance met les politiques culturelles en demeure de défendre leur utilité : refuser cette démarche relève du défaitisme ou de l'arbitraire. En l'occurrence, il ne s'agit pas d'abandonner toute politique culturelle. Mais, dans le domaine de la culture, comme dans celui de l'agriculture ou d'autres secteurs, il peut y avoir de bonnes et de mauvaises politiques de protection, de bons et mauvais instruments de protection, des rentes plus ou moins légitimes. Si l'on veut continuer à subventionner les productions locales, il est utile de préciser l'objectif et de contrôler l'utilité des subventions, mais aussi de respecter une discipline négociée qui les rende acceptables à tous les partenaires commerciaux.

Quant aux normes sociales ou environnementales, elles posent fondamentalement la question de l'architecture de l'interdépendance économique et commerciale. L'OMC n'a pas vocation à traiter de tous les sujets : elle deviendrait ingérable. Mais seule l'OMC dispose d'un organe de règlement des différends susceptible de gérer tensions et conflits. On pourrait penser multiplier les organes de règlement de différends au sein d'autres organisations multilatérales sectorielles, mais, au-delà de la difficulté politique de négocier les renforcements institutionnels nécessaires, on risquerait aussi d'introduire beaucoup de désordre et d'incohérence dans les jugements rendus. Il serait sans doute plus efficace de renforcer les institutions multilatérales susceptibles de définir les normes et codes de bonne conduite en matière de traitement social (l'organisation internationale du travail), de protection de l'environnement et de renforcer l'organe de règlement des différends de l'OMC en lui demandant d'incorporer les normes des autres institutions lorsqu'il se penche sur un différend qui les concerne. C'est une option qui permettrait à la fois de répondre à la pression des opinions pour traiter de ces sujets, et au souci de ne pas trop charger la barque d'une organisation multilatérale dont le champ d'action est déjà considérable.

Conclusion : vouloir la mondialisation

La France et l'Europe n'ont pas à craindre la mondialisation. Il convient au contraire d'adopter à son égard une démarche active. L'alternative, à savoir une politique essentiellement défensive visant à ralentir le phénomène, conduit inéluctablement à subir la mondialisation sans contribuer à organiser sa maîtrise. Une démarche active suppose une action pédagogique de grande ampleur, un changement d'état d'esprit, une réflexion stratégique en amont sur les enjeux de la négociation commerciale multilatérale, une présence accrue à l'OMC.

Le premier souci doit être celui d'expliquer la mondialisation, d'une façon pragmatique et non idéologique. C'est une tâche considérable. Il ne s'agit pas de prétendre que la mondialisation va résoudre tous les problèmes et amener croissance et plein emploi. Il s'agit d'expliquer que l'alternative à la mondialisation, pour un pays moderne et développé, est une impasse et une garantie d'isolement. Le thème de la protection des intérêts nationaux

contre la concurrence extérieure a fait long feu ; il dissi-
mule de plus en plus difficilement la protection d'intérêts particuliers sous couvert de l'intérêt général.

Deuxièmement, la mondialisation remet la politique
sociale au centre du rôle des États. Elle est en effet essentielle pour diffuser au plus grand nombre les bénéfices de
l'ouverture et de l'interdépendance. Pour que cela soit
possible, il faut que la politique sociale soit beaucoup plus
mobile qu'elle n'est aujourd'hui. L'une des raisons du rejet
de la mondialisation tient, précisément, à l'immobilisme
des « avantages acquis ». La mondialisation oblige à repenser les politiques de protection sociale : qui a besoin d'être
protégé, pourquoi et pour combien de temps. Bien sûr,
ce débat dépasse de loin les seuls aspects liés à la mondialisation. Mais c'est aussi l'immobilisme des concepts qui
fondent l'État providence qui amène aussi les pays européens à adopter, trop souvent, une position défensive.

Troisièmement, la négociation porte aujourd'hui non
plus sur les seules politiques commerciales, mais sur les
conditions d'accès au marché, qui mettent en jeu l'ensemble des politiques de réglementation et de concurrence.
Même si la politique de la concurrence, ou le traitement
de l'investissement direct, ne sont pas directement abordés dans le Cycle du millénaire, il s'agit là de thèmes essentiels pour les négociations à venir. Il est important d'y
travailler dans cette perspective, dans les différents pays,
mais aussi au sein de l'OMC, dont les ressources, en matière d'études et de recherches, doivent être renforcées.

Enfin, l'intérêt de l'Europe est de développer une

conception des négociations multilatérales fondée sur le processus, plutôt que sur la dynamique de résultats : face à notre partenaire américain, il s'agit là d'un point délicat, car les États-Unis n'ont pas la patience de s'engager dans un processus qui ne produit pas de résultat. Pour rester crédibles et pouvoir négocier, il faut aussi que l'Europe soit prête à quelques concessions. Une accélération de la réforme de la Politique agricole commune, de toute façon nécessaire ne serait-ce que pour des raisons budgétaires internes, pourrait rendre à l'Europe le levier dont elle aura besoin si elle veut faire entendre sa voix dans les négociations.

L'âge d'or de la croissance?

Patrick Artus

L'analyse de l'exemple américain et de la période récente pousse à prévoir une période durable de croissance régulière et non inflationniste en Europe, une fois disparus les obstacles à la croissance du début des années quatre-vingt-dix. Le développement des technologies nouvelles jouera un rôle majeur dans cette phase d'expansion. Deux risques, pouvant contrarier ce scénario, sont à éviter : celui d'une crise liée aux déséquilibres financiers et celui d'une ouverture exagérée des inégalités entre salariés qualifiés et salariés non qualifiés.

L'état des lieux pour la croissance et l'inflation

Nous prendrons la France comme cas illustratif de la situation européenne, ce qui est un choix raisonnable puisque les mécanismes que nous allons décrire y sont particulièrement apparents.

Depuis vingt ans, la croissance française a été faible en moyenne, à l'exception de la poussée d'activité de la période 1987-1988, transitoirement de l'année 1994 et de la période récente.

L'investissement des entreprises, en particulier, est peu dynamique depuis 1990. Aux États-Unis, au contraire, la croissance est forte et régulière depuis 1983, à l'exception de la période de récession de 1990-1991.

Depuis la fin de cette récession, la contribution de l'investissement des entreprises à la croissance est spectaculaire, surtout en ce qui concerne l'investissement en informatique qui ne cesse de s'accélérer.

Un point commun aux deux pays est la disparition de l'inflation pendant les années quatre-vingt et le maintien d'un taux d'inflation réduit pendant les années quatre-vingt-dix. Cette évolution, étonnante aux États-Unis avec le retour au plein emploi, est liée manifestement à la progression très lente du coût salarial unitaire. Nous reviendrons plus loin sur le rôle de la politique économique, mais on peut déjà mentionner le fait que l'absence d'inflation a permis à la politique monétaire américaine de rester durablement expansionniste ou du moins neutre, prolongeant ainsi la durée du cycle d'expansion.

Le contraste semble donc grand entre la France (ou d'autres pays d'Europe continentale comme l'Allemagne et l'Italie), où la croissance n'apparaît que par soubresauts peu durables et les États-Unis, où elle est forte et assez régulière. Cependant, depuis le début de 1998, l'activité européenne semble accélérer, même si après la crise financière de l'été 1998, il y a eu une rechute, corrigée depuis. Cette accélération est-elle un nouvel à-coup provisoire ou annonce-t-elle le retour d'une croissance prolongée, comme aux États-Unis ? Pour le savoir, il faut d'abord examiner les freins passés à la croissance européenne, avant de se tourner vers la prospective.

Le rôle négatif de la politique économique et de la structure des impôts en Europe

La politique monétaire de la future zone euro a été extrêmement restrictive durant les années quatre-vingt-dix. Le taux d'intérêt à court terme a été, de 1989 à 1994, massivement plus élevé en Europe continentale qu'aux États-Unis. On connaît les raisons de cette situation : la volonté de maintenir la fixité des taux de change nominaux a d'abord provoqué une hausse de taux d'intérêt partout identique à celle qui était nécessaire en Allemagne après la réunification, puis a déclenché les crises spéculatives du système monétaire européen, avec des hausses de taux à nouveau dans les pays qui défendent leur devise. La situation ne redevient normale qu'en 1996 et, les délais d'action de la politique monétaire étant longs, l'économie ne profite de ce retour à la normale de la politique monétaire que vers 1998.

Passons à la politique budgétaire.

Le déficit public s'est fortement réduit de 1992 à 1999 aux États-Unis, mais dans une période de forte croissance où le déficit cyclique se réduisait aussi.

En France, la réduction du déficit est rapide, de 1994 à 1997, dans une période de croissance assez faible où le déficit cyclique varie peu. La situation a été évidemment encore pire en Italie. Le caractère pro-cyclique de la politique budgétaire européenne, en raison des contraintes liées à l'unification monétaire, a été très pénalisant dans une conjoncture de croissance déjà affaiblie par les politiques monétaires restrictives. Depuis 1997, les déficits structurels, en Europe continentale, sont stabilisés et la politique budgétaire est donc redevenue neutre.

Il reste un facteur de freinage de l'économie européenne qui n'est pas corrigé : *la structure inefficace de la fiscalité.* La comparaison des taux de prélèvements obligatoires globaux entre les États-Unis et l'Europe n'a pas beaucoup de sens tant les systèmes institutionnels diffèrent, les dépenses privées permettant d'assurer l'éducation, la couverture maladie ; les cotisations aux systèmes de retraite privés ne sont pas comptabilisées comme prélèvements obligatoires aux États-Unis, puisque ce ne sont pas des prélèvements publics. Il est en revanche plus intéressant d'analyser la structure des prélèvements fiscaux.

Il reste que les cotisations sociales sont en France très lourdes (ceci est vrai pour la quasi-totalité des pays d'Europe continentale) puisqu'elles représentent plus de la moitié de la pression fiscale totale. Le poids des prélèvements sur le revenu du travail est certainement un handicap vis-à-vis des possibilités de création d'emplois.

On peut cependant dire que les *effets macroéconomiques négatifs des politiques économiques en Europe ont largement disparu* : il reste un handicap plus microéconomique. L'emploi dépendant du coût du travail, surtout pour les bas salaires et les salariés peu qualifiés, l'Europe (en particulier la France) éprouve davantage de difficultés que les États-Unis à créer des emplois pour ces catégories. Examinons la nature des créations d'emplois.

La croissance et les créations d'emplois viennent des services nouveaux

Le taux de chômage décroît aux États-Unis depuis la fin de 1992, en France depuis la fin de 1997 ; ce décalage de cinq ans correspond bien au décalage dans le cycle technologique entre les États-Unis et l'Europe. La consommation en « services nouveaux » (informatique, télécommunications…) accélère en France à partir de la mi-1997 alors que son décollage aux États-Unis se situe à la fin de 1992. La situation en ce qui concerne les créations d'emplois est similaire.

Depuis le début des années quatre-vingt-dix, l'emploi

industriel stagne ou recule en France, ne progresse que très modérément aux États-Unis après la fin de la récession. L'emploi dans l'ensemble des services augmente régulièrement, et dans les services nouveaux, il augmente très rapidement depuis 1994 aux États-Unis, depuis 1997 seulement en France.

La *productivité* n'a cependant pas encore en France la même configuration, extrêmement frappante, qu'aux États-Unis : gains de productivité forts et assez réguliers dans l'industrie, baisse dans les services (ce qui reflète l'existence de création d'emplois dans des secteurs à intensité en travail élevée et à intensité capitalistique faible. Au total, les gains de productivité sont plutôt rapides pour l'ensemble de l'économie américaine ce qui contribue, on l'a vu plus haut, à maintenir l'inflation à un niveau très bas. En France, la productivité est encore extrêmement cyclique dans l'industrie et les services montrent encore des gains de productivité positifs. Ces différences viennent d'une part *de l'inertie encore forte de l'emploi industriel* en France par rapport au cycle de production que, durant les ralentissements industriels du second semestre 1998 et du début de 1999, après la crise financière, l'emploi industriel se stabilise en France et se retourne très rapidement à la baisse aux États-Unis) ; d'autre part des moindres créations d'emplois de services en Europe, malgré l'accélération récente.

Une croissance tirée essentiellement par les services nouveaux, l'investissement en technologies et les emplois associés a caractérisé les États-Unis depuis la reprise de

1992-1993. Le phénomène est encore récent en Europe et touche de façon hétérogène les différents pays. Le peu de recul disponible ne permet pas encore de dire si un mouvement d'ampleur et de durée similaire à celui observé aux États-Unis va se développer en Europe, mais c'est probable, comme l'atteste le développement extrêmement rapide de toutes les technologies nouvelles (téléphones portables, Internet…).

Donnons quelques exemples éclairants. Le taux d'équipement des Français en PC est passé de 14,4 % en 1996 à 29,9 % en mai 1999 (il est de 50 % aux États-Unis ce qui prouve la marge de progression encore disponible) ; les ventes d'ordinateurs ont augmenté à la mi-1999 de 39 % en un an pour les particuliers, de 25 % en un an pour les entreprises. L'investissement des entreprises en informatique représente maintenant 6 % du PIB aux États-Unis, 1,5 % en France, ce qui était le chiffre aux États-Unis au début des années quatre-vingt-dix.

Il semble donc que les obstacles à la croissance en Europe (politiques macroéconomiques trop restrictives en particulier) ont été levés ; que le cycle technologique qui est apparu aux États-Unis en 1992-1993 se développe aussi en France à partir de 1997-1998 ; que, comme aux États-Unis, aucun signe de retour de l'inflation, donc de politiques monétaires restrictives, n'est perceptible.

On aurait donc réuni les *conditions d'une croissance non cyclique* : plus de « stop and go » lié à l'interaction entre croissance-inflation et politique monétaire ; passage à un modèle de croissance tirée par des composantes de la demande en progression régulière et non cyclique (achats d'ordinateurs, services), ce qui contraste avec le passé où les cycles résultaient du caractère naturellement irrégulier de l'accumulation de capital et des achats de biens durables.

De quelques risques financiers

Cette analyse conduirait donc à privilégier un scénario idyllique de croissance forte, régulière, non inflationniste tirée par le développement de nouveaux produits et services. Elle ramènerait assez rapidement les économies européennes au plein emploi. Si on suppose, dans le cas de la France, une croissance réelle continue de 3 %, des gains de productivité de 1,5 %, et si on tient compte des évolutions démographiques (la population active, qui augmente de 150 000 par an encore aujourd'hui, devrait se stabiliser en 2004-2005 et reculer de 100 000 par an entre 2005 et 2010), on parvient à une prévision de retour à un taux de chômage de 4 % en 2006.

L'exemple américain permet aussi de déceler les risques de déséquilibres financiers qu'entraîne, si on n'y prend pas garde, une longue période d'expansion.

Personne n'anticipant plus une récession et puisque, en l'absence d'inflation, les taux d'intérêt restent bas, la tentation est grande d'accroître fortement les niveaux d'endettement. Le taux d'endettement privé s'accroît fortement aux États-Unis après la récession de 1991 et dépasse maintenant 110 % du PIB. En France, il diminue depuis le début de 1993 et ne se redresse qu'en 1998, une fois les taux d'intérêt revenus à un niveau normal. Une économie très endettée est beaucoup plus fragile : un ralentissement, dû à une cause externe quelconque, peut se transformer en récession forte en raison de la perte de solvabilité des emprunteurs. Ceci pourrait mettre à mal, dans le cas des États-Unis, la thèse de la croissance perpétuelle forte.

Phénomène lié à l'endettement : la hausse des prix d'actifs. A la fin des années quatre-vingt, il y avait eu aux États-Unis une très forte hausse des prix de l'immobilier, le krach de 1987 bloquant le développement de la bulle boursière. Depuis 1994-1995, on observe l'évolution opposée avec une assez grande sagesse des prix de l'immobilier et une hausse considérable des cours boursiers. Celle-ci résulte assez largement de ce qu'une partie importante (près de la moitié) des nouvelles dettes contractées par les entreprises américaines sert à financer des rachats d'actions, et qu'il y a donc baisse de l'offre d'actions alors que les investisseurs institutionnels (fonds de pension) sont structurellement acheteurs. L'exemple de la crise immobilière, dans la plupart des pays au début des années quatre-vingt-dix, ou la chute de la Bourse au Japon, montre que l'éclatement d'une bulle spéculative avec ses conséquences (crise bancaire, insolvabilité…) peut durablement désorganiser un pays, même si son économie réelle lui permettrait d'avoir une croissance forte.

Les cours boursiers en Europe suivent largement ceux

des États-Unis. Dans plusieurs pays (Irlande, Espagne, Royaume-Uni, à un moindre degré en France), on observe dès aujourd'hui une réaccélération des prix de l'immobilier. Il faudra donc, en Europe aussi, prendre garde à la réapparition de bulles spéculatives. Quelle est la bonne méthode ? Attendre que la bulle soit déjà très développée fait courir de grands risques : soit la politique monétaire est suffisamment durcie pour que la bulle explose, et comme les plus-values en capital permettaient l'endettement, la croissance forte de la demande, comme le montre la chute du taux d'épargne des ménages aux États-Unis, il en résulte une sévère récession avec des difficultés pour les banques ; soit la politique monétaire perd toute liberté, la Banque centrale préférant éviter le risque d'une crise financière.

Il paraît donc plus intelligent d'introduire explicitement les prix d'actifs (et pas seulement les prix des biens) *dans l'objectif des Banques centrales*, et de durcir progressivement la politique monétaire si les prix d'actifs augmentent exagérément, même si l'inflation, au sens habituel, reste faible.

A qui profitera le retour à la croissance ?

La seconde inquiétude concerne *l'évolution des inégalités*. Comme on l'a vu plus haut, la « nouvelle croissance » résulte pour une part importante du développement des activités liées aux nouvelles technologies, ce qui veut dire que *si le contenu en emplois de la croissance a augmenté* (comme le montre le faible niveau des gains de productivité globalement ou dans les services), *il s'agit surtout d'emplois qualifiés*. Le tableau ci-dessous montre les taux de chômage par niveau d'éducation dans quelques pays.

	Taux de chômage selon le niveau d'éducation (%)		
	Supérieur	Moyen	Faible
États-Unis	2,7	5,0	10,0
France	6,5	8,9	14,0
Allemagne	4,9	7,9	13,3
Pays-Bas	4,1	4,8	7,9
Royaume-Uni	3,7	7,4	12,2

Source : OCDE, 1998

Même dans les pays où le chômage est globalement faible (Pays-Bas, Royaume-Uni, États-Unis), le taux de chômage des salariés peu qualifiés reste élevé : ceci est un facteur puissant d'ouverture des inégalités de revenu. Sous les effets de la concurrence internationale pour les productions utilisant surtout du travail non qualifié et de la hausse de la demande de travail qualifié, l'écart de salaire entre ces deux catégories s'est creusé aux États-Unis, et se creusera probablement fortement en Europe. L'exemple américain montre que, même après plusieurs années de croissance forte, le chômage des non-qualifiés est loin d'avoir disparu. La croissance génère donc un marché dual du travail : pour les plus qualifiés, il y a plein emploi et même rareté, donc hausse rapide de la rémunération, pour les moins qualifiés, il y a chômage et précarité, donc stagnation du salaire. De 1987 à 1997, le revenu moyen réel des 20 % des ménages américains ayant les salaires les plus faibles (le 1er quintile) n'a pas varié ; celui des 20 % ayant le salaire le plus élevé (le 5e quintile) a augmenté de 15 % ; le salaire réel des ouvriers peu qualifiés a baissé de 1,5 %, celui des salariés qualifiés a augmenté de 6 %.

Il paraît difficile de s'attaquer directement (au niveau de la distribution du revenu primaire) à ce problème, qui résulte de l'évolution des technologies et de la demande, de la libéralisation des échanges. La réponse de politique économique devrait plutôt se faire par la définition des politiques redistributives : baisse des charges sur les bas salaires pour favoriser la création d'emploi, impôt négatif...

Conclusion

L'observation des États-Unis depuis le début des années quatre-vingt-dix et des évolutions des dernières années en Europe (nous nous sommes concentrés sur le cas de la France) incite à prédire une période assez longue de croissance régulière en Europe, tirée par la demande pour les biens et services liés aux nouvelles technologies, et plus interrompue, comme par le passé, par des durcissements de la politique économique liés soit à des chocs (crises du SME, réunification allemande...), soit au retour périodique de l'inflation.

L'exemple américain met cependant aussi en évidence deux risques qui peuvent compromettre la pérennité de ce nouvel « âge d'or de la croissance » : le gonflement parallèle de bulles spéculatives et d'un endettement excessif du secteur privé ; l'ouverture des inégalités liée au maintien d'un chômage élevé pour les salariés non qualifiés. Les États-Unis ont apparemment choisi de ne pas tenter de corriger ces anomalies, ce que l'Europe devrait faire pour ne pas laisser s'interrompre le cycle d'expansion qui s'amorce.

L'union monétaire, et après ?

Jacques Mistral

Pour nous, citoyens d'Europe, le XXe siècle s'est achevé dès le 1er janvier 1999 avec la création de l'euro. Il n'y a pas de risque de surestimer l'importance historique de cette date. Après quarante ans de Communauté, les vieilles nations d'Europe occidentale ont démocratiquement confirmé leur ¨ « volonté de vivre ensemble » et mis en place, au moins en partie, les institutions et les instruments qui matérialisent ce choix. Les enjeux sont gigantesques… et les inconnues sont à la mesure : la gestion de l'euro sera-t-elle un succès ? L'Europe est-elle mûre pour un nouveau cycle de croissance ? Quels progrès institutionnels faut-il réaliser prioritairement ? Comment réussir l'élargissement progressif de l'Union ? Telles sont quelques-unes des questions auxquelles le XXI ͤ siècle naissant a la responsabilité d'apporter des réponses pratiques et rapides.

La création de l'euro, tout d'abord, ouvre une période d'opportunités comme l'Europe n'en a pas connu depuis les Trente Glorieuses. Un nouveau régime de croissance a toutes les chances de se développer, la taille d'un très grand marché unifié étant, comme toujours, un puissant moteur de la croissance. L'union monétaire réalisée, l'unification du marché signifie : des opportunités de choix plus larges pour les consommateurs, une concurrence de ce fait plus active, la possibilité pour les entreprises de redéfinir la division des tâches à l'échelle du continent, les économies d'échelle plus systématiquement utilisées et tout cela au moment où les nouvelles technologies permettent simultanément de donner un nouveau souffle à la demande tout en bouleversant les conditions de production. Évidemment, la réunion de tous ces paramètres va créer un appel d'air en matière d'investissements et de pouvoir d'achat mais ce scénario ne se concrétisera que si des transformations structurelles suffisantes lui permettent de se développer.

Or, précisément, des transformations structurelles profondes vont affecter les politiques nationales. Le phénomène démographique est ici déterminant. L'arrivée à l'âge de la retraite des classes nombreuses de l'après-guerre rendra nécessaire et possible une réécriture des relations entre l'économie et la société. Les nouvelles générations qui composent progressivement la population active ne sont plus les enfants du fordisme mais ceux de la crise et les valeurs liées à la flexibilité et à l'innovation sont, plus que pour leurs parents, reconnues comme motrices et associées à l'idée de « bien-être » aussi bien dans le travail que dans les modes de vie.

La poursuite de l'intégration européenne jouera dans ce contexte un rôle crucial car c'est à ce niveau que seront réunies quelques-unes des conditions essentielles pour le changement. A son niveau, l'Union monétaire exercera de puissants effets : plus de discipline pour les États, une concurrence directe entre les conditions sociales partout en Europe, une pression renforcée à la consolidation que nous voyons déjà à l'œuvre dans tous les secteurs. Ces forces une fois mises en mouvement, il est évident que cela exigera des stratégies mieux coordonnées, à l'échelle européenne, entre les principaux acteurs, gouvernements, entreprises et syndicats.

Avant de développer certaines de ces idées, il n'est sans doute pas inutile de faire quelques commentaires sur la période qui s'achève car ce que l'on vient de décrire révèle un contraste assez saisissant avec ce que nous avons connu pendant les années quatre-vingt-dix. Cette décennie a été à bien des égards décevante et les mécanismes à l'œuvre n'ont pas besoin d'être rappelés. De là est née une interprétation accusant l'Europe continentale de rigidités excessives, de laxisme budgétaire et, plus grave, d'une réaction de refus face à la modernité et à la globalisation. Il y a, c'est évident, une part de vérité dans ces affirmations mais elles ratent, au total, le point le plus important à mes yeux : la conviction obstinée que la balkanisation monétaire et la non-coordination des politiques macroéconomiques étaient les racines les plus profondes des insuccès européens. Cette conviction s'est affirmée, quoiqu'on en ait dit, au travers de débats incessants et de consultations populaires répétées.

Tournant le regard vers ce passé, je n'en tire aucun « euro pessimisme », j'y vois au contraire une volonté politique continue, capable d'atteindre ses objectifs en dépit des obstacles et des chocs : faut-il rappeler comment la chute du mur de Berlin il y a dix ans, cette rupture tant espérée au regard des exigences démocratiques, plaça les gouvernements européens, en particulier allemand et français, devant des choix budgétaires et monétaires très difficiles ? Que la création de l'euro soit après cela au rendez-vous montre surtout l'ampleur de l'investissement réalisé pendant cette décennie pour créer l'actif le plus précieux qui soit pour assurer le développement économique et social à long terme : des institutions appropriées.

La question, maintenant, est de savoir vers quoi l'on se dirige en partant de là. Le point crucial est que les gouvernements européens ont de plus en plus clairement conscience qu'ils ne peuvent repousser plus loin les réformes. Cela provient de ce que la pression de la concurrence est, en régime d'Union monétaire, plus immédiate et plus directement perçue. La consolidation intervenant dans de nombreux secteurs stratégiques, comme le pétrole, la défense, la banque, ou bien la déréglementation de secteurs autrefois considérés comme très sensibles —

telles les télécommunications ou l'électricité –, mais aussi la concurrence de plus en plus vive pour l'accès au capital sont les éléments les plus visibles de ce processus dont tout donne à penser qu'il va s'accélérer plutôt que s'essouffler.

De fait, l'euro introduit une comparaison directe et généralisée des prix et donc des coûts, en incluant dans ce constat l'ensemble des charges fiscales et sociales. De la même façon que pour tous les autres coûts – les produits primaires, les achat intermédiaires, la masse salariale – les charges d'origine publique feront dorénavant l'objet de comparaisons directes, incontestables et systématiques qui placeront l'ensemble des décideurs publics – État, collectivités locales, Sécurité sociale – en concurrence directe les uns vis-à-vis des autres. D'une certaine façon, on peut dire que le Welfare State se trouve pour la première fois en Europe confronté à une exigence extérieure d'efficacité. En enclenchant ce processus, les gouvernements suivent très exactement la même méthode que celle adoptée antérieurement dans le cadre du Marché commun qui avait déjà pour but d'ouvrir les frontières nationales et de renforcer la concurrence dans l'industrie. Nous savons d'expérience les conséquences gigantesques qu'a entraînées le Traité de Rome, nous voyons maintenant s'amorcer les conséquences du Traité de Maastricht, elles seront tout aussi gigantesques.

On pourrait sans doute reprocher à cette analyse d'être excessive et de pécher par abstraction. En fait, il est intéressant de noter à ce stade que les gouvernements sociaux

démocrates en Europe ont d'ores et déjà adopté une attitude beaucoup plus proactive à l'égard des réformes économiques et sociales. Ne parlons pas du Royaume-Uni ou
de la Hollande mais du cas, à certains égards le plus typé,
celui du gouvernement de la « gauche plurielle » animé
par Lionel Jospin. Armé d'une rhétorique de gauche et
sous le drapeau des 35 heures, ce gouvernement a mené
une politique de privatisation deux fois plus ambitieuse
par les montants concernés que celle de ses prédécesseurs
Balladur et Juppé en s'attaquant aux entreprises les plus
symboliques qui soient : Air France, France Télécom,
Aérospatiale.

L'importance de tels changements ne peut pas être sur-
estimée et il est frappant de constater que le gouvernement allemand, après quelques hésitations sur la marche
à suivre, a adopté une démarche à certains égards comparable. Plus généralement, on peut penser que la fin de la
guerre au Kosovo et l'entrée en fonction d'une nouvelle
Commission lèvent certains obstacles qui ont handicapé
la mise en place de nouvelles politiques après le 1er janvier 1999. Que retenir à cet égard de la première année
de la monnaie européenne ?

En premier lieu, la Banque centrale européenne a démontré son désir – et sa capacité – à hériter de la réputation de la Bundesbank en matière de lutte contre l'inflation
tout en guidant l'Euroland dans une phase de croissance
plus soutenue. Les deux baisses de taux d'intérêt, la première coordonnée par la Banque en décembre 1998, la seconde décidée par elle en avril ont été un signal assez clair.

En revanche, les marchés financiers ont été temporairement déconcertés par la difficulté des autorités monétaires à parler d'une seule voix. Cela requiert à l'évidence une plus grande discipline que M. Duisenberg s'applique d'ores et déjà à faire respecter dans son collège et une meilleure coordination avec les gouvernements, en particulier pour ce qui concerne la valeur externe de l'euro, question examinée plus loin. Enfin, une critique fréquente concerne le processus de décision de la Banque qui manque de transparence. Répondre de manière appropriée à cette question est certainement un enjeu majeur à la fois en termes d'efficacité – pour donner aux marchés l'intelligibilité qui leur est nécessaire – et en termes de légitimité – puisque le fait de rendre compte est le corollaire indispensable de l'indépendance dans une société démocratique.

A côté de la Banque centrale, la coordination des politiques économiques soulève de nombreuses questions et l'on a pu craindre, de l'été 1998 à l'été 1999, qu'une moindre qualité des relations franco-allemandes ne restreigne la capacité d'entraînement traditionnellement reconnue à ce tandem. Il est vrai que les contraintes domestiques dans chaque pays (la gauche plurielle en France, l'alliance avec les Verts en Allemagne), un changement de ton (plus que d'orientation) de la diplomatie allemande aggravé par certaines maladresses comme la position en flèche adoptée sur les contrats de retraitement des déchets nucléaires ou enfin, pour se limiter à ces trois exemples, la publication du manifeste Blair-Schröder, n'ont pas créé le terrain le plus propice à de grandes initiatives. Cela n'a pas empêché la coopération intergouvernementale d'accompagner dans de bonnes conditions le lancement de l'euro.

D'une manière générale, le pouvoir économique à l'échelle européenne a glissé de l'ancien Ecofin (le comité de tous les ministres de l'Économie et des Finances) vers le club restreint des membres de la zone euro ; baptisé euro 11, c'est lui qui fixe désormais l'agenda des politiques économiques de la zone euro et cela reflète les bénéfices de la coopération franco-allemande. On peut dire que certaines obsessions anciennes se sont atténuées, comme en témoigne le dialogue sur les politiques budgétaires ou l'inflation : les controverses quasi doctrinales sur la « stabilité et les sanctions » ont laissé place à une évaluation plus pragmatique du réglage budgétaire le mieux approprié à la présente phase du cycle.

Pour ce qui concerne la gestion externe de l'euro, il est intéressant de noter l'attitude modérée des gouvernements pendant le premier semestre 1999, période pendant laquelle l'euro s'est continûment dévalorisé par rapport au dollar. Là aussi le dogme de la monnaie forte a cédé le pas devant une appréciation plus réaliste du concours qu'une légère sous-évaluation de l'euro pouvait apporter pour consolider une reprise hésitante. Bref, l'attitude des autorités monétaires et politiques au moment d'encadrer les premiers pas de l'euro apparaît à l'expérience très éloignée des craintes formulées par les opposants à l'Union monétaire concernant le supposé rigorisme monétariste de la Banque centrale et les conflits prétendument inévitables dans le choix des objectifs macroéconomiques. Au terme de l'année 1999, c'est donc sous un jour favorable que se profilent les perspectives de coopération en matière monétaire et budgétaire. Qu'en est-il dans d'autres domaines?

En matière fiscale, tout d'abord, le bilan est pour l'instant moins positif. La procédure de décision – qui repose dans ce domaine sur l'unanimité des quinze – restreint considérablement les ambitions. Certes, le « code de bonne conduite » en discussion, qui vise à démanteler un certain nombre de pratiques fiscales déloyales, est un sujet important. Mais l'élimination de niches fiscales n'est clairement pas à la mesure des enjeux économiques ou sociaux que soulève l'harmonisation fiscale. Songeons en particulier à la fiscalité de l'épargne, sujet à juste titre si sensible, et sur lequel les attitudes britannique ou luxembourgeoise imposent le *statu quo*. Autre sujet fiscal sensible, « l'écotaxe » n'a pas non plus été l'occasion d'une concertation adaptée entre l'Allemagne et la France. Les deux gouvernements sont engagés dans les suites de la conférence de Kyoto et leur base parlementaire les rend très sensibles aux considérations écologiques ; et pourtant l'entrée en scène de l'écotaxe s'est faite des deux côtés du Rhin en fonction de préoccupations et de calendriers purement nationaux ; plus graves, les solutions adoptées sont des deux côtés assez maladroites quant aux critères d'efficacité économiques et peuvent introduire des biais concurrentiels importants à moyen terme.

Les coopérations industrielles sont un autre sujet où l'enthousiasme pour chercher des solutions intra européennes a paru défaillant. Au premier semestre 1999, les conditions du dénouement de l'alliance Deutsche Telekom/France Télécom ou la recherche par DASA d'un partenaire britannique ont été perçues comme autant de signes de la préférence allemande pour de grandes stratégies mondiales au détriment des coopérations franco-allemandes traditionnelles. C'est à mes yeux un diagnostic excessif. Certes, il y a l'exemple Daimler/Chrysler perçu par beaucoup de patrons allemands comme flamboyant et exemplaire à l'heure de la globalisation. Mais de ce côté du Rhin, il y a Renault/Nissan, une alliance tout aussi spectaculaire quand on pense que Renault était le symbole même du colbertisme il y a peu d'années. Que conclure de ces deux grandes opérations ? D'abord que la recherche des « solutions européennes » n'est pas un objectif en soi ; il est logique que les grandes firmes définissent leur stratégie en fonction des caractéristiques propres à leur marché et en fonction des opportunités qu'elles peuvent saisir. Européanisation et globalisation, en bref, ne sont pas contradictoires, et c'est une chance pour l'Europe de compter un nombre croissant de firmes capables de jouer leur rôle sur la scène mondiale dans tous les secteurs : l'automobile, le pétrole, la grande distribution ou l'assurance. Cela reflète aussi l'influence réduite des gouvernements dans beaucoup d'industries ce qui est par contrecoup une invitation à se concentrer sur les choix qui sont au cœur même des responsabilités d'État. Que l'année 1999 se termine avec l'annonce de la fusion Aérospatiale/DASA – l'exemple le plus spectaculaire qui soit de coopération industrielle franco-allemande – est de ce point de vue une bonne nouvelle pour les deux entreprises, pour les deux pays et pour l'Europe.

Reste l'Europe sociale, éternelle parente pauvre de la construction européenne. Deux ans après le sommet d'Amsterdam (1997), où les socialistes français nouvellement élus avaient fait reconnaître la lutte contre le chômage comme priorité européenne, force est de constater que même la conjugaison d'un grand nombre de gouvernements sociaux démocrates n'est pas parvenue à enclencher une quelconque dynamique. Néanmoins, l'année 1999 a apporté deux éléments nouveaux et significatifs. Le premier, le manifeste Blair-Schröder, a contribué à clarifier le paysage social européen en explicitant avec force et simplicité l'ampleur des adaptations auxquelles il faudra d'une manière ou d'une autre procéder pour mettre le Welfare State à l'heure du XXI⁰ siècle. A ce titre, le Manifeste continuera selon toutes probabilités à jouer un rôle fortement structurant dans le débat de politique sociale en Europe. Dans les formulations qui sont les siennes, préfigure-t-il ce que sera le « modèle social » européen à terme? Ce n'est pas sûr car cette proposition d'origine anglo-saxonne et utilitariste est partielle, elle ne fait pas suffisamment écho à la façon dont le vieux continent a cherché à répondre aux défaillances du marché; et faute d'être passée au préalable par un épisode thatcherien, il faudra bien que l'Europe sociale demain apporte de nouvelles réponses aux vieilles questions que sont la définition de normes rendant acceptables l'insécurité inhérente à l'économie de marché, la reconnaissance de droits opposables à la pure logique du marché, l'utilisation du dialogue social comme levier du changement.

C'est pourquoi, à côté du manifeste Blair-Schröder qui sonne le réveil sur le plan idéologique, une seconde initiative mérite d'être relevée puisqu'elle peut précisément contribuer à mieux structurer à l'avenir un débat qui n'a eu jusqu'ici qu'un socle institutionnel bien frêle. Je fais référence à l'adoption par le sommet de Cologne en juin dernier, sous présidence allemande, d'une proposition française instaurant une concertation au minimum annuelle entre la Banque centrale, le Conseil européen (ministres des Finances et de l'Emploi) et les partenaires sociaux. Cela peut rester lettre morte comme beaucoup d'initiatives comparables, ce peut être aussi le point de départ d'une démarche propre à définir le concept de progrès social adapté à la situation de l'Euroland, à alimenter le dialogue sur les orientations de politique monétaire, économique et sociale et finalement à favoriser un consensus au moins relatif sur les exigences de la modernisation. Cela dit, on ne doit pas exclure une approche plus directe pour surmonter cette impasse sociale. Il s'agirait d'enrichir le socle juridique de l'Union aujourd'hui restreint puisque limité au seul principe de « libre circulation », certes décliné sur tous les modes (les biens, les services, les hommes, les capitaux…). La cour de justice européenne ne se trouve ainsi que bien pauvrement outillée pour remplir le rôle qui est le sien dans une société complexe et démocratique. Partant de ce constat, certains ont plaidé en faveur d'une charte des droits civiques et sociaux ayant un caractère juridiquement contraignant ; ce serait l'amorce d'un rééquilibre nécessaire par rapport au seul principe de concurrence.

Ces quelques commentaires sur le volet social poussent assez naturellement la réflexion vers les risques que comportent les déséquilibres flagrants de l'Union européenne, entre l'ambition du projet monétaire et les moyens dont il a été doté d'un côté et le blocage actuel de la réforme institutionnelle de l'autre. Sans doute cet agencement assez baroque était-il le point d'équilibre le plus avancé accessible durant les années quatre-vingt-dix, mais il est évident que ce n'est pas un équilibre stable. Ce dispositif va être confronté dans les années qui viennent à des chocs symétriques ou asymétriques, il devra faire face à des performances différenciées entre pays ou entre régions, il aura fatalement à gérer son content de tensions et de crises. Le plus probable est que chacune des ces étapes générera sa propre solution parce que c'est ainsi qu'a toujours progressé la construction européenne, mais surtout parce que le coût du retour en arrière est devenu exorbitant. C'est pourquoi il faut probablement s'attendre à un renforcement des mécanismes de coordination au sein du pôle économique, à des extensions progressives du champ de la décision à la majorité au sein du Conseil, à un élargissement du rôle de la Commission dans le fonctionnement de l'UEM afin, notamment, de lui permettre de mobiliser de façon plus dynamique les instruments tels que le budget communautaire, les fonds structurels, les politiques de recherche et de formation. On peut craindre que ce cheminement soit long, jalonné de compromis boiteux et de crises superflues. Mais on ne peut pas non plus exclure qu'à un moment la recherche d'une solution institutionnelle mieux structurée et plus efficace ne vienne à l'ordre du jour ; en cette fin de millénaire, pourquoi même ne pas l'espérer ?

Devenue réalité depuis le 1ᵉʳ janvier 1999, l'Union monétaire nous a d'ores et déjà fait entrer dans le XXIᵉ siècle ; l'expérience acquise en quelques mois offre – en conclusion – des perspectives nouvelles et attractives, elle souligne, en même temps l'ampleur des enjeux qui sont devant nous.

L'union monétaire, tout d'abord, ouvre indubitablement une période d'opportunités qui tranche par rapport aux sombres décennies que nous venons de traverser ; les déterminants nouveaux de l'investissement et de la productivité vont libérer le potentiel de croissance que recèle « la nouvelle économie » ; c'est ce contexte qui donne leur sens aux restructurations accélérées que l'on observe dans de nombreux secteurs, grâce auxquelles l'Europe est en train de se doter des grands acteurs industriels et financiers nécessaires à l'heure de la globalisation.

Bien sûr, ces opportunités ne se concrétiseront que si des réformes structurelles profondes sont rapidement entreprises ; il est intéressant de noter que les forces économiques, démographiques et politiques convergent pour rendre ce besoin de réformes plus impérieux ; il est évident que cette stratégie demandera beaucoup de courage et de sagesse aux gouvernements nationaux, chacun pouvant suivre sa méthode propre mais l'Union imposant clairement un rythme plus soutenu que dans le passé.

En troisième lieu, malgré les innombrables craintes qui s'étaient manifestées à ce sujet, le réglage des politiques monétaire et budgétaires a démarré sous des auspices conjoncturels et politiques favorables ; c'est un bon départ pour reconduire le type d'équilibre qui a commencé à s'instituer, un équilibre dans lequel l'euro 11 sera appelé à jouer un rôle croissant pour fixer l'agenda économique de l'Union et où, d'un autre côté, la Banque centrale inscrira son action dans une meilleure transparence vis-à-vis des acteurs économiques et financiers.

Finalement, la fragilité de l'édifice européen provient du déséquilibre entre l'organisation très structurée et le dynamisme du pôle économique au sens large et le *statu quo* qui menace en matière sociale et institutionnelle. Au fil des crises qu'elle aura à surmonter, l'Union créera par additions successives les mécanismes et les solutions que le degré d'intégration atteint rendra inévitables. Peut-être même l'heure pourrait-elle sonner de progrès politiques plus volontaires dans ces deux directions. N'est-ce pas d'ailleurs ce que l'on observe après la guerre du Kosovo puisque, depuis la conférence de Saint-Malo, l'Europe de la défense a changé de vitesse et de trajectoire. Parce qu'elle est d'abord économique et monétaire, l'Union européenne est née déséquilibrée, c'est pourquoi elle n'est pas aboutissement mais amorce d'une nouvelle page d'histoire.

Globalisation
et développement inégal :
l'impératif d'attractivité

Charles-Albert Michalet

Dans sa dimension spatiale, la globalisation ne se confond pas avec la dynamique de la mondialisation. Celle-ci a une vocation planétaire. Celle-là, qui constitue la phase actuelle de la mondialisation, se polarise sur les économies du Nord et sur quelques pays émergents qui forment la « nouvelle nouvelle frontière ». Elle tend à exclure la majorité des pays en développement du Sud.

L'intégration à l'économie globale d'un plus grand nombre de pays du Sud ne sera pas automatique. Elle exigera de mettre en place les conditions nécessaires de l'attractivité : ce nouvel impératif devrait supplanter, à l'avenir, la défense de la notion surannée de la souveraineté nationale [1].

1. La globalisation n'est pas un phénomène planétaire

La globalisation comme phase de la mondialisation

La globalisation constitue la modalité actuelle du processus séculaire de la mondialisation. Celle-ci est inhérente au fonctionnement des économies capitalistes de marché. Les historiens de l'« économie-monde », comme Fernand Braudel et Immanuel Wallerstein, la font remonter au XVIe siècle, avant la constitution des États-Nations.

Elle comporte quatre caractéristiques majeures.

– Elle est multidimensionnelle dans la mesure où elle implique la mobilité simultanée des biens et des services (y compris les technologies), des activités industrielles, des capitaux.

– Ses dimensions sont interdépendantes. Les économistes orthodoxes distinguent l'économie internationale (celle des échanges de biens et services), l'économie multinationale (celle des investissements directs et des firmes multinationales) et l'économie de la finance globale (celle des flux de capitaux entre les places financières). Dans la mondialisation, ces configurations sont indissociables.

---

1. Cf. notre ouvrage *La Séduction des nations*, Economica, 1999.

A titre d'illustration, la vague des acquisitions-fusions transfrontières qui constitue une modalité de l'expansion multinationale des firmes n'aurait pas pu se développer sans les nouvelles opportunités offertes par la finance globale. La formation de nouveaux groupes industriels et financiers va restructurer les échanges de biens et services dont une proportion croissante sera hors marché, captée par la circulation « internalisée » des flux intra-firmes.

– La mondialisation a pour effet de mettre en cause la référence exclusive aux États-Nations pour comprendre les « lois » de la spécialisation. Le débordement des frontières nationales par les acteurs globaux affaiblit l'efficacité des politiques macroéconomiques. L'idée du socialisme ou du capitalisme « dans un seul pays » est à reléguer définitivement au magasin des accessoires. La régulation – au sens de l'école française – ne peut plus fonctionner sur une base seulement nationale.

– Enfin, les différentes configurations de la mondialisation passent par des phases. Elles n'ont pas la même importance selon les époques. La domination de l'économie internationale sur les autres modalités de l'économie multinationale et de l'économie globale a été longue. C'est seulement à partir des années soixante qu'elle va être supplantée par l'économie multinationale, celle qui se caractérise par la délocalisation des activités industrielles, les rachats et prises de participation, la formation d'alliances entre entreprises de nationalités différentes.

Depuis le début des années quatre-vingt, la globalisation financière est devenue prépondérante. Elle a été favorisée par la dérégulation des activités bancaires et financières, par la libéralisation des mouvements de capitaux, par la crise de la dette, par l'apparition de nouveaux produits financiers. En conséquence, les financiers (et les rentiers qui apportent leur épargne aux fonds de pension) ont pris le pas sur les entrepreneurs, les commerçants et les salariés. Bien entendu, cette prépondérance de l'économie globale ne signifie pas que les autres modalités de la mondialisation ont disparu. Mais aujourd'hui, c'est la sphère financière qui fixe les normes. Celles-ci ne doivent pas être réduites à la fixation d'un taux de rentabilité minimal (le fameux ratio de 15 % des adeptes de la « création de valeur »). Elles s'étendent à la définition de choix stratégiques et à l'organisation de firmes dans tous les secteurs. En particulier, les choix de localisation des implantations répondent aux mêmes principes que ceux de la gestion du portefeuille. Ce qui explique que la globalisation fait passer la notion de vitesse de réaction avant celle d'extension spatiale. Cela constitue une rupture avec la tendance séculaire de la dynamique de la mondialisation et cela a pour effet d'exclure des pans entiers de la planète.

La globalisation est sélective

Peu d'économies nationales sont entraînées dans le mouvement de la globalisation. Les pays de la « triade » (Amérique du Nord, Europe, Japon), en constituent le cœur. Autour d'eux, gravitent quelques « économies émergentes » qui constituent la « nouvelle nouvelle frontière » des économies du Nord. Il s'agit des « quatre dragons » d'Asie du Sud-Est, de la Chine, de la Thaïlande, de la Malaisie, de l'Indonésie, du Mexique, du Brésil, de l'Argentine... Encore faudrait-il nuancer ce classement. En effet, seules les économies d'Amérique du Nord et de l'Europe des 15 sont vraiment des composantes à part entière de la globalisation. Au sein de la triade, le Japon ne joue pas également toutes les dimensions de la globalisation : il investit et exporte beaucoup à l'étranger, mais il freine les entrées des firmes étrangères par l'investissement direct et le commerce (cependant, la prolongation de la croissance zéro tend à remettre en cause cette politique traditionnelle). Même si le déséquilibre s'atténue progressivement, les économies émergentes sont plutôt dans une position de récepteurs en ce qui concerne les investissements directs et les flux de capitaux financiers.

Cette polarisation très forte de la globalisation sur un espace limité résulte du fait que les opérateurs principaux de l'industrie ou de la finance n'ont absolument pas envie de s'implanter dans tous les pays reconnus par les Nations-Unies. Les investisseurs qui ont une stratégie globale ne placent pas tous les territoires sur le même plan. Contrairement à ce que pensent la plupart des gouvernants, surtout au Sud, la globalisation n'est pas un jeu à somme nulle. La décision d'une firme d'investir dans un pays (disons la Hongrie) ne signifie pas, *ipso facto*, qu'elle renonce à s'implanter au Maroc ou en Tunisie. Ces pays ne sont pas, dans la vision des investisseurs, substituables les uns aux autres. Ils appartiennent à des cercles différents. Il est possible d'en repérer quatre :

— le cercle des pays les plus attractifs : ceux de la triade ;

— le cercle des pays de la « nouvelle nouvelle frontière » : les économies émergentes d'Asie, d'Amérique latine et de quelques pays d'Europe de l'Est (Pologne, Hongrie, Tchéquie) ;

— le cercle des pays « potentiels » : ce sont ceux qui ont vocation à passer dans le cercle précédent – à la condition d'appliquer certaines réformes de leur environnement. A titre d'exemple, il est possible de mentionner comme étant dans cette position la Russie, les pays du Maghreb, l'Égypte…

— le cercle des pays « périphériques » : leur attractivité repose sur une base étroite constituée par la présence sur leurs territoires d'un petit nombre de ressources abondantes : pétrole, minéraux, produits agricoles, main-d'œuvre… Dans ces domaines restreints, ils attirent des investisseurs spécialisés, prêts à prendre des risques. Mais il n'est pas sûr que leurs activités vont se diffuser dans le reste de l'économie, autrement que sous la distribution plus ou moins discrétionnaire de la rente.

Il résulte de ces clivages entre les territoires en termes d'attractivité, que la compétition pour les investissements ne joue qu'entre les pays appartenant au même cercle. Elle n'existe pas (ou de façon exceptionnelle) entre des cercles distincts. En revanche, à l'intérieur des cercles, la compétition peut être très forte et entraîner des phénomènes de surenchères aux incitations ruineuses pour les pays hôtes. Néanmoins, il est nécessaire de tenir compte des « effets d'agglomération » ou de concurrence oligopolistique. Le choix d'une localisation par une firme leader peut avoir des effets positifs pour les territoires voisins sur lesquels viendront s'installer les firmes concurrentes. En outre, la composition des cercles n'est pas fixée *ad eternam.* Les pays « potentiels » ont vocation à passer dans le cercle des pays de la « nouvelle nouvelle frontière ». Inversement, il peut arriver que des pays appartenants à ce dernier cercle en soient exclus. Les étoiles de l'attractivité comme celles des restaurants gastronomiques, ne sont pas acquises pour toujours.

Ces nuances sont importantes parce qu'elles ouvrent des portes pour les pays du Sud qui souhaitent participer à la dynamique de la globalisation, ce qui correspond à l'objectif de tous les pays du Sud et de l'Est depuis la chute du mur de Berlin. Ce qui fait, du même coup, du renforcement de l'attractivité un nouvel impératif.

2. Les règles du jeu de l'attractivité

Contrairement aux thèses en faveur durant les années soixante et soixante-dix, rares sont ceux qui pensent aujourd'hui que les pays du Sud sont condamnés au « développement du sous-développement » (G. Franck, S. Amin). Mais inversement, l'optimisme de R. Vernon qui posait comme inéluctable l'industrialisation des économies du Sud par la dérive des secteurs d'activité dont la technologie a atteint le seuil de maturité, semble exagéré. L'intégration à l'économie globale n'est pas un objectif inaccessible, mais elle n'est pas automatique. Pour y parvenir, il faut accepter d'appliquer les règles du jeu de l'attractivité. Celles-ci peuvent-être classées selon deux groupes. Le premier concerne les conditions prérequises de nature politico-institutionnelle, le second décrit les variables socio-économiques dont la révision est indispensable pour qu'un pays figure sur la « short list » des investisseurs globaux.

Les prérequis politico-institutionnels de l'attractivité
Les quatre prérequis indispensables aux yeux des investisseurs sont les suivants :

– Stabilité politique et macroéconomique fournissant un horizon temporel permettant d'évaluer la rentabilité d'un projet d'investissement.

– Instauration d'un État de droit : transparence et continuité du cadre légal et réglementaire ; mise en place d'un système juridictionnel efficace, compétent, équitable, qui n'exclut pas le recours à l'arbitrage international.

– Allégement systématique des procédures administratives éliminant au maximum les blocages bureaucratiques, les sources de corruption, les discriminations tenant à la nationalité (l'identité de traitement des nationaux et des étrangers étant posée dans la législation).

– Réduction de la place du secteur public par la privatisation des entreprises publiques et par une attitude favorable à l'initiative privée.

Les prérequis socioéconomiques de l'attractivité
– Un marché de grande taille et en forte expansion. L'évaluation de la taille du marché ne doit pas être limitée à celle du marché domestique. Elle doit être élargie au marché régional auquel donne accès l'implantation sur un territoire donné. La structure *hub and spokes* va se généraliser dans le futur. L'intégration régionale favorise l'attractivité des pays membres. Il suffit d'évoquer l'impact sur l'Irlande et le Portugal de leur adhésion à l'Union européenne. L'accord entre le Mexique, les États-Unis et le Canada (l'ALENA) a renforcé l'attractivité du Mexique. Les accords de libre échange signés en 1995 avec l'Union européenne par la Tunisie et le Maroc pourraient avoir des effets similaires.

– Un système efficient de communications (aériennes, maritimes, routières) et de télécommunications.

– Une offre de main-d'œuvre qualifiée. Les grands groupes industriels et financiers utilisent des technologies sophistiquées. L'avantage de la localisation reposant uniquement sur une main-d'œuvre bon marché ne joue plus que pour un nombre sans cesse restreint d'activités.

– Un tissu local d'entreprises performantes capables de répondre aux normes internationales en termes de qualité, coûts et délais de livraison. La tendance est à l'extension du réseau des firmes globales (qui ne s'accompagne pas nécessairement de prises de participation en capital) à des partenaires locaux (et non plus à de simples sous-traitants).

Néanmoins, si la satisfaction de toutes ces conditions

est une étape nécessaire à la construction de l'attractivité d'un territoire, elle n'est pas suffisante. Pour être sûrs de figurer sur la « short list » des investisseurs globaux, il faut prolonger la réalisation des prérequis par une politique d'attractivité dynamique auprès des firmes. Celle-ci repose sur trois volets complémentaires :

- la construction de l'image de marque du pays,
- les services rendus aux investisseurs potentiels,
- la prospection ciblée des firmes.

En revanche, contrairement aux idées reçues, les incitations financières ne doivent pas occuper la première place dans les outils de l'attractivité. Non seulement elles pèsent sur les finances publiques mais, en outre, elles peuvent avoir des effets contreproductifs. En premier lieu, elles favorisent le report des réformes nécessaires pour améliorer structurellement l'attractivité du territoire. En second lieu, elles attirent les investissements dont la rentabilité est dès le départ incertaine et dont la durée de vie sera calquée sur celle des incitations. Subventionner des activités non rentables à terme ne constitue pas un objectif souhaitable...

Conclusion : les effets en retour

L'amélioration de l'attractivité d'un nombre croissant de territoires aura pour effet de réduire l'écart de développement entre le Nord et le Sud. L'élargissement de la base spatiale de la globalisation devrait diminuer la taille du cercle des pays « périphériques » et augmenter celle des pays de la « nouvelle nouvelle frontière ». Il en résultera des effets positifs : réduction des écarts de rémunération du travail éliminant le « dumping social », ouverture plus grande des économies du Sud aux produits et aux investissements étrangers. La globalisation porte avec elle une tendance à l'homogénéisation des variables économiques. Mais elle ne signifie pas pour autant l'élimination de toutes les disparités. Ainsi, vraisemblablement, les opérations de délocalisation sauvage dans les activités à fort contenu en travail non qualifié vont se ralentir. En revanche, la mobilité des activités productives et des services va concerner un plus grand nombre de secteurs et un plus grand nombre de pays. La convergence entre le Nord, le Sud et l'Est va inévitablement intensifier la concurrence entre les territoires. L'attractivité deviendra un véritable impératif des politiques économiques. Et cela d'autant plus que l'expansion des investissements à l'étranger et l'extension des réseaux de partenaires (sans prises de participation majoritaires) va aggraver les surcapacités de production qui sont déjà perceptibles dans certains secteurs (automobile, acier, aluminium…). Il en résultera de nouvelles opérations de concentration industrielle. Elles seront prolongées par des restructurations des activités qui porteront sur plusieurs territoires compte tenu de la localisation des actifs des nouveaux groupes. Leur caractère « transfrontière » va générer une nouvelle géographie industrielle.

Le cadre de référence de cette dernière ne sera plus

constitué par les États-Nations mais par des configurations territoriales originales, districts industriels transfrontières, intégrations régionales supranationales. L'approfondissement de la dimension spatiale dans la dynamique de la globalisation risque finalement de remettre en cause les notions traditionnelles d'État-Nation et de souveraineté nationale.

Vers le règne sans partage des entreprises géantes ?

Élie Cohen

1. Les fusions-acquisitions jusqu'où ?

La vague de fusions-acquisitions qui s'est déployée aux États-Unis depuis 1994 avant de gagner l'Europe et la zone Asie-Pacifique conserve toute sa puissance et son ampleur à l'orée du troisième millénaire. Le montant des transactions mondiales était évalué à 2500 milliards de dollars pour 1998[1], en augmentation de 50 % par rapport à 1997 ; celui des opérations transfrontières représentait environ

---

1. Données KPMG Corporate Finance.

400 milliards de dollars. Or, si on peut prévoir un certain ralentissement des transactions réalisées aux États-Unis en 1999 (1250 milliards de dollars contre 1900 en 1998), la croissance semble se poursuivre dans les autres foyers internationaux de fusions-acquisitions et singulièrement en Europe. Ainsi, les opérations transfrontières réalisées au premier semestre de 1999 représentaient-elles déjà un montant équivalent à celui réalisé pour l'ensemble de l'année 1998.

La vitalité persistante de ce mouvement et la dimension des opérations les plus spectaculaires engagées ces dernières années conduisent à envisager la montée en puissance de véritables entreprises impériales dont l'emprise sur les économies développées semble s'amplifier sans connaître de limites. A la faveur des « mega deals » qui se multiplient, la frénésie des fusions-acquisitions et la « merger mania » conduisent-elles ainsi l'économie du troisième millénaire vers un règne sans partage d'entités géantes qui, soumises au seul contrôle des marchés financiers, échapperaient au contrôle des États nationaux et s'affranchiraient de l'influence de leurs salariés ou des consommateurs ? C'est ce que suggère le rapport sur les investissements internationaux publié par la CNUCED en septembre 1999 qui souligne le rôle de cent groupes leaders en matière d'internationalisation, « moteurs du système de production mondial intégré »[2].

---

2. Rendant compte de ce rapport, *Le Monde* du 29 septembre 1999 titre en première page « Les nouveaux maîtres du monde » et souligne, en page intérieure : « Les grands groupes redessinent le monde ».

Pourtant, il faut une certaine dose d'amnésie pour considérer que le mouvement en cours présente un caractère radicalement nouveau. De même, il faut une certaine myopie pour imaginer que ce mouvement se poursuivra indéfiniment, à son rythme et avec son ampleur actuelle, sans susciter de contre-réactions.

En effet, les grandes économies ont déjà subi, dans le passé, des vagues de fusions-acquisitions qui, par leur ampleur et leur intensité, semblaient déjà devoir conduire vers la concentration illimitée de l'appareil de production, de financement et d'échange. Or, loin de se poursuivre de façon ininterrompue, ces vagues finirent par retomber, permettant une stabilisation relative après des restructurations d'importance majeure.

Ainsi, à la fin du XIXᵉ siècle et au début du XXᵉ, les États-Unis et les pays européens ont connu un mouvement intense de restructuration dans des activités telles que la banque, la sidérurgie, les mines ou l'industrie ferroviaire. On peut apprécier *a posteriori* la portée d'un tel mouvement en soulignant d'abord l'émergence des grands groupes dont il permit la constitution. Mais on peut également en mesurer les effets en rappelant la vigueur des réactions idéologiques qu'il suscita à travers une large mobilisation de différents secteurs de l'opinion « contre les trusts ». De même, la réaction qu'il suscita parmi les responsables politiques peut être évaluée par l'ampleur sans précédent de la vague de mesures législatives ou réglementaires antitrust qui furent alors mises en place.

Mais, alors que leur croissance semblait appelée à une

poursuite illimitée, beaucoup d'entreprises qui apparaissaient comme les bénéficiaires de ces vagues de restructurations, ont par la suite disparu ; d'autres ont connu des difficultés qui les contraignirent à restreindre leur espace stratégique et à s'engager sur la voie d'un déclin relatif ; d'autres encore ont subi une prise de contrôle, amicale ou hostile, et ont perdu leur autonomie ou leur identité en se trouvant absorbées par d'autres entités à la vitalité mieux assurée.

A d'autres moments et notamment durant les années soixante et soixante-dix, des mouvements de restructuration d'une ampleur comparable furent observés dans d'autres secteurs d'activités. Or nombre des « champions » issus de ces nouvelles vagues de recomposition du tissu économique subirent également un déclin ou passèrent sous le contrôle d'autres entités.

C'est dire que les vagues de fusions-acquisitions ne se traduisent pas par un processus continu et cumulatif de concentration qui entraînerait la croissance indéfinie et illimitée de groupes géants, accroissant progressivement leur emprise sur l'économie. Elles se traduisent en fait par des remaniements discontinus et heurtés des modes de contrôle des entreprises. En outre, elles prennent des orientations qui, si elles apparaissent cohérentes à court terme, révèlent en fait un caractère profondément imprévisible et contradictoire sur la longue période.

Dès lors, il faut se déprendre de la tentation d'une projection naïve, dans un futur indéfini, des mouvements qui occupent l'actualité immédiate et intégrer d'emblée la conviction que de véritables « surprises » doivent être attendues dans la poursuite des vagues de fusions-acquisitions.

2. Continuités et discontinuités du mouvement de restructuration des entreprises

Loin de constituer un mouvement continu et cumulatif, les processus de restructuration des entreprises ont été en effet caractérisés, dans le passé, par des discontinuités majeures. Il est probable que la poursuite du mouvement actuel recèle également des perspectives de ruptures et d'évolutions inattendues, au-delà de l'an 2000.

Ces discontinuités sont liées à des changements affectant les technologies ainsi que les structures de propriété ou les modes de contrôle et de régulation des entreprises.

Le rôle des ruptures technologiques

En premier lieu, des ruptures majeures peuvent être attendues du fait de l'apparition d'activités ou d'entités nouvelles, liée à l'irruption de changements technologiques dans des domaines tels que les télécommunications, l'informatique, l'Internet, le multimédia ou les sciences de la vie.

Ces nouvelles technologies suscitent la création d'entités innovantes qui, après avoir assuré leur décollage, constituent à moyen terme des proies potentielles pour des entreprises plus traditionnelles ; ces dernières, disposant d'une surface financière et d'une capacité de gestion plus robuste, bénéficient en effet d'atouts majeurs pour soutenir le développement futur des innovations introduites par des unités créatives, mais handicapées par des structures de financement et de management légères. C'est ainsi que de nombreuses *start-up* font l'objet d'une reprise qui permet à leurs fondateurs de céder tout ou partie de leur part du capital, en effectuant une sortie qui leur permet de valoriser les fruits de leurs initiatives entrepreneuriales, même si c'est au prix d'une perte de contrôle de l'entreprise qu'ils ont créée.

Dans d'autres cas, l'innovation technologique permet le développement d'entités qui deviennent, par elles-mêmes, des pôles actifs de croissance externe. Dans de tels cas, les fondateurs apparaissent comme les initiateurs d'opérations de restructuration et développent leur contrôle sur des ensembles économiques au périmètre élargi. Le succès de Microsoft constitue certainement l'illustration la plus emblématique d'une telle évolution.

Au total, on peut prévoir la confirmation durable de l'influence exercée par les nouvelles technologies tant sur l'apparition de nouvelles activités, propices à l'émergence d'entités innovantes, que sur la redistribution du potentiel de développement et des capacités de contrôle entre entreprises.

L'influence des changements affectant la régulation des activités économiques

On observe de tels changements à l'occasion du démantèlement de monopoles publics qui s'avère favorable à l'apparition de nouveaux acteurs ; de même, la relance ou la réouverture du jeu concurrentiel est propice à l'entrée de nouveaux opérateurs dans des activités jadis fermées. Des secteurs tels que la télévision, la production et la distribution d'électricité, l'aéronautique, le tabac, les télécommunications ou le transport ferroviaire illustrent des évolutions de ce type, dans la plupart des pays développés.

De même, les opérations de privatisation introduisent le plus souvent des ruptures qui favorisent les restructurations d'entreprises. Cela peut s'opérer à l'occasion de la cession à des intérêts privés d'entités antérieurement placées sous contrôle public ; dans ce cas, les privatisations alimentent le marché des fusions-acquisitions en permettant à des pôles dynamiques d'acquérir le contrôle ou de prendre des participations dans les entités dont les pouvoirs publics se désengagent. Dans d'autres cas, les entreprises privatisées bénéficient d'une marge de manœuvre stratégique élargie qui leur permet de procéder à des remaniements de leur périmètre d'activités ; elles se trouvent alors en mesure d'effectuer des cessions partielles d'actifs ou des acquisitions qui alimentent à la fois l'offre et la demande sur le marché des restructurations.

Dans de nombreux cas, une conjonction s'opère entre les mouvements de privatisation ou de démantèlement des monopoles et le jeu des ruptures technologiques. Ainsi, dans le domaine de la production et de la distribution d'électricité, la conjonction entre des mesures de privatisation ou d'ouverture à la concurrence et l'irruption de nouvelles technologies telles que la cogénération permet un renouvellement radical des systèmes d'offre et constitue un puissant stimulant au développement des restructurations. Dans le champ des télécommunications, une conjonction du même type se manifeste avec le jeu combiné des privatisations, de l'ouverture des marchés à la concurrence et des changements technologiques induits par le développement de la téléphonie mobile ou de l'Internet. De façon plus générale c'est également une telle conjonction qui justifie la présence, parmi les secteurs les plus actifs en matière de restructurations, de l'automobile, de l'aéronautique, de l'espace, de la banque ou de l'assurance.

3. Les limites des entreprises géantes dans la restructuration

Si la nécessité d'un changement de perspective s'impose dans l'analyse du mouvement actuel de fusions-acquisitions, c'est d'abord à cause des discontinuités majeures et largement imprévisibles qui sont susceptibles de l'affecter. Mais c'est aussi parce que l'approche traditionnelle de ce mouvement conduit à une vision déséquilibrée et unilatérale du rôle des différents types d'entreprises dans ce mouvement.

Cette analyse se concentre en effet principalement sur le cas des grandes entreprises, en particulier des grandes entités à capital ouvert, cotées en Bourse. Or les mouvements de restructuration affectent un grand nombre d'entités qui ne présentent pas ce profil capitalistique.

Le renouvellement du tissu économique est en effet très lié aux initiatives d'entreprises familiales, PME ou grandes unités, dont la participation aux mouvements de restructuration présente des caractères spécifiques qui ne se laissent pas aisément traduire par les études consacrées à ces mouvements. D'une part, la structure du contrôle et de la propriété dans ces entreprises ne les prédispose pas à l'usage intensif de certains instruments financiers qui, telles les offres publiques d'achat ou d'échange, sont largement utilisés dans l'ingénierie des fusions-acquisitions. D'autre part, les préférences des propriétaires-dirigeants pour l'autonomie les conduisent fréquemment à privilégier la croissance interne ou le développement de filiales à contrôle exclusif qui n'ont pas vocation à participer activement à l'animation du marché du capital.

De même, un grand nombre d'innovations sont, comme cela a été souligné précédemment, introduites par des *start-up* dont le rôle n'est pris en compte dans l'analyse des mouvements de restructuration qu'au moment où elles sont éventuellement reprises par d'autres entités et perdent leur autonomie, voire leur identité ; pourtant, la contribution de ces unités innovantes au renouvellement du tissu économique est manifestement essentielle.

4. Un élargissement de l'analyse du mouvement de fusions-acquisitions

L'analyse traditionnelle des mouvements de restructuration se polarise sur des opérations à caractère capitalistique qui mettent en cause la structure de propriété et les liaisons financières entre entreprises. Or de très nombreux aménagements intervenant au sein du tissu productif procèdent d'autres formes de rapprochement et ne mettent pas en cause la structure capitalistique des entreprises qu'elles affectent. Ainsi, les mécanismes de la quasi-intégration mettent en jeu des relations contractuelles durables sans affecter l'organisation capitalistique et la structure de propriété ou de contrôle. De même, les alliances peuvent prendre de très nombreuses formes qui ne mettent pas en jeu des prises de participations.

En outre, cette analyse se concentre sur la phase de déclenchement des opérations de fusion-acquisition. Elle met l'accent sur les conditions de réalisation de ces opérations et notamment sur les questions de valorisation des titres, sur les mécanismes d'ingénierie financière utilisés et sur le contexte amical ou inamical dans lequel ces opérations interviennent. En revanche, peu d'études statistiques ou monographiques sont disponibles sur l'évaluation des effets organisationnels, économiques, technologiques et sociaux que ces opérations produisent à moyen ou à long terme. De même, l'analyse de l'ensemble du management post-acquisition, des conditions d'intégration des équipes, des organisations, des systèmes d'information, des ressources immatérielles des entités à intégrer à la suite des restructurations, reste largement à construire.

Les perspectives de restructuration des entreprises au tournant de l'an 2000 peuvent être analysées par référence à deux séries de forces qui, pour les unes, jouent dans le sens d'une poursuite durable des tendances observables à la fin du XXe siècle et, pour les autres, tendent à un épuisement progressif de la dynamique engagée au cours des dernières années.

Parmi les facteurs qui jouent dans le sens d'une poursuite durable du mouvement en cours, certains devraient conserver toute leur vigueur au cours des années à venir.

L'influence des stratégies de renforcement qui conduisent les entreprises les plus dynamiques dans certains métiers à rechercher une amélioration de leur compétitivité et des effets d'échelle sur leur cœur de métier devrait se prolonger durablement ; elle inspirera la réalisation d'opérations de croissance externe qui, à la faveur d'acquisitions, constituent un formidable accélérateur dans la consolidation de parts de marché et de positions concurrentielles plus favorables.

L'impact des mécanismes nouveaux de gouvernement d'entreprise devrait également s'affirmer dans les prochaines années. En renforçant l'emprise des revendications des actionnaires, il jouera certainement dans le sens d'opérations orientées vers la création de valeur ; d'une part, il justifiera des stratégies de désengagement conduisant au retrait d'activités de diversification et entretiendra un flux de cession d'activités ou d'actifs ; d'autre part, il exercera une pression induisant des stratégies d'acquisition orientées vers le renforcement des entreprises leaders sur leurs métiers de base.

Par ailleurs, tout laisse prévoir que l'irruption des nouvelles technologies et de leurs applications continuera d'influer sur le renouvellement de la gamme des biens et des services et sur l'apparition de nouveaux opérateurs, stimulant ainsi la dynamique du tissu économique.

En revanche, d'autres déterminants qui ont joué un rôle actif dans le mouvement actuel de fusions-acquisitions sont susceptibles d'un épuisement à court ou moyen terme. Ainsi, les privatisations, le démantèlement des monopoles publics ou les changements de modes de régulation de l'économie ont suffisamment progressé au cours des dernières années pour que l'épuisement de leur influence sur la recomposition des structures d'offre puisse être prévu dans un avenir rapproché.

Il est enfin malaisé d'émettre un pronostic sur l'évolution à moyen terme de certains facteurs qui ont joué un rôle actif dans le mouvement passé, mais dont l'influence future reste incertaine. Parmi ces facteurs, les niveaux favorables des taux d'intérêt et l'assainissement des structures financières des entreprises paraissent avoir produit une partie de leurs effets potentiels ; il est difficile de prévoir le rythme d'affaiblissement de ces effets dans les prochaines années. De même la bonne tenue du marché boursier s'est révélée favorable à la valorisation des titres des entreprises les plus dynamiques et a induit la multiplication des opérations d'échange d'actions. Mais les incertitudes qui affectent l'évolution des marchés d'actions rendent tout pronostic fragile quant à la pérennité de cette influence.

L'économie hi-tech

Marc Guillaume
Dominique Roux

La pensée économique moderne a toujours accordé une place privilégiée à la technique, à la division du travail qu'elle entraîne ainsi qu'à l'innovation. Dans cette perspective générale est apparu, il y a un quart de siècle, l'espoir que de nouvelles technologies, des technologies « de pointe », permettraient de surmonter la crise mondiale et de redonner souffle à un modèle de consommation fondé sur des industries traditionnelles. Dans le large spectre des innovations, les techniques d'information et de communication (TIC) ont pris rapidement une importance centrale car elles étaient les seules à concerner la totalité des secteurs industriels.

A partir du premier choc pétrolier, l'information est ainsi apparue comme une ressource essentielle. La transition d'une économie industrielle vers une économie quaternaire, une économie de l'immatériel consommant moins d'énergie et de ressources rares, devait permettre de relancer la demande pour de nouveaux biens et de faire régresser le chômage, après une période d'adaptation. On espérait également que les nouveaux outils offriraient aux salariés des perspectives d'autogestion et une plus grande autonomie dans leur travail. Les réseaux dont on pressentait et dont on soutenait déjà le développement, allaient accélérer la mondialisation de l'économie.

Un quart de siècle plus tard, l'économie est effectivement fondée sur de nouveaux facteurs stratégiques : l'information bien sûr, mais aussi la recherche-développement, l'innovation et la créativité, les marques et les images qui leur sont associées, l'efficacité managériale et organisationnelle. Cette économie s'est fortement mondialisée, mais principalement au niveau financier, ce qui ne cesse de créer d'ailleurs de nouvelles formes d'instabilité. Les menaces écologiques sont mieux prises en compte, mais leur réalité obscurcit, durablement semble-t-il, notre horizon. Le chômage et l'exclusion n'ont pas disparu et les nouvelles technologies n'ont pas soustrait les hommes au monde matériel et à ses aliénations. Elles les ont plongés dans un monde de symboles et d'icônes qui accroît le poids de leurs responsabilités, qui les confrontent à des formes d'organisation du travail très diversifiées et encore mal cernées.

Ces dernières années cependant, ce mouvement s'est accéléré : la bonne santé persistante de l'économie américaine et des secteurs liés aux technologies de l'information, mais aussi la croissance spectaculaire de certaines entreprises innovantes ont conduit à l'hypothèse d'une nouvelle économie, créatrice de richesses mais aussi d'emplois en dépit des progrès de productivité qu'elle permet de réaliser.

Ce sont les entreprises qui, sous la pression de la concurrence mondiale, constituent les principaux vecteurs de ces changements. La compétition entre les très grandes firmes mondiales de l'informatique, des télécommunications et de l'audiovisuel accélère la diffusion d'innovations que tous les autres secteurs s'efforcent d'introduire et de maîtriser socialement dans de nouvelles formes d'organisation et de management.

1. Les technologies d'information et de communication : d'une description à une conceptualisation

Il est facile de *décrire* les nouvelles techniques d'information et de communication. Encore faut-il ne pas être myope dans un domaine où les innovations se succèdent rapidement et doivent être correctement anticipées. L'attention portée aux seules innovations qui captent le marché mondial – aujourd'hui par exemple le téléphone portable, la télévision numérique et Internet – conduit à survaloriser ces objets et services et masque non seulement les dispositifs antérieurs mais aussi ceux de l'avenir. Internet représente certes un changement irréversible, le téléphone mobile et ses compléments ainsi que les nouveaux téléviseurs numériques feront partie de notre environnement quotidien mais ces innovations vont encore beaucoup évoluer et s'hybrider entre elles.

Par exemple la téléphonie et la vidéophonie seront, à court terme, largement diffusées par Internet ; réciproquement, des données ou services Internet seront accessibles par téléphone. Les téléphones portables de troisième génération (UMTS) permettront des échanges de voix, de données et d'images. La numérisation des images animées ouvre sur une nouvelle interactivité, les téléviseurs incorporant des fonctions informatiques et puisant dans un stock accessible à partir de portails comparables à ceux d'Internet.

Et surtout les TIC ne se réduisent pas à ces familles de dispositifs. Parmi de nombreuses innovations en cours de réalisation ou prévisibles à court terme on peut notamment citer :

   – la convergence des supports ;
   – la traçabilité, grâce au système GPS ;
   – les « objets communicants » ;
   – la reconnaissance automatique de la parole (et donc la commande vocale) ;
   – la traduction automatique ;
   – « l'encre » électronique permettant d'envisager des « livres » porteurs de grandes quantités de texte et d'images (projet Médialab).

Par ailleurs, quand on se limite à observer la dernière couche technique diffusée dans un pays, on conclut souvent trop facilement à des effets d'avance ou de retard. Le fait que certains pays d'Europe soient moins équipés en micro-ordinateurs et moins branchés à Internet n'est guère significatif : ce sont des retards techniques qui se comblent *d'autant plus aisément que les entreprises et les ménages récemment équipés bénéficient des derniers progrès techniques.* Les véritables retards sont d'ordre organisationnel et culturel. A cet égard, la France, par son expérience télématique déjà ancienne est à la fois en avance (du fait d'un stock d'habitudes, de services, d'innovations) [1] et en retard (moins d'équipements et de culture informatiques), mais elle est en avance dans le domaine de la télévision numérique et du DVD (Disque vidéo numérique).

Toutes ces nouvelles techniques ont bénéficié de progrès spectaculaires, explosifs en quelque sorte : l'augmentation de puissance des microprocesseurs, résumée classiquement par la « loi » de Moore (selon Gordon Moore, cofondateur de la société Intel, la puissance des circuits double, à prix constant, tous les dix-huit mois), les progrès des réseaux (fibres optiques, satellites, ATM, ADSL, etc.) mais aussi ceux de la compression des signaux.

Ces progrès à la fois rapides et convergents finissent

---

1. Le chiffre d'affaires Télétel de France Télécom s'est élevé en 1998 à 5,5 milliards de francs. Fin 1999, il y avait 8,7 millions de terminaux accédant aux services Minitel (5,7 millions de terminaux dédiés et 3 millions de micros émulés).

par marquer fortement tous les outils auxquels ils s'appliquent : ils se singularisent, dans l'ensemble du paysage technique et industriel, par l'augmentation de leurs performances, leurs innovations incessantes et la baisse de leurs prix. Cette révolution technologique qui perdure depuis des décennies et qui semble devoir se poursuivre encore dans les prochaines années, ne peut manquer de fasciner et d'exercer des conséquences irréversibles dans l'ensemble de l'économie.

Cette fascination ne doit cependant pas nous dispenser de l'effort de définir véritablement un ensemble diversifié d'outils abusivement rassemblés sous des métaphores (les autoroutes de l'information) ou des notions trop larges (société de l'information, économie numérique ou digitale).

Il ne suffit pas non plus d'invoquer la « convergence », qui n'est d'ailleurs pas garantie, des trois secteurs des télécommunications, de l'informatique et de l'audiovisuel, même si ces trois secteurs partagent en effet un nombre croissant de technologies génériques communes.

Ces technologies communes sont fondées sur la numérisation de toutes les formes de signaux, à l'origine des multimédias et elles permettent, plus généralement, de doubler le monde réel d'un monde « virtuel », qui reste cependant, et pour longtemps encore, sans saveur, sans odeur et sans chaleur.

Cette numérisation ne facilite pas seulement le stockage et la transmission des données. Elle permet d'associer à un texte ou à une image, un ensemble de « nœuds » et donc de liaisons potentielles et de proposer des hypertextes, plus généralement des hypermédias. Une hyperimage ressemble à une image mais c'est en fait un fichier informatique qui permet de « zoomer », de modifier l'image, de l'explorer en fonction de toutes les informations du fichier ou des fichiers associés.

On sait le renversement que représente l'hypertexte pour la recherche d'information : au lieu de chercher une information dans un océan de documents, il suffit de la cerner par un ou plusieurs mots clés et celle-ci est automatiquement adressée à son destinataire. Le gain de temps et l'efficacité du processus sont considérables, en particulier dans les milieux de la recherche scientifique et technique qui sont d'ailleurs à l'origine du Web. Le Web est en effet la généralisation de ce renversement à l'ensemble des textes référencés sur les moteurs de recherche d'Internet.

De façon générale, les TIC ne sont pas seulement des « télétechnologies » mais des « hypertechnologies » c'est-à-dire des dispositifs *commutatifs* ou de *connexion* (commutateurs téléphoniques, télécommandes, hypertextes, etc.) capables de rechercher et d'établir quasi automatiquement entre données et utilisateurs les liaisons adéquates. Ordinateurs et réseaux nous font ainsi entrer dans l'ère de la *commutation* généralisée.

En outre, toutes ces potentialités sont renforcées par les progrès du génie logiciel. On sous-estime souvent les conséquences de ces progrès pour le grand public : grâce à eux, les ordinateurs sont devenus simples à utiliser au moyen d'interfaces intelligentes et de moteurs de recherche. De ce fait chacun peut piloter son ordinateur et naviguer dans les réseaux sans recourir à des professionnels [2].

2. La « nouvelle économie » existe-t-elle ?

Les statistiques disponibles confirment que les TIC et leurs applications dans les activités de production ont un effet de plus en plus important sur l'ensemble de l'économie [3]. Elles représentent un secteur dont le poids macro-économique est important (de l'ordre de 8 % du PIB) et dont la croissance est en moyenne le double de celle des autres secteurs. Une grande part de la bonne santé de l'économie américaine est ainsi expliquée par maints analystes par la croissance de cette économie hi-tech, même si ce diagnostic reste encore contestable et, en tout état de cause, difficile à chiffrer avec précision.

La coexistence aux États-Unis d'un taux de chômage inférieur au fameux NAIRU (Non Accelerating Inflation Rate of Unemployment) avec une inflation très faible semble remettre en question les relations traditionnelles

---

2. Cela représente un changement culturel majeur : en transposant dans le domaine de l'aéronautique, on peut dire que les progrès du génie logiciel ont permis à chacun de piloter un avion. Les informaticiens perdent ainsi leur statut de pilotes mais conservent d'autres compétences et d'autres responsabilités.
3. Le PIB français pourrait grâce à elles enregistrer un surcroît de croissance de près de 10 % d'ici 2009 (Source : Sessi-ministère de l'Industrie). Selon le ministère de l'Emploi, le secteur des TIC a multiplié ses effectifs par 2,6 au cours des quinze dernières années.

établies dès 1958 à partir de la courbe de Philipps. Cet économiste néo-zélandais montrait qu'il existait un lien de causalité entre emploi et hausse des prix. Lorsque le taux de chômage était inférieur au NAIRU, l'inflation augmentait. Or, depuis quelques années, les faits aux États-Unis semblent contredire cette corrélation admise par tous, puisqu'avec un NAIRU estimé à 5,4 % et un taux de chômage de l'ordre de 4,6 %, on ne constate aucune accélération de l'inflation. Sans oublier que le taux de croissance particulièrement soutenu de l'économie américaine depuis plus de huit ans n'entraîne pas non plus de tensions inflationnistes.

Ces constatations qui semblent contredire les principes économiques traditionnels, conduisent à deux types d'interprétation. Pour certains, elles sont la preuve de la naissance d'une « nouvelle économie », car le maintien durable d'une croissance non inflationniste ne peut s'expliquer que par des causes structurelles infirmant l'analyse classique. Pour d'autres experts, ces résultats exceptionnels ne sont que la conséquence de facteurs conjoncturels qui en aucun cas ne permettent d'envisager l'abandon des principes traditionnels de l'économie.

Les partisans de la « nouvelle économie » qui se recrutent surtout parmi la communauté des investisseurs financiers, estiment que trois causes principales sont à l'origine de ces bouleversements.

En premier lieu, les TIC ont entraîné, comme cela avait été le cas dans le passé avec l'invention de la machine à vapeur ou le développement de l'électricité, une véritable révolution technologique laissant espérer des gains de productivité élevés et durables.

La globalisation des marchés (la part du commerce international dans l'économie mondiale est passée de 17 % il y a vingt ans à plus de 25 % aujourd'hui) a également poussé toutes les entreprises à améliorer leur productivité. Ce décloisonnement des marchés a en effet permis de réaliser de substantielles économies d'échelle et a favorisé en outre la délocalisation de nombreuses activités.

Sous la pression de cette ouverture des marchés et de la concurrence, la plupart des entreprises ont été contraintes de réduire fortement leurs coûts, ceux du travail bien sûr mais aussi ceux des fonctions de production, de logistique ou de distribution.

Et pourtant cette croissance de la productivité n'apparaît pas clairement dans les statistiques officielles. La raison la plus couramment avancée est qu'elle concerne essentiellement le secteur des services pour lequel les instruments de mesure utilisés sont inadaptés car ils reposent sur une méthodologie destinée à l'industrie alors que la « nouvelle économie » est essentiellement dominée par les services. Par ailleurs, les changements qualitatifs introduits à la suite d'une innovation sont en général mal pris en compte car ils ne créent pas de nouveaux produits, ils n'apportent seulement que certains éléments de différenciation. Enfin, les TIC demandent un certain apprentissage pour être efficaces et cela prend du temps. Il ne suffit pas d'avoir accès à un ordinateur pour améliorer la productivité, il faut aussi des logiciels, des technologies complémentaires et surtout il faut savoir s'en servir, la maîtrise de toute nouvelle technologie demandant des années. Il semble néanmoins que sous l'influence des nouveaux outils, la plupart des activités basculent vers un espace où le travail intellectuel prend le pas sur le travail manuel et l'innovation permanente supplante la production de masse répétitive.

Les tenants de la conception orthodoxe de l'économie, issus pour la plupart du monde universitaire, refusent en grande partie les argument précédents. Pour eux, il n'y a pas de « nouvelle économie » à proprement parler mais simplement une situation conjoncturelle tout à fait particulière qui ne remet pas en cause les modèles classiques. Cette conjoncture exceptionnelle que l'on trouve aux États-Unis résulte d'une concomitance de différents facteurs favorables : l'appréciation du dollar qui permet des bas prix à l'importation, la faiblesse des taux d'intérêt qui diminue les frais financiers, sans oublier la stricte modération des coûts salariaux du fait de la pression sur les charges sociales liés à la concurrence mondiale. Ils estiment pour leur part que si effectivement les statistiques officielles mesurent mal la croissance de la productivité dans les services [4], ce biais statistique ne suffit pas à prouver l'existence d'une « nouvelle économie ». L'apparition tardive de l'impact des TIC sur la productivité s'expliquerait comme d'habitude par le laps de temps indispensable

---

4. Robert Solow écrivait dès 1987 dans le *New York Times* « on voit des ordinateurs partout sauf dans les statistiques officielles ».

pour transformer une technologie en produits et services réellement efficaces comme ce fut par exemple le cas dans le passé avec l'électricité.

C'est pourquoi, ces économistes préfèrent opposer à la théorie de la productivité cachée celle de la meilleure utilisation des capacités de production ; la croissance ne serait pas la conséquence d'une augmentation des capacités productives mais celle d'une meilleure utilisation des moyens de production existants, qui atteint par exemple des records aux États-Unis avec un taux moyen de 85 %.

Au-delà de la simple question sur les indicateurs économiques, les partisans de la « nouvelle économie » ont ouvert un débat particulièrement intéressant sur le rôle des TIC. En effet, ces technologies pénètrent jour après jour la vie de chacun et modifient la façon d'apprendre, de travailler et de communiquer. Elles sont certes un facteur important pour la croissance économique mais surtout elles exercent une influence majeure sur le fonctionnement des marchés et la gestion des entreprises.

3. L'effet Internet

Tout processus productif implique des informations (techniques, commerciales, comptables, fiscales, etc.). Pendant longtemps le traitement de ces informations n'a tenu qu'une place seconde, voire secondaire. Les choses ont changé, il y a environ quarante ans, avec le passage du *taylorisme* au *toyotisme*, lorsqu'on a découvert qu'une information mieux gérée permettait de produire avec moins de délais, moins de stocks, moins de défauts et donc plus de qualité. Cette meilleure gestion s'appuie sur deux principes :

– la productivité individuelle est certes importante mais la *productivité d'ensemble* est l'objectif final ;

– les divers services de l'entreprise, qui tendent spontanément à se développer selon leur logique propre, doivent sans cesse être *réorientés vers le client.*

Ces deux idées reviennent à écarter le même sophisme de composition : l'excellence individuelle ou même celle d'un service ne suffisent pas à assurer la meilleure performance de l'entreprise dans son ensemble. La décentralisation simple et par niveaux hiérarchiques de l'information qui caractérise le modèle taylorien gaspille l'intelligence que tout système peut acquérir sur lui-même et sur son environnement.

Cette acquisition nécessite d'une part d'améliorer le système d'information tant interne qu'externe de l'entreprise et d'autre part de faire évoluer ses formes d'organisation et ses modes de management vers des structures en réseau, plus transversales et moins encadrées par la hiérarchie [5].

---

5. Le système *kanban* qui fonde le *toyotisme* et qui est largement à l'origine des politiques de *qualité totale* repose sur un système d'information qui, en dépit de son apparence archaïque, préfigure les systèmes d'information actuels dans beaucoup d'activités industrielles.

Avec le développement des moyens de communication et de commutation, une nouvelle étape est franchie et c'est l'entreprise elle-même qui devient commutative. En fait, ces deux mouvements, la pénétration des nouveaux outils et les changements progressifs dans l'organisation des entreprises, se conjuguent. Le premier facilite et accélère le second, même s'il n'en est pas la seule cause.

Les entreprises qui utilisent Internet et ses dérivés (Intranet et Extranet) découvrent la possibilité de regrouper communication interne et externe autour d'un même protocole et de réseaux sans frontières. Elles découvrent aussi que ces dispositifs permettent de mieux cerner encore leurs clients.

Il y a donc bien un « effet Internet », ce dispositif prenant une place centrale et s'articulant avec des dispositifs plus anciens. Mais il faut se garder du « mirage Internet[6] », car, aujourd'hui encore, la plupart des entreprises font d'Internet un simple usage *représentatif* : leur site est un « show-room » virtuel qui reste faiblement interactif.

Au-delà de cette présence minimale sur les réseaux, l'intégration des médias commutatifs s'inscrit d'abord dans une recherche d'efficacité au sens large (meilleure productivité, qualité de service accrue, abaissement des coûts et délais). Elle peut être plus ambitieuse et viser, non seulement *une efficacité accrue* mais *une activité étendue* par diversification ou innovation.

----

6. Pour reprendre le titre du livre de Guy Lacroix, *Le Mirage Internet*, Vigot, 1997.

L'entreprise apprenante et la recherche d'efficacité

L'apport d'Internet et de ses dérivés à la communication interne de l'entreprise est une propédeutique pour les usages de *groupware* et permet d'améliorer les relations avec les fournisseurs, sous-traitants ou clients habituels. Les protocoles d'EDI (échanges de données informatisées) peuvent ainsi être étendus (par Extranet) à un cercle plus large de partenaires de l'entreprise.

Pour la gestion des ressources humaines, Internet apporte aussi des solutions innovantes. Compte tenu de sa généralisation, une entreprise peut l'utiliser pour rechercher et commencer à sélectionner des stagiaires ou des candidats à l'emploi, gérer la mobilité interne des personnels. Elle peut aussi s'en servir pour faciliter l'intégration des nouveaux personnels et pour assurer la formation continue de tous (cyber-campus).

Les outils de commutation se prêtent bien aussi à la gestion des connaissances accumulées en interne. Ainsi qu'à la veille technologique en lui donnant une ampleur nouvelle sous le terme d'*intelligence économique*. Internet renforce ainsi un phénomène déjà présent à petite échelle non seulement parce qu'il est une source mondiale d'informations quasi gratuites mais surtout parce qu'il se prête à l'utilisation de moteurs de recherche permettant de cibler l'information pertinente (brevets, stratégies et image dans le public des concurrents, chercheurs les plus actifs, etc.)[7].

---

7. Ces outils d'intelligence économique (L4U, Topic, Tétralogie, Text Mining, etc.), dont la plupart sont issus des services de renseignements militaires, sont en plein essor et vont beaucoup plus loin que la simple recherche par mots clés.

Mais le champ essentiel d'application est constitué par *l'ensemble des rapports aux clients*.

D'abord, en permettant de mieux connaître leurs besoins et d'assurer un service plus réactif. Par exemple, les TIC permettent de mieux traiter les clients insatisfaits, d'apporter une réponse plus rapide à leurs réclamations. Il est très utile, compte tenu des effets de nuisance de ces derniers, de pouvoir les transformer en clients satisfaits.

Au-delà d'un marketing mieux ajusté aux besoins réels, les réseaux peuvent contribuer à *inventer* de nouveaux services : plus d'information, plus de maintenance, d'assistance, de formation, etc. L'objectif final reste le même : rendre les clients de l'entreprise *plus profitables* en les rendant plus exigeants, mieux informés et plus fidèles.

On assiste donc à un changement, auto-entretenu, de l'organisation interne des entreprises dont les réseaux sont le catalyseur. D'un modèle mécaniste, fortement hiérarchisé et à information centralisée, les entreprises passent à un modèle systémiste (« biologique ») où la décision est moins programmée et l'information plus distribuée. Elles se rapprochent d'un management qui mobilise toutes les intelligences autour d'un *client réel* et de ses problèmes concrets. La différence est de taille : les politiques de qualité totale plaçaient déjà le client au centre mais c'était le plus souvent un *client modélisé, stabilisé,* faute de pouvoir cerner ses véritables demandes et leurs évolutions en temps réel. Et un management hiérarchique laissait en jachère beaucoup de compétences (les cerveaux ne « s'usent » que si l'on ne s'en sert pas…). L'avenir appartient à l'entreprise en réseau, l'entreprise « virtuelle » ou encore « l'entreprise hypertexte [8] », cette métaphore désignant une entreprise dans laquelle chaque élément peut être identifié rapidement et mobilisé efficacement selon ses compétences (à la façon dont on utilise efficacement un annuaire électronique ou une encyclopédie sur CD-Rom).

Sur le plan du management donc, les TIC remettent en question la définition même des firmes par leur impact sur les coûts de transactions. Une entreprise se définit habituellement comme une entité au sein de laquelle les activités sont coordonnées plus efficacement par une organisation hiérarchique que par le marché. Le développement des TIC modifie cette distinction en transformant les méthodes de coordination internes. Celles-ci deviennent plus souples, moins limitées par des contraintes de procédures et les relations avec le monde extérieur se développent pour établir des liens de plus en plus étroits entre les firmes. D'une manière générale, on peut dire que l'afflux d'informations en temps réel permet de réduire le degré d'incertitude auquel est confronté le monde des affaires. Des réseaux de firmes se développent sous l'influence des TIC mais ils sont plus réactifs que par le passé car plus ouverts aux mécanismes du marché. En un mot, la coordination par le marché semble retrouver aujourd'hui un avantage comparatif qui avait été occulté par les atouts de l'intégration comme le montrait le prix Nobel d'économie Ronald Coase, dès 1937.

---

8. Selon l'heureuse expression de Jacques Chaize. Cf. son ouvrage *Le Grand Écart, les débuts de l'entreprise hypertexte*, Éd. Village mondial, 1998.

Ces nouvelles organisations rendent possible une politique de qualité totale de seconde génération, en temps réel et autour d'un client réel. Elles mobilisent ainsi une « intelligence économique » dans un sens plus large que celui du renseignement sur les firmes concurrentes. Cela conduit au second niveau d'analyse.

L'entreprise innovante et l'extension d'activité

La maîtrise des réseaux n'engendre pas seulement des effets de productivité et d'efficacité mais renforce les capacités individuelles et collectives de l'entreprise (son *empowerment*). Elle acquiert ainsi une maîtrise accrue de la complexité, celle des outils mais surtout celle de nouvelles relations, tant internes qu'avec son environnement. Elle peut ainsi étendre son périmètre et développer son activité. Cela constitue, sinon un renversement de logique, du moins une vision latérale, une vision au-delà des exigences de rentabilité à court terme : au lieu de rechercher une meilleure productivité au risque de supprimer des emplois, l'entreprise s'engage dans un développement *extensif* en s'appuyant sur l'accroissement de ses capacités et la création de valeur.

Le cas le plus courant est l'extension d'activité par création de services associés aux produits et aux savoir-faire de base. C'est ainsi que des secteurs entiers d'*intermédiation* produisant des services intégrés apparaissent.

Dans l'économie traditionnelle, de nombreux intermédiaires séparent le producteur du consommateur. Avec les réseaux, les marchés deviennent de plus en plus fluides, l'information s'obtient facilement et à bas prix, le consommateur peut comparer à tout instant un nombre élevé de produits. Cela conduit à de nouveaux mécanismes de fonctionnement des marchés centrés sur l'intermédiation et les biens informationnels. Il s'agit d'une économie qui ne repose plus tant sur la production de biens que sur la création de la demande et son exploitation optimale.

La prédominance du contrôle de la demande renforce le pouvoir des intermédiaires qui sont seuls capables de détecter, organiser, fidéliser, en un mot « gérer » totalement le consommateur de base.

La consolidation des avantages temporaires permet la création de nouvelles positions dominantes. Dans un marché fluide, une petite différence de qualité ou de prix est suffisante pour entraîner une concentration de la demande vers le meilleur vendeur ; en conséquence un petit avantage temporaire peut créer une situation de monopole.

Les diverses applications des TIC au sein des entreprises auront en outre une influence décisive sur l'efficacité de la *logistique des flux*, qui constituera à terme le système nerveux des entreprises. Dans toutes les entreprises, quelle que soit leur taille, des accords de coopération sont à présent possibles avec tous les partenaires pour accroître la fluidité de l'information et l'interaction permanente des salariés, des clients et des fournisseurs.

Des structures organisationnelles inédites vont donc voir le jour puisque les entreprises devront se positionner au sein d'un réseau de fournisseurs, de concurrents et de consommateurs en perpétuelle mutation. Les frontières seront de plus en plus floues entre ces différents éléments et les entreprises devront être capables de la plus grande flexibilité pour survivre dans ce nouveau contexte.

Si un seul prestataire, utilisant des procédés rapides, peu coûteux et immatériels, est en mesure de mettre le consommateur en relation directe avec le producteur, il se substitue à des intermédiaires devenus inutiles. A terme, rien n'interdit de penser que des entreprises dont le métier de base a plus à voir, soit avec les réseaux, soit avec le transport qu'avec la vente, supplantent les distributeurs d'antan. Et qu'apparaisse une nouvelle économie des services autour des pratiques de l'intermédiation. Si le consommateur en a la possibilité, il formulera plutôt une *demande de service global, de réponse à un besoin* qu'une demande de prestation standard. Les réseaux virtuels permettent de répondre à ce genre d'attente dans des proportions inconnues jusqu'alors. Il s'est toujours trouvé des courtiers pour rechercher le meilleur fournisseur répondant à la demande d'un client. Mais aujourd'hui, les systèmes d'information permettent non seulement de mettre commodément en réseau un grand nombre de fournisseurs, mais encore d'organiser la facturation et la rémunération de tous les prestataires impliqués. Il se crée ainsi de gigantesques *centrales transactionnelles* dont la raison d'être est de mettre en rapport des flux et des gisements d'informations. Mieux on connaît un client – par ses transactions passées et archivées –, plus il est facile de lui proposer une offre qui réponde à ses attentes.

Le *data mining* est justement la condition de cette information mieux ciblée. De grands progrès sont réalisés aujourd'hui dans ce domaine et on se limitera à un exemple particulièrement significatif. La société *Firefly*, filiale de Microsoft, analyse les données que les usagers de son site acceptent de « partager » (avec une garantie de confidentialité) et observe leurs achats (de CD ou de livres, par exemple) : en comparant ces données aux achats déjà réalisés par les usagers ayant manifesté les mêmes goûts, le serveur est en mesure de suggérer de nouveaux titres. L'intérêt de cette démarche est de s'appuyer sur une analyse automatique de l'information directement fournie par le client et sur l'*intelligence collective recueillie auprès des autres clients*.

Ici encore, l'innovation repose sur un processus commutatif : la recherche du consommateur est simplifiée parce que des biens ou services supposés lui convenir lui sont proposés... Plus qu'un commerce électronique, c'est une forme commerciale nouvelle, un *hypercommerce*, que nous proposent les réseaux et les galeries marchandes virtuelles.

Même si ce dernier n'est pas la panacée que l'on décrit trop souvent, son influence sur l'ensemble du système commercial peut être considérable et doit être suivie avec attention. De plus, il y a de nombreuses niches spécifiques, comme le montre l'exemple des ventes aux enchères pour le transport aérien. Il y en a bien d'autres à découvrir, si l'on comprend que ce nouveau commerce n'est pas tant une affaire de paiement à distance que de recherche plus

performante du meilleur rapport qualité/prix. Et, inversement, le moyen pour les commerçants et les producteurs
– au-delà de la concurrence entre eux pour le partage des
marges – d'accumuler de l'information sur leurs clients
et de mieux les cibler.

5. Le paradoxe du numérique

Il faut prendre conscience cependant que les technologies numériques se développent sur un paradoxe économique qui mérite attention.

Tous les secteurs de l'économie hi-tech n'ont pas encore véritablement trouvé leur rentabilité. On assiste ainsi
à une sorte de fuite en avant reflétée par exemple par des
valorisations singulières des entreprises de haute technologie cotées au Nasdaq : la société Amazon-Com, pour
ne donner qu'un exemple, présente une capitalisation
boursière de plus de vingt-cinq milliards de dollars alors
que l'entreprise n'est toujours pas bénéficiaire. Certes,
cette divergence est « classique » pour des industries nouvelles et prouve que les anticipations relatives à ce secteur sont très favorables. Les entreprises qui partent les
premières espèrent « apprendre en faisant » et conquérir
par leur dynamisme de vastes nouveaux marchés. Il n'en
reste pas moins que ces valorisations sont peut-être excessives et constituent une sorte de bulle financière sec-
torielle.

Mais le paradoxe économique ne réside pas seulement dans cet excès éventuel d'anticipations positives. Les techniques de numérisation et d'utilisation des réseaux, en raison même de la rapidité de leurs progrès, ne sont pas accompagnées par la mise en place de mécanismes de valorisation, d'organisation de la rareté. On est en quelque sorte en présence d'industries « évanouissantes » du fait des progrès mêmes qu'elles réalisent. Les fabricants d'informatique sont très fiers des progrès réalisés et résumés par la loi de Moore. Mais de tels progrès font parfois disparaître rapidement les profits (ainsi qu'on l'a observé il y a quelques années avec la crise qu'a traversée l'empire IBM).

La rentabilité directe de l'usage des réseaux est également réduite. Par la structure même de ces réseaux et par la culture de gratuité qui a présidé à leur naissance, cet usage est surtout rentable pour le moment pour les opérateurs téléphoniques. La concurrence entre les « providers » d'accès Internet a fait disparaître les possibilités de rentabilité directe pour ces acteurs. Restent alors d'abord les recettes dues à la publicité et les royalties payées par des acteurs qui utilisent le réseau de façon rentable. Cela explique l'actuelle « bataille des portails » qui s'analyse comme une première tentative d'instaurer des péages indirects sur Internet. Reste ensuite les débouchés du commerce par Internet mais ici apparaissent deux difficultés : celle de prévoir l'extension réelle de ce commerce car dans ce domaine beaucoup de prévisions relèvent surtout de la simple propagande et méritent une analyse plus serrée ; celle d'évaluer les effets destructeurs sur le système commercial actuel de ce développement du commerce assisté par réseaux.

Au total, toutes les technologies numériques n'ont pas encore trouvé leur moteur de rentabilité propre en dehors de niches spécifiques. C'est toute une architecture originale de péages qu'elles devront mettre en place dans cette perspective. Plus grave encore, elles risquent d'engendrer des effets de destruction, de cannibalisation de la valeur, comme on peut le craindre par exemple pour le secteur de la musique. On sait le mal qu'une innovation technique telle que la photocopie a pu faire au secteur du livre, on imagine dès aujourd'hui ce que la numérisation généralisée pourrait provoquer dans de multiples secteurs. Les réseaux et les terminaux pourraient demain engendrer un « effet photocopie » généralisé, menaçant à terme, notamment, la rémunération des auteurs et certaines industries culturelles.

Ces effets sont certes habituels dans tout mécanisme d'innovation qui s'analyse comme destruction créatrice (Schumpeter). Mais on peut craindre qu'avec les réseaux, en raison même de leur généralisation et de leur redoutable efficacité, la destruction l'emporte durablement sur la création de valeur. L'accélération technique a un revers qui s'observe par exemple dans l'incapacité de l'industrie informatique d'atteindre la maturité et la stabilité qu'ont acquises d'autres secteurs industriels. Le communiqué de presse cinglant, publié par General Motors en 1998 en réponse à une intervention de Bill Gates (qui, une fois de plus, évoquait ce que seraient les voitures si une loi de

Moore s'appliquait à cette industrie) résume cette incapacité[9].

C'est dire que la priorité des progrès à réaliser dans ces
nouveaux secteurs est claire : inventer des péages directs
ou indirects pour maintenir de justes rémunérations des
créateurs et garantir la qualité des services, organiser les
marchés pour éviter une anarchie destructrice et préserver la création de valeur. Cette organisation conduit à
distinguer trois espaces.

Le premier est celui où la numérisation ouvre des segments de marché particulièrement dynamiques et rentables. C'est le cas typique du téléphone portable et, peut-être
demain, de la télévision numérique. Dans ces deux cas,
les nouveaux services offerts sont associés à des systèmes
de péage efficients. Cette situation favorable n'exclut
d'ailleurs pas que ces secteurs soient conduits à chercher
des alliances. Le monde du téléphone mobile se rappro-
che ainsi de celui d'Internet (ce dernier pouvant concur-
rencer, en partie, la téléphonie). La télévision numérique

9. Des treize points du communiqué, on retiendra par exemple : « Si General
Motors appliquait la technologie Microsoft à ses voitures :
– sans raison apparente, votre voiture tomberait en panne deux fois par jour ;
– les indicateurs de pression d'huile, de température de l'eau, de batterie seraient
remplacés par un indicateur unique "erreur système" ;
– chaque nouveau modèle construit obligerait les acquéreurs à réapprendre à
conduire parce qu'aucune des commandes ne fonctionnerait de la même façon
que dans le modèle précédent. »
Cette polémique entre industriels de l'automobile et de l'informatique est
instructive : les premiers ont su inventer dans un contexte de progrès technique
lent et qu'ils ont parfois contribué à ralentir, une forte rentabilité des marchés ;
les seconds, en revanche, ont laissé le champ libre à des évolutions techniques
souvent destructrices de valeur.

à péage, même si elle ouvre des perspectives de rentabilité directe prometteuses en offrant de nouveaux services (comme par exemple la délocalisation de la régie chez le téléspectateur ou encore les potentialités de télécommandes « intelligentes », munies de mémoire et permettant de naviguer dans une multitude de chaînes en prenant en compte les préférences de ses utilisateurs), doit assurer son développement en se rapprochant d'autres pôles de rentabilité (spectacles, télé-commerce, produits dérivés). Ou encore en visant des audiences locales, en prenant en compte les possibilités de coopération/compétition avec le monde Internet.

Le deuxième espace est celui de la gratuité relative des services offerts sur les réseaux dont le défi est d'organiser à terme sa rentabilité propre par des péages indirects et des associations avec les secteurs rentables d'intermédiation et d'hypercommerce. Il faut noter toutefois que, dans le court terme du moins, ces secteurs – dont il ne faut pas exagérer l'importance économique – assurent leur développement en serrant leurs marges et n'ont pas de grandes capacités de financement pour les portails d'Internet.

Le troisième espace est celui des activités traditionnelles de services (banques, assurances) et de commercialisation qui sont menacées par des destructions de valeur ou une intensification de la concurrence. Cela oblige ces secteurs à tirer le meilleur parti des techniques de numérisation pour affiner et enrichir leurs services (par exemple en généralisant les échanges de type « one to one ») et pour nouer de nouvelles alliances. A cet égard, ce n'est pas tant le développement quantitatif de l'intermédiation et du commerce électronique qui constitue une révolution mais ses conséquences structurelles sur l'ensemble néo-fordiste des services et des commerces.

4. Recommandations : prudence et innovation

Pour tirer le meilleur parti de tous les facteurs immatériels de l'économie hi-tech, les stratégies des entreprises doivent respecter deux impératifs : la prudence et l'esprit d'innovation.

La prudence car il faut raison garder dans un environnement qui n'est pas stabilisé et reste marqué par beaucoup de propagande [10]. Ce n'est que la première vague de l'économie de l'information qui a déferlé sous l'action des grandes firmes d'informatique, des opérateurs téléphoniques et des premiers prestataires de services en ligne. Les entreprises doivent profiter d'abord de la concurrence et des baisses de prix qu'elle provoque. Mais cela ne justifie

---

10. En ce qui concerne Internet il faut tenir compte des chiffres. Selon une enquête récente de Médiamétrie (avril 1999) :
– il y a en France un peu plus de deux millions d'internautes (soit environ 4 % de la population totale) selon la moyenne des estimations pour 1999 (et si l'on définit un internaute comme une personne qui se connecte au moins une fois par semaine à Internet).
– 25 % des foyers sont équipés en micro-ordinateurs, 5 % l'utilisent pour communiquer.
– 92 % de la population des ménages n'est pas concernée par Internet, pour le moment...

pas de suivre la mode, de se lancer par exemple dans la construction d'un site Internet pour se contenter d'y mettre son catalogue papier sans le modifier, de construire un Intranet sans rénover l'organisation et la rendre plus réactive. Cela ne représente qu'un investissement coûteux qui ne rapporte rien sauf le plaisir de se croire dans la course alors qu'il faut surtout la gagner – ce qui souvent consiste à suivre intelligemment un leader et à profiter de son aspiration…

Prudence donc mais surtout innovation.

Il faut comprendre que les réseaux n'apportent pas seulement de la communication et de l'information (on en a souvent trop) mais la capacité de trier cette information, de l'exploiter avec discernement. La capacité aussi de nouer de nouvelles alliances et d'établir des échanges élargis en donnant plus d'autonomie et d'intelligence à tous les acteurs de l'entreprise. Celle-ci doit *saisir les premières opportunités de réorganisation, apprendre en faisant.* Et même si l'utilisation des réseaux la conduit parfois à « cannibaliser » une partie de ses propres activités traditionnelles, c'est encore le moyen le plus sûr de se mettre à l'abri de concurrents plus réactifs.

Les PME aussi peuvent obtenir avec les TIC des avantages non négligeables pour leur développement. Elles vont pouvoir se battre à armes égales avec les grands groupes grâce à la baisse des coûts de transaction et une information bon marché qui réduisent les contraintes de localisation. De nouvelles logiques de développement vont ainsi s'ouvrir avec des marchés élargis qui supprimeront les irrégularités conjoncturelles mais qui conduiront aussi à un « benchmarking » planétaire.

Pour soutenir ces stratégies d'entreprises, les pouvoirs publics et les organisations professionnelles doivent mettre en place un contexte favorable à la formation et à l'invention de nouvelles régulations.

Les firmes devenues des « entreprises réseaux » ont en effet besoin d'un personnel doté de nouvelles compétences. Il est vital de lancer une véritable *alphabétisation numérique* pour éviter les exclusions et faire en sorte que tous les salariés soient non seulement capables d'absorber une quantité d'information croissante mais encore de comprendre les informations présentées sous des formes très différentes. Il ne suffit pas de dispenser des connaissances nouvelles, il faut aussi promouvoir des comportements différents pour faciliter l'appropriation des réseaux et de leurs outils.

Les nouvelles technologies risquent aussi de créer un fossé grandissant entre les salariés qualifiés les utilisant et bénéficiant de rémunérations et d'avantages sociaux élevés et les autres. Si l'État ne doit pas directement intervenir pour ne pas freiner le dynamisme de l'économie hi-tech, il doit cependant financer des actions et des infrastructures pour que l'accès aux réseaux soit possible pour tous. Car, si rien n'est fait, une économie duale a de fortes chances de se développer, entre d'une part les secteurs qui auront recours massivement aux TIC et ceux qui seront exclus des avantages de ces technologies. Alors que l'activité économique de l'après-guerre a été une source de cohésion sociale puisque toute la population a pu bénéficier des résultats de la croissance, le risque est grand de voir se développer avec les TIC des sources d'exclusion résultant d'une répartition inégale des fruits de la croissance et conduisant à une dualisation sociale accrue.

Dans le même temps, l'État doit poursuivre et même intensifier l'effort qu'il a récemment engagé en faveur de l'articulation recherche-industrie et de l'innovation. Permettre à des universitaires et à des chercheurs de créer leur entreprise, développer le capital-risque sont des mesures essentielles pour le développement d'une nouvelle économie.

Enfin l'État doit inventer de nouvelles régulations applicables aux secteurs culturels (livre, musique, audiovisuel, etc.). De la même façon que l'agriculture et l'industrie agro-alimentaire doivent être organisées pour éviter les effets mal contrôlés de certaines potentialités techniques, la culture doit rester un marché à part appelant de ce fait une réflexion et des mesures spécifiques. Au-delà de mesures de sauvegarde économique, ce sont des mécanismes de protection des auteurs et, plus généralement, de la création et de la médiation qui doivent être mis en place pour garantir le maintien de la qualité et de la spécificité des productions culturelles.

Quelle énergie pour le XXIᵉ siècle ?

Jean-Marie Chevalier

Tout au long du XXᵉ siècle, l'énergie a été le moteur essentiel du développement économique, de la modernisation et de la puissance. Au début du siècle un historien écrivait à propos de l'Empire britannique : « La Grande-Bretagne, bloc de charbon, règne sur le monde ». Au milieu du siècle, le pétrole était devenu la source principale de fonctionnement de la force motrice, civile et militaire, pour les véhicules automobiles, les avions, les bateaux. Au milieu du siècle également, on attendait avec impatience cette énergie, inépuisable, l'énergie nucléaire, qui serait « *too cheap to meter* ». A la fin du siècle, le nucléaire n'a pas tenu ses promesses et les trois principales énergies fossiles (pétrole, gaz et charbon) contribuent pour plus de 80 % à la couverture de nos besoins énergétiques.

Comme la richesse, l'énergie est mal partagée : 20 % de la population mondiale consomme environ 60 % de l'énergie produite. Plus de deux milliards d'individus n'ont pas encore accès aux sources d'énergies modernes (électricité, produits pétroliers). D'ici à la fin du siècle prochain, et selon les prévisions les plus citées, la population mondiale pourrait atteindre dix milliards d'individus, 80 % d'entre eux vivant en zone urbaine. Les quelques chiffres que nous venons de citer posent en eux-mêmes des problèmes. On peut difficilement imaginer un accroissement de logements et de véhicules, en ligne avec l'augmentation attendue de la population, dans des zones urbaines où déjà la pollution de l'air est considérée comme responsable d'une morbidité et d'une mortalité sensiblement accrues.

Le système énergétique du XXIe siècle ne sera pas celui du XXe siècle. Nous sommes à l'aube d'une mutation importante dont on anticipe encore mal le rythme et les caractéristiques. Les mutations attendues dépendent de plusieurs facteurs que nous allons examiner successivement : la disponibilité des ressources primaires, les contraintes de l'environnement, la recomposition des chaînes de valeur dans les filières énergétiques, la globalisation de l'industrie énergétique mondiale et enfin les scénarios du futur. Nous verrons que les possibilités d'évolution sont très ouvertes. Les préoccupations majeures ne concernent pas tant la disponibilité des ressources que les questions d'environnement et la nécessité d'une approche politique globale.

1. Des ressources énergétiques primaires abondantes

Si, au cours du XXᵉ siècle, nous avons pu avoir, à certains moments, quelques craintes sur l'adéquation des ressources énergétiques de la planète à nos besoins, le siècle s'achève sur une vue plutôt optimiste quant à la disponibilité de ces ressources. Il faut dire que le concept de *réserves prouvées* a une valeur toute relative car elle dépend de paramètres qui sont à la fois géologiques, technologiques, économiques et souvent géostratégiques. Au moment du premier choc pétrolier, par exemple, les réserves prouvées de pétrole brut représentaient trente années de consommation. Rapidement interprété ce ratio pouvait laisser croire que les ressources pétrolières seraient épuisées dans ce laps de temps. Aujourd'hui, le même ratio est de quarante ans. Entre 1973 et 1999, on a fait de nouvelles découvertes, on a amélioré le taux de récupération, on a même réussi à baisser considérablement les coûts de découverte et de production pour une ressource épuisable normalement soumise à la loi des rendements décroissants. Le même raisonnement peut être tenu pour le gaz naturel, l'énergie la moins polluante parmi les énergies fossiles, d'autant que, historiquement, le gaz a été moins systématiquement recherché que le pétrole. Si l'on ajoute à ces énergies de stocks le potentiel des énergies de flux (solaire, vent, biomasse), on peut dire que les ressources énergétiques mondiales, toutes énergies confondues, sont en mesure de répondre à nos besoins.

2. La prise en compte urgente de l'environnement

Les perspectives du futur deviennent beaucoup plus préoccupantes, voire alarmantes, lorsque l'on fait entrer en ligne de compte les dégradations de l'environnement dont notre consommation d'énergie est directement responsable. Pendant longtemps, les atteintes à l'environnement ont été niées ou minimisées pour des raisons très immédiatement économiques. Aujourd'hui, le réchauffement climatique est un phénomène scientifiquement et politiquement reconnu et l'on admet que l'émission des gaz à effets de serre en est le principal responsable. Certes, la comparaison scientifique entre les externalités engendrées par les différentes filières énergétiques est un exercice terriblement difficile qui a cependant été tenté au niveau européen. Comment peut-on comparer les émissions de CO_2 avec les risques liés au stockage sur très longue période des déchets radioactifs ? Malgré l'absence de réponse scientifique, on sait tout de même aujourd'hui que les grandes énergies utilisées (pétrole, gaz, charbon, nucléaire) ne paient pas la totalité des externalités négatives qu'elles engendrent à court, moyen, et long terme. A l'inverse, les énergies renouvelables, le solaire en particulier, ne sont pas rémunérées pour l'absence d'externalités négatives liées à leur utilisation. La sagesse voudrait qu'un mode de compensation soit enfin trouvé. Les projets d'écotaxes vont dans ce sens.

Ignorés pendant longtemps, les problèmes d'environnement s'inscrivent aujourd'hui sur les agendas politiques.

Il y a urgence car les inerties sont fortes et l'on imagine mal comment, d'ici à la fin du siècle, une population double de ce qu'elle est aujourd'hui pourrait satisfaire ses besoins en énergie. Une rupture doit intervenir.

3. La transformation des chaînes de valeurs énergétiques

Tout au long du XXe siècle, les chaînes de valeur de l'industrie de l'énergie se sont construites, sauf pour le charbon, selon les principes de l'intégration verticale souvent monopolistique et parfois étatique. Les premières transformations de ces structures se sont faites dans l'industrie pétrolière au cours des années quatre-vingt. Les grandes firmes pétrolières sont encore verticalement intégrées mais il s'agit d'une intégration verticale *ouverte*. A chaque niveau de la filière, il existe des marchés et, selon une problématique proche de celle de Coase, la firme est en mesure de comparer le coût de ce qu'elle peut faire elle-même par rapport à ce qui lui en coûterait de faire appel au marché. La concurrence est présente à tous les niveaux, y compris en aval de la chaîne, où les stations-service des grandes marques sont en concurrence avec la grande distribution. Une transformation similaire s'opère dans les industries du gaz naturel et de l'électricité : en Europe la libéralisation des marchés et l'application des directives européennes sur l'électricité et le gaz naturel aboutissent à ce que ces industries soient déverticalisées dans leurs fonctions (*unbundling*). A tous les niveaux des filières apparaissent de nouvelles formes de concurrence sur des marchés qui sont à la fois physiques et financiers. Le gaz naturel, le kilowatt-heure, deviennent des commodités achetées sur des marchés de gros. La plus grande transformation va sans doute s'opérer sur l'aval des filières, qui ne sera plus, par définition, le monopole des entreprises actuelles de gaz et d'électricité. A terme (quelques années) tous les consommateurs individuels pourront choisir entre différents fournisseurs pour s'approvisionner en énergie, mais aussi en télécommunications, Internet, sécurité, maintenance, etc. Le monde du commerce de détail est à l'aube d'une révolution concurrentielle en grande partie rendue possible par les nouvelles technologies de l'information.

4. L'industrie mondiale de l'énergie : globale et locale

Comme l'industrie pétrolière, les industries du gaz naturel et de l'électricité sont en train de se concentrer et de s'internationaliser. EDF est devenu en quelques années la première multinationale de l'électricité avec une présence significative dans une vingtaine de pays. L'industrie électrique, qui était une industrie monopolistique, verticalement intégrée, souvent étatique et sans risque, est aujourd'hui une industrie mondiale, en voie de privatisation rapide, compétitive et risquée. De très grandes multinationales de l'énergie sont en train de se constituer et le mouvement de fusions-acquisitions s'amplifie dans une trajectoire de recherche, non plus de la taille critique, mais de la plus grande taille possible, celle-ci devenant un avantage comparatif en soi.

Cette recomposition de l'industrie mondiale de l'énergie soulève des questions stratégiques majeures. Pour les entreprises, il s'agit de choisir le bon positionnement sur les chaînes de valeur. Quelle intégration verticale choisir, sachant que cette intégration est, de toute façon, ouverte ? Quelle intégration horizontale construire en étendant ses activités au-delà du métier de base et peut-être même au-delà des métiers de l'énergie pour devenir une entreprise *multi-utilities* ou multi-services ? Quel équilibre maintenir entre la propriété et la gestion d'actifs lourds (gisements, tuyaux, unités de production) et les actifs immatériels (expertise, savoir). On peut aujourd'hui imaginer une entreprise qui vend de l'électricité sans la produire ni la transporter dans ses propres installations. La concentration de l'industrie pose également un problème de contrôle. Certaines méga-fusions actuelles sont créatrices d'un renforcement du pouvoir de marché qu'il serait opportun de contrôler, notamment dans des zones qui ne possèdent aucune autorité de la concurrence.

L'industrie de l'énergie se globalise mais, en même temps, les systèmes énergétiques tendent à devenir locaux. En effet, un nombre croissant de collectivités locales manifestent leur volonté de participer davantage à la définition des choix énergétiques locaux et, plus généralement, à la définition du cadre de vie des citoyens en termes de transport, de qualité de l'air, de traitement des déchets et de production d'énergie. Cette évolution est inscrite dans l'histoire, les nouvelles technologies la rendent possible. En effet, l'ouverture des réseaux à la concurrence est en train de modifier complètement le paradigme de l'innovation en matière énergétique. Du temps des monopoles, l'innovation technologique était induite par les besoins des monopoles (grande taille, renforcement des réseaux). Aujourd'hui, l'innovation est induite par les opportunités offertes par l'ouverture des réseaux. La production décentralisée d'électricité et de chaleur (*distributed generation* ou production sur place) que permettent par exemple les microturbines, pourrait être aux centrales électriques de très grande taille ce que les micro-ordinateurs ont été aux grands systèmes. Dans cette évolution attendue, l'innovation technologique rejoint à la fois les contraintes d'environnement et les préférences des citoyens-consommateurs.

5. Scénarios pour le futur

Dans le secteur de l'énergie, les prévisions faites dans le passé se sont révélées tellement inexactes, sur les quantités et sur les prix, que les exercices de prévisions ont été depuis longtemps remplacés par la construction de scénarios contrastés qui décrivent, à un horizon donné, plusieurs images de ce que pourrait être à cette date le système énergétique mondial.

Shell, qui a poussé très loin la réflexion stratégique dans ce domaine, présente ainsi deux scénarios contrastés pour l'année 2060. Le premier n'est autre qu'une évolution de la consommation d'énergie suivant une courbe logistique assez proche de celle de la population mondiale. Le second, appelé « dématérialisation », implique un bouleversement assez grand des modes d'organisation économique avec des productions de biens et de services très décentralisées et beaucoup moins de transport. Entre les deux scénarios, la consommation attendue varie de un à deux.

La réflexion sur l'avenir est entachée de beaucoup d'incertitudes concernant principalement l'évolution démographique, la situation géopolitique des principales zones de production d'hydrocarbures (Russie, Moyen-Orient, Asie centrale), l'impact des nouvelles technologies de l'information sur l'organisation de l'activité économique. L'incertitude la plus grande concerne toutefois les problèmes d'environnement et la façon dont ils seront inscrits aux agendas politiques.

Malgré ces incertitudes, on peut dire que, dans un premier temps, les trois grandes énergies fossiles maintiendront leur domination pour la satisfaction de nos besoins. Dans un deuxième temps, la diversification du système énergétique s'accentuera, donnant une part plus importante aux énergies de flux, cette part dépendant fondamentalement de la façon dont les gouvernements sauront traduire dans les faits, notamment par la fiscalité, les problèmes d'environnement.

Propositions

Les enjeux de l'énergie ne peuvent plus se réduire à la vision traditionnelle d'une « politique énergétique nationale » cherchant « l'indépendance énergétique ». La globalisation de l'industrie et la décentralisation des systèmes appellent de nouvelles formes d'actions dans un contexte où le défi majeur est celui de la protection de l'environnement. On peut suggérer dans cette optique les priorités suivantes :

Accélérer la prise en compte des problèmes d'environnement dans les agendas politiques. Favoriser une meilleure connaissance des externalités négatives associées à la consommation d'énergie. Augmenter la fiscalité sur les consommations d'énergies polluantes.

Encourager les énergies renouvelables, l'efficience énergétique et les modes de productions décentralisés. Investir dans la modification des modes de transport qui apparaissent comme l'une des sources principales de coûts sociaux et d'atteinte à l'environnement.

Favoriser la mise en place d'un mécanisme mondial visant à réduire les émissions de gaz à effet de serre.

Examiner la façon dont une instance internationale (l'OMC) pourrait exercer une surveillance vigilante sur les opérations de concentration industrielle de façon à éviter les abus de positions dominantes et les ententes.

Le développement durable comme idéologie

Christian Stoffaës

Le développement durable, en cette fin de XXe siècle, s'impose comme structurant les débats sur la croissance :

– au-delà du domaine de la conservation des ressources naturelles et de l'environnement, il s'agit en effet d'une vision englobante de l'économie, de la société et des relations internationales ;

– au-delà des éphémères effets de mode, il s'impose lui-même comme un concept durable : les organisations internationales centrent désormais leur action autour du développement durable ; les mouvements écologistes en font leur drapeau.

Sustainable development : « un mode de développement qui ne compromet pas la capacité des générations futures à satisfaire leurs propres besoins. » Ce slogan, qui a la force des idées simples, s'est forgé il y a un quart de siècle dans les grands rendez-vous internationaux des Nations-Unies – la Conférence de Stockholm de 1970, le rapport Brundtland de 1987, etc. Il s'est imposé dans le public et sur la scène diplomatique à l'occasion du Sommet de la Terre à Rio en 1992, réunion de chefs d'État qui a débouché sur la signature des Conventions sur le changement climatique et la protection de la biodiversité. Depuis lors, c'est autour du développement durable que s'organisent la plupart des rencontres multilatérales ; que se recentrent les politiques de développement ; que se structurent les discours et les programmes des partis verts.

Si les pays émergents et les pays en développement devaient suivre la même trajectoire de croissance que les pays industrialisés, la plupart des grands équilibres naturels seraient mis en question. Sur les six milliards d'êtres humains que compte aujourd'hui la planète, un milliard – en Europe, en Amérique du Nord, au Japon – représentent 70 % du PNB mondial. Si les dix milliards d'hommes qui peupleront la terre en 2050 gardent le même mode de vie et de production, la nature ne résistera pas.

En dépit de son recours aux chiffres et aux démonstrations mathématiques, l'économie n'est pas une science exacte. En tant que science sociale, elle véhicule des intérêts, et comporte une part politico-idéologique et dialectique. Tout changement de paradigme passe par la mise en cause de la doctrine préexistante et la mise en évidence d'un défaut de raisonnement dans les théories officielles du moment.

La théorie économique néo-classique a mis l'accent sur les « échecs du marché », à savoir les biens publics, les monopoles naturels, les externalités (où l'on range les conséquences environnementales). La théorie keynésienne soutient que l'équilibre de plein emploi n'est pas spontanément assuré par le libre marché, et que la conjoncture a besoin d'être régulée. De même qu'en mathématiques il existe des questions insolubles et des propositions indémontrables, de même la science économique se trouve aujourd'hui en situation d'échec face à des questions qui sont au cœur du développement durable, telles que, par exemple, la prise en compte du très long terme, le risque majeur, le prix de la vie humaine :

— en faisant intervenir un taux d'actualisation, toute valeur au-delà de quelques décennies est proche de zéro. Et pourtant, à l'horizon séculaire, il y aura encore des hommes sur terre, du sort desquels les contemporains ne sauraient se désintéresser ;

— un événement aux conséquences très graves mais de probabilité très faible est inchiffrable. Au nom du « principe de précaution », on pourrait aisément justifier l'arrêt de toute activité potentiellement dangereuse. N'est-ce pas, par exemple, la nature du dilemme posé par l'effet de serre ou par le traitement des déchets radioactifs à vie longue ?

— n'est-il pas profondément immoral de vouloir attribuer un prix à la vie humaine, par définition sans prix.

Et pourtant, ne faut-il pas en permanence faire des choix économiques en la matière?

Telles sont, entre autres, quelques-unes des contradictions mises en exergue par le paradigme du développement durable.

Un mythe fondateur : le changement climatique

Toute société a besoin de croyances. Le développement durable n'échappe pas au besoin de mythes fondateurs, parmi lesquels le changement climatique occupe une place centrale.

L'activité industrielle humaine contribue-t-elle à élever la teneur de l'atmosphère terrestre en gaz carbonique? Cette concentration contribue-t-elle au réchauffement du climat, générateur de catastrophes naturelles?

Entraînés par le succès de l'offensive contre la couche d'ozone, qui s'incarna dans la convention de prohibition des gaz CFC de Montréal, les météorologues, réunis dans le Panel international d'experts du changement climatique (IPCC) ont émis l'opinion qu'après être passée d'une concentration de 280 parties par million en volume (ppm) aux origines de la révolution industrielle à 360 ppm aujourd'hui, la concentration de gaz carbonique dans l'atmosphère risquait de s'accroître à des niveaux compris entre 550 et 850 ppm à la fin du prochain siècle si l'humanité ne changeait pas profondément son mode de développement économique. La température moyenne du globe s'élèverait alors de 1,9° C à 2,9° C, entraînant, entre autres conséquences néfastes, une élévation du niveau des mers de 46 cm à 58 cm.

Par ailleurs, l'accès de tous les habitants de la planète au même niveau de consommation d'énergie que les pays industrialisés, devrait, tout en quintuplant les émissions de gaz carbonique, épuiser les gisements connus de pétrole et de gaz naturel en une cinquantaine d'années.

Ressources et durée de vie des énergies fossiles

	Réserves prouvées	Réserves probables totales	Consommation annuelle	Part dans la consommation mondiale	Durée de vie des réserves prouvées
Pétrole (en milliards de tonnes)	150	300	3,5	37 %	40 ans
Gaz (en trillions de m³)	150	400	2,4	25 %	70 ans
Charbon et lignite (en milliards de tonnes)	1000	3000	4,6	28 %	2 siècles

World Energy Outlock, OCDE, 1998.

Science ou croyance ?

L'effet de serre et le changement climatique sont-ils démontrés ? Si le travail de milliers de scientifiques mobilisés depuis dix ans par l'ONU n'est pas définitivement concluant, cette angoissante question est, d'une certaine manière, déjà dépassée. Les nations industrialisées ont conclu à Kyoto en 1997 un projet de traité par lequel elles s'engagent à stabiliser ou à réduire leurs émissions de gaz à effet de serre dès l'horizon 2010. La doctrine du changement climatique prend désormais appui sur une puissante *constituency*, un électorat à l'échelle globale. Les partis écologistes, avides de thèmes propres à susciter l'émotion du public ; les scientifiques en quête de crédits de R&D ; les experts économiques à l'affût de nouvelles théories ; les organisations internationales, à la recherche de nouvelles vocations ; les secteurs industriels, soucieux de prendre leurs précautions ; les compagnies d'assurance et les financiers, avides de création de valeur et de marchés de crédits d'émission : toutes ces forces sociales sont désormais mobilisées. Le développement durable a trouvé sa croyance, avec la caution de la science.

Autre thème majeur du développement durable, la biodiversité constitue un élément décisif de la survie de l'humanité. La diversité des organismes vivants conditionne leur capacité, par la sélection génétique, de résister à un monde changeant : plus un système est diversifié, plus il est capable de se ressourcer à la suite d'une crise ou d'une catastrophe. Plus on diminue le potentiel biologique, plus se réduit le réservoir exploitable par l'industrie agro-alimentaire ou pharmaceutique. La biodiversité participe aussi à la régulation des grands cycles de l'eau, de l'oxygène, du carbone, des nutriments. Or la biodiversité est gravement menacée par le défrichement et la déforestation, l'exploitation minière, l'agriculture chimique et les pesticides. La crise de la biodiversité rappelle que l'homme est une espèce animale dépendante des autres.

La physique, la mécanique, la chimie étaient les disciplines reines de l'ère industrielle. L'électronique et l'informatique sont aujourd'hui les privilégiées de la société de l'information. La biologie, la météorologie, la géophysique, de leur côté, sont les disciplines fondatrices du développement durable.

Ce développement s'analyse aussi à travers la sociologie de la communauté scientifique, l'émulation entre les disciplines, leur compétition pour les crédits budgétaires et les subventions. Si le nucléaire a été la cible privilégiée de la contestation écologique, c'est aussi parce que la science atomique s'est taillé pendant trop longtemps la part du lion des crédits de la *big science* issue du Projet Manhattan, au détriment d'un partage plus équitable et pour des finalités considérées comme immorales par une partie de la communauté savante.

Le développement durable, idéologie de substitution

L'effondrement du marxisme semble avoir aujourd'hui laissé le champ entièrement libre au libéral-monétarisme globalisé. Le démantèlement de l'Union soviétique a laissé la place à l'*imperium* américain : la CIA, CNN, la Banque de New York règnent sans partage, à Moscou notamment. Comme si la seule référence universellement admise était désormais la démocratie libérale et le libre marché.

Et pourtant, ce n'est pas parce que le marxisme s'est trouvé entraîné dans la chute de la troisième Rome, ni parce que le keynésisme a été conduit dans l'impasse du fait de la maîtrise de l'inflation, que les inégalités ont pour autant disparu. Les écarts sociaux et la pauvreté se sont au contraire accrus avec l'érosion de l'État-Providence, avec la flexibilité du travail et avec l'affaiblissement des syndicats. Les effets de domination des pays industrialisés sur les pays moins avancés se sont renforcés avec la libération du commerce et le flux des investissements directs des multinationales. La recolonisation est en marche, avec les privatisations et le retour des concessions, rebaptisées BOT. Le nouvel ordre politico-idéologique (NOI) ne fait donc pas que des heureux : n'est-ce pas le contraire qui serait étonnant ? Mais où sont les opposants ? Sous quelle bannière se rassemblent les insatisfactions ?

Les valeurs internationalistes gagnent toujours sur les points de vue locaux, régionalistes et nationalistes, l'universalisme sur le particularisme. Ce fut pendant un siècle – celui dont nous sortons – la force du marxisme que d'offrir un cadre de pensée aux luttes sociales du monde entier, commun aux ouvriers de Billancourt comme aux peuples du Tiers-Monde.

Le mouvement ouvrier sut se rassembler derrière l'Internationale prolétarienne : sans le marxisme, la révolution maoïste n'eût été qu'une de ces jacqueries paysannes, dont l'histoire de la Chine fut coutumière.

Face au NOI, les contestations contemporaines apparaissent singulièrement sporadiques : le fondamentalisme islamique et le souverainisme à la française ; Saddam Hussein et Slobodan Milosevic ; Pyong-Yang et La Havane ont perdu d'avance leurs incertains combats. Il s'en faut d'une génération pour que le sous-commandant Marcos puisse prétendre égaler Che Guevara. Faute de se référer à une cohérence idéologique de portée universelle, les oppositions sont donc isolées et paraissent sans espoir.

Pourtant, les favelas de Rio, les communautés indiennes des Andes, les villages faméliques du Sahel, les masses de Calcutta, les régimes de Pékin et de Téhéran demeureront-ils longtemps déconnectés dans leur commun refus du NOI ? Les insatisfactions expriment aujourd'hui un besoin criant d'unité idéologique et de dialectique de progrès.

Sur les ruines du communisme et sur l'impasse de l'État-Providence, une troisième gauche, une gauche alternative est en gestation. Ses origines – le mouvement étudiant de 1968 – s'analysent comme une critique de la société de consommation et de l'ordre industriel : un conflit de générations davantage qu'une étape dans l'histoire de la lutte des classes.

On trouve les prémisses du développement durable dès la fin des années soixante. Le consumérisme et l'écologie s'implantant alors aux États-Unis et en Europe du Nord, dans le sillage des associations conservationnistes et naturalistes, dont les causes sont relayées par des avocats activistes tels que Ralph Nader. C'est alors que le Club de Rome, renouant avec les prédictions de Malthus, met en évidence la contradiction entre la finitude des ressources et le caractère exponentiel de la croissance. Peu après, le choc pétrolier de 1973 accrédite spectaculairement ses thèses – même si l'on sait, avec le recul, que la brutale hausse du baril avait plus à voir avec le climat inflationniste de l'époque et l'embargo pétrolier qu'avec l'épuisement des gisements du Moyen-Orient. C'est à ce moment que les gouvernements des pays occidentaux commencent de se doter de ministères et agences de l'Environnement et que les partis verts prennent leur essor, challenges des Rouges et des Roses.

Or quel thème est plus universel que l'avenir de la planète ? Le développement durable est une vision du monde qui, en unissant le local et le global, permet d'ôter aux marchés financiers le monopole de la globalisation. Par le développement durable, les contestations particularistes et les communautés locales peuvent inscrire leurs revendications dans une cohérence commune ; les *Grünen* de Francfort et les *Friends of the Earth* de Vancouver peuvent établir leur jonction avec les aborigènes australiens, les Inuits de la Baie James, les rescapés de Bhopal. De même que le communisme promettait des lendemains qui chantent à tous les travailleurs, le développement durable s'adresse aux générations futures : le rêve du politique n'est-il pas de parler au nom d'électeurs qui ne votent pas, tout en se plaçant résolument dans le sens de l'histoire ?

Le développement durable, idéologie de contestation

L'écologie s'est d'abord imposée comme une contestation frontale de l'ordre industriel du XXᵉ siècle : les projets pharaoniques et les grandes infrastructures techniques ; le productivisme sans freins et l'organisation taylorienne du travail ; la société de consommation de masse ; la grande ville sans convivialité. Elle a ses démons favoris : l'agriculture chimique et les plantes transgéniques, l'alimentation à base de viandes aux hormones, la pollution et les risques industriels, etc.

Notre système économique s'est construit sur l'hypothèse que les ressources naturelles étaient illimitées. Depuis un demi-siècle, la période de croissance prolongée des pays industrialisés a multiplié par un facteur 3, voire 5 ou 10, l'exploitation de certaines ressources. Par exemple, avec un taux de croissance de 3 %, la consommation d'énergie a quadruplé depuis 1945 ; l'homme exploite aujourd'hui 55 % de l'eau douce accessible des cours d'eau ou des réserves souterraines. Depuis un demi-siècle, on a assisté à une forte accélération de l'impact de l'homme sur la planète : la planète ne va-t-elle pas demain se venger de l'homme ?

Pour convaincre, le développement durable agite le spectre de la crise écologique. Le marxisme agitait celui de la crise économique. Aujourd'hui, c'est la crise écologique qui est censée menacer la planète : l'épuisement des ressources naturelles ; l'extinction des espèces menacées ; la pollution de l'atmosphère ; la déforestation et la désertification ; l'appauvrissement des zones rurales ; le dénuement des communautés autochtones ; la croissance incontrôlée des mégapoles. A l'instar de la crise économique, les catastrophes écologiques mettent, elles aussi, en danger la paix du monde : le développement durable devient ainsi la bannière moderne des pacifistes.

Entre toutes les cibles privilégiées de l'écologie, l'énergie nucléaire mérite une place à part. Son histoire résume à elle seule la dialectique du XXe siècle, au cours duquel elle parcourut le cycle complet de l'essor et du déclin. Grande conquête technologique, l'atome changea la face de la géopolitique et de l'économie. Après avoir donné la victoire aux démocraties, l'arme nucléaire structura le partage Est-Ouest, en conférant à l'URSS, pour un temps, le statut de grande puissance. L'énergie nucléaire civile représenta l'espoir d'une source inépuisable : la planète parut un moment destinée à se couvrir de centrales nucléaires.

Après avoir été portée par l'enthousiasme d'une génération de scientifiques, richement dotée par les crédits budgétaires, l'énergie nucléaire fut la victime, à partir des années soixante-dix, d'une critique écolo-pacifiste virulente dénonçant tout à la fois les risques de sûreté des réacteurs, la nocivité des déchets radioactifs, les liens entre l'atome civil et militaire, les dangers de la prolifération. Three Mile Island puis Tchernobyl furent les Trafalgar et Waterloo de la conception héroïque et élitiste de la technologie reine du XXe siècle. La contre-expertise anti-nucléaire y fonda sa légitimité, ôtant aux nucléocrates le monopole du savoir. Cette crise de confiance déboucha dans plusieurs pays majeurs (les États-Unis, la RFA, la Suède, l'Italie) sur des moratoires, des prohibitions, la mise à l'arrêt de la production de plutonium dans les usines de retraitement. La fin de la guerre froide et le désarmement nucléaire firent perdre ses ultimes soutiens au complexe militaro-énergétique.

Alors qu'elle présente des atouts écologiques considérables pour la production d'électricité, étant à la fois une énergie quasi renouvelable, économe en emprise logistique et en matières premières, et qu'elle constitue la seule véritable alternative au charbon du point de vue des équilibres énergétiques à long terme, l'arrêt de l'énergie nucléaire est sans doute la victoire la plus symbolique du mouvement écologiste. On peut toutefois espérer que, dans quelques années, la raison positiviste l'emportera à nouveau, pour permettre à l'humanité de tirer parti de cette remarquable conquête de la science. La seule vraie question à résoudre est celle de la prolifération : le prix à payer pour réconcilier l'énergie nucléaire et l'écologie serait alors de couper de manière convaincante le lien civil et militaire, en coupant ainsi ses racines nationalistes pour initier une approche internationaliste en faveur du redéveloppement d'une énergie nucléaire durable.

Le développement durable, idéologie de la synthèse

Le développement durable signifie que l'on peut concevoir un mode de développement économique respectueux de l'environnement naturel et soucieux des équilibres sociaux et intertemporels, offrant ainsi la perspective d'un dépassement dialectique du conflit entre l'économie et l'écologie.

Entre l'écologie fondamentaliste (*deep ecology*) qui prône le retour à la nature et la réhabilitation de la bougie au nom du principe de précaution et l'idéologie du marché globalisé et court-termiste, le développement durable ouvre une troisième voie.

La technologie peut beaucoup. Des études concluent par exemple qu'on pourrait produire autant en divisant par un facteur 4 la quantité de matières premières et de rejets polluants, grâce à un recyclage systématique des produits et à travers une meilleure efficience productive. Les technologies de l'information et de la communication ne projettent-elles pas la croissance sur des voies entièrement nouvelles tout en mettant la précision et le contrôle-commande au service de tous les processus productifs?

Pour se matérialiser en prototypes puis en productions de masse, le réservoir des connaissances scientifiques acquises a besoin d'un signal fort et de crédits de développement à long terme. Les mesures économiques accompagnant la politique du développement durable – telles que l'écotaxe, les transferts de technologies Nord-Sud, les projets-moteurs de recherche-développement – pourraient jouer ce rôle de signal de déclenchement d'une vague d'innovations radicales. La croissance économique, sur le long terme, est gouvernée par les innovations fondamentales : le développement durable pourrait assumer un rôle analogue à celui que jouèrent la machine à vapeur ou l'électricité. Ainsi, les turbines à gaz à haute température et les cycles combinés multipliant d'un facteur 3 le rendement des centrales thermiques, émergèrent il y a quinze ans comme conséquence directe du choc pétrolier.

Géopolitique du développement durable

La géopolitique du développement durable fait apparaître de nouveaux clivages, qui ne ressemblent pas à ceux hérités de l'après-guerre. La fin de la guerre froide a mis fin à la division Est-Ouest. Le choc pétrolier de 1973 a fait apparaître les blocs antagonistes de l'OPEP et des pays consommateurs d'hydrocarbures.

Qui doit demain faire l'effort de maîtrise des émissions de carbone ? Comment répartir les contraintes ? Par quels instruments ? La géopolitique du climat souligne de nouvelles lignes de fractures : les États-Unis, dotés de considérables réserves minières, en charbon notamment, gros consommateurs d'énergie et peu disposés à mettre en place des mesures planificatrices, taxes et réglementations dirigistes pour orienter leur économie vers plus d'efficience énergétique ; l'ex-URSS, bien dotée en ressources naturelles, marquée par l'héritage de l'économie planifiée productiviste et gaspilleuse d'énergie ; l'Europe et le Japon, mal pourvus en matières premières, dont l'organisation sociale est plus collective et le mode de consommation beaucoup plus sobre ; le « groupe des 77 », guidé par la

Chine et l'Inde, pays émergents milliardaires en habitants comme en tonnes de charbon qui, depuis Rio, ont accru d'un tiers leurs émissions de carbone mais n'entendent en rien laisser brider leur développement par des contraintes imposées par les pays nantis ; les pays moins avancés, qui n'amorcent guère leur décollage et attendent tout de la solidarité internationale ; les pays exportateurs de pétrole ; et jusqu'à l'exotique AOSIS, l'association qui regroupe les îles du Pacifique condamnées à la submersion en cas d'élévation du niveau des mers.

La ratification et la mise en œuvre du Protocole de Kyoto qui stipule des engagements chiffrés de maîtrise des émissions de carbone à l'horizon 2010, va amplifier ces clivages, peut-être annonciateurs de nouveaux blocs.

Dépassant le simple champ des relations intergouvernementales, c'est aussi une véritable société civile internationale qui prend forme. On y trouve à côté des organisations issues de l'après-guerre – à savoir l'ONU, la Banque mondiale, le FMI, l'OMC, etc. – le monde proliférant des organisations non-gouvernementales, mouvements associatifs porteurs d'intérêts collectifs variés et défenseurs de grandes causes écologiques, conservationnistes, humanitaires.

La communauté scientifique, par nature sans frontières, joue de son côté un rôle prescripteur d'importance croissante dans les choix de société au niveau global comme au niveau des nations, à partir de son magistère technicien. Une Internationale verte s'est constituée, disposant de puissants relais dans les organisations intergouvernementales, les mouvements écologiques, les médias – tout comme le Komintern de l'entre-deux-guerres avait structuré le mouvement social internationaliste. Les secteurs industriels et les grandes entreprises commencent, eux aussi, d'être parties prenantes de ce mouvement : les produits labellisés verts se vendent mieux ; les fauteurs de risques sanitaires et technologiques sont menacés par le boycott.

Propositions pour une nouvelle gouvernance

Stratégie et structure vont ensemble : l'axiome bien connu du management d'entreprise vaut aussi pour le lien qui unit l'action politique et les structures gouvernementales, au niveau des nations comme à celui de la régulation internationale.

Alors que les organisations de la coopération internationale de l'après-guerre sont à la recherche de nouvelles vocations répondant mieux aux aspirations contemporaines, ne faut-il pas, dans la perspective du développement durable, mettre en place aujourd'hui les institutions adaptées à la gouvernance mondiale dont le besoin s'avère chaque jour plus lancinant : la protection de l'environnement, de la biodiversité et de l'atmosphère ; la gestion des risques majeurs et des catastrophes naturelles ; l'accroissement et le redéploiement de l'aide au développement ; la débureaucratisation et l'efficacité managériale des programmes d'aide ; les nouveaux partenariats public-privé ; les transferts de technologie Nord-Sud ; le contrôle international de la prolifération, du plutonium et des déchets radio-actifs ; l'antitrust et le contrôle des abus de position dominante des concentrations multinationales ; la lutte contre la criminalité financière, etc.

L'Europe est bien placée pour assumer une position de leadership autour de ces nouvelles idées, à cause de ses traditions culturelles et sociales et parce qu'elle est elle-même une référence en matière de développement durable.

Au niveau national, pour conduire une politique centrée sur le développement durable, il faut concevoir une nouvelle organisation des compétences ministérielles. Mettre en place une forme de magistrature technique et scientifique indépendante, investie de la fonction d'éclairer l'opinion publique et d'assurer le contrôle des risques de toute nature. Cette politique pourrait aussi s'incarner dans le rattachement à l'Environnement des compétences ministérielles sur la Protection des consommateurs et de la Santé publique, sur l'Énergie, l'Agriculture et les Transports collectifs, et dans le recentrage des Affaires étrangères vers un grand département de la Coopération, du Développement et de l'Action humanitaire.

Le développement durable structurera le XXIᵉ siècle : il appelle une révolution de nos modes de pensée et de la conduite de la politique économique et sociale comme de la coopération internationale.

Vers une généralisation des écotaxes ?

Christian Saint-Étienne

Il est parfois reproché à l'économie d'ignorer la nécessité de préserver l'environnement pour assurer un développement durable, voire de ne considérer que les besoins des hommes dans une vision anthropocentrée alors qu'il faudrait adopter une conception écocentrée.

Ces reproches sont aujourd'hui infondés dans la mesure où la théorie économique centrée sur la préservation de l'environnement est d'une grande richesse intellectuelle et où la politique économique, dans les pays développés, intègre de plus en plus le coût de la pollution et les dangers de l'épuisement des ressources naturelles. Mais la pression démographique, qui devrait porter la population de la planète de six milliards d'individus en 2000 à neuf milliards en 2050, et la volonté des pays pauvres de rattraper le niveau de vie des pays riches et donc, sauf accélération du progrès technique, leur niveau de consommation d'énergie et de pollution, conduisent à penser que la question de la préservation de l'environnement va devenir encore plus décisive au cours du prochain demi-siècle qu'au cours du dernier.

Économie de l'environnement

L'économie de l'environnement est devenue une branche à part entière de la théorie et de la politique économiques lorsqu'est apparu un consensus sur le fait que les ressources naturelles ne sont pas inépuisables. En d'autres termes, le « don de la nature » n'est pas infini et les ressources naturelles sont devenues économiques lorsqu'elles ont été perçues comme rares.

Le débat sur le caractère économique ou non des ressources naturelles est ancien parmi les économistes. Si Adam Smith, pour l'essentiel, n'a pas intégré la nature dans son champ de réflexion en la considérant comme immuable, les économistes ultérieurs ont traité directement des questions de ressources naturelles. On peut distinguer l'approche « pessimiste » (Malthus, Ricardo, James Mill) qui considérait que la pression démographique conjuguée aux rendements décroissants du travail et de la production agricole conduirait à un état stationnaire de croissance nulle, de l'approche « optimiste » (Frédéric

List, Jean-Baptiste Say, Karl Marx, John Stuart Mill) selon laquelle la production devait se développer plus que la population dans les pays industriels de l'époque.

Le premier travail d'intégration analytique des limites d'utilisation des ressources naturelles dans le modèle d'équilibre général néo-classique est dû à Hotelling (1931). Son modèle permet d'énoncer trois règles d'optimisation de l'utilisation des ressources. Premièrement, le prix de la ressource doit être supérieur au coût marginal de production, la différence correspondant à une rente de rareté. Deuxièmement, le taux d'accroissement annuel de la rente doit être égal au taux d'intérêt annuel afin de supprimer les arbitrages au cours du temps dans l'extraction de la ressource. Troisièmement, à mesure que la ressource s'épuise, le prix de la ressource s'élève suffisamment pour favoriser l'utilisation de ressources de substitution.

Le modèle de Hotelling a été généralisé par Hartwick (1977) qui a énoncé une règle de compensation intergénérationnelle selon laquelle le réinvestissement des rentes prélevées au cours de l'exploitation des ressources naturelles doit permettre de développer une ressource alternative. Insistons immédiatement sur le caractère décisif de l'hypothèse de substituabilité entre le capital produit (ressource alternative) et les ressources naturelles épuisables. Dans les modélisations recourant à l'hypothèse de substituabilité, le progrès technique permet de compenser l'épuisement des ressources naturelles (Stiglitz, 1974). Dans les années quatre-vingt les modèles d'équilibre général appliqués se sont imposés pour analyser les relations entre énergie et environnement. La théorie de la croissance endogène prolonge cette approche.

Parallèlement aux travaux visant à intégrer les effets de la rareté des ressources naturelles, est apparue la prise en compte des effets externes de l'activité d'un agent économique sur les autres agents. A.-C. Pigou (1920) a suggéré de provoquer l'internalisation des coûts externes en imposant une taxe égale au coût social, à supposer que l'on puisse le calculer. La taxe égale au coût social conduit à déplacer, du montant de la taxe, la courbe de coût marginal privé vers une courbe de coût marginal global. Pour une courbe de demande donnée, la quantité produite baisse et le prix d'équilibre augmente. La taxe égale au coût social peut, par exemple, compenser le dommage causé par un pollueur par une indemnisation versée aux victimes de cette pollution selon le « principe pollueur-payeur » ou être utilisée pour financer des équipements de dépollution.

Mais on peut viser l'internalisation des coûts externes par d'autres voies que la tarification en recourant soit à la réglementation directe, qui fixe un niveau maximum de pollution conduisant l'émetteur de pollution à supporter directement les coûts liés aux équipements de dépollution, soit à l'émission de droits à polluer. Ronald Coase (1960) a suggéré de rétablir un optimum de Pareto au sein du marché en instaurant des droits de propriété transférables sur les ressources de l'environnement. Le droit de propriété transférable, en tant que droit de réaliser une certaine action, devient un facteur de production. Ainsi conçu, ce droit peut appartenir indifféremment (en termes d'optimum économique) à la victime ou au pollueur, la quantité maximale de droits à polluer pendant une période donnée résultant d'une norme définissant le seuil de pollution toléré par l'environnement. Si les droits sont donnés au pollueur, la victime peut les racheter pour réduire la pollution au niveau supportable par elle. Si les droits sont donnés à la victime, le pollueur peut les racheter jusqu'au niveau supportable par la victime.

Séduisante par sa formulation, l'approche de Coase ne signifie pas nécessairement que l'internalisation par le marché est supérieure à l'intervention de l'État. En effet, Coase, qui a expliqué l'existence des firmes par l'importance des coûts de transaction, indique que l'approche par les droits à polluer suppose que les coûts des transactions entre agents pollueurs et victimes restent faibles ou nuls. Dans le cas contraire, l'État peut intervenir soit directement en fixant un niveau de pollution toléré plus faible, soit indirectement, dans le cas où existent des droits à polluer, en les rachetant en tout ou partie.

Les incertitudes concernant le développement durable

Il est apparu précédemment que l'économie de l'environnement traitant des ressources naturelles supposait que le capital produit était substituable aux ressources naturelles épuisables. Il s'agissait, en intégrant le progrès technique, de s'assurer que l'on maintenait un stock minimum de ressources permettant d'accompagner la croissance de l'économie, que ces ressources soient naturelles ou produites. Cette approche définit ce que l'on peut nommer la forme faible du développement durable ou soutenable.

Le développement durable, soutenable ou viable (*sustainable development*), est un concept défini dans le Rapport Brundtland publié en 1987 par la Commission mondiale sur l'environnement et le développement (CMED) et intitulé : *Notre avenir à tous*. Le développement durable est défini comme « un développement qui répond aux besoins du présent, sans compromettre la capacité des générations futures de répondre aux leurs ».

La forme faible du développement durable, parce qu'elle suppose que les ressources produites et naturelles sont substituables, met la nature au service de l'homme. Ce dernier n'a pas de responsabilité particulière envers les ressources naturelles et doit simplement léguer un stock suffisant de ressources aux générations futures. Disons tout de suite que même cette forme faible du développement durable ne semble pas aujourd'hui assurée pour l'ensemble des ressources naturelles.

Une autre vision du rapport de l'homme à la nature conduit à passer d'une vision anthropocentrée à une vision écocentrée dans laquelle l'homme et la nature ont un droit ontologique équivalent à l'existence. La traduction économique de cette vision écocentrée conduit au concept de forme forte du développement durable dans laquelle il n'y a pas substituabilité complète entre ressources produites et naturelles. Le stock total de capital est alors la somme du capital produit du capital humain, du capital naturel substituable et du capital naturel auquel on ne peut pas substituer du capital produit (Pearce et Warford, 1993). Dans ce cas, le capital produit et le capital naturel non substituable sont complémentaires, ce qui impose des limites à la croissance de la production globale.

Le capital naturel critique (non substituable) comprendrait ainsi l'eau, l'air, l'espace, les minerais et l'énergie. Si le progrès technique peut modifier notre vision des minerais et de l'énergie critiques, l'espace de développement sur notre planète est évidemment fini. C'est surtout notre vision de l'eau et de l'air qui a été bouleversée au cours du XXᵉ siècle : de ressources illimitées et donc gratuites, elles ont pris le statut de ressources rares et fragiles.

La pollution de l'eau et de l'air et la qualité de l'alimentation

L'eau et l'air non pollués, en devenant rares, sont entrés dans le champ de la théorie économique qui traite de l'allocation optimale des ressources rares.

L'eau

L'offre d'eau douce est peut-être la ressource la plus inéquitablement répartie à la surface de la planète. Sa demande varie tout aussi fortement en fonction des écarts de développement et des différences de climat. Le contrôle des sources d'eau douce pourrait être l'un des enjeux géo-stratégiques majeurs du prochain demi-siècle, si ce n'est le plus important. Il faut distinguer le prélèvement, eau utilisée dont une part plus ou moins importante est resti-tuée comme dans la production d'énergie hydraulique ou hydroélectrique, de la consommation nette d'eau. L'agriculture bénéficie de plus du tiers de la consommation nette d'eau en ne prélevant qu'un dixième de la ressource.

On peut observer quatre types différents de pollution de l'eau : la pollution bactérienne qui résulte d'un excès de germes pathogènes ; la pollution asphyxiante due à une insuffisance d'oxygénation de l'eau ; la pollution ferti-lisante, dite eutrophisation, marquée par un développe-ment déséquilibré de la flore aquatique du à la présence de déchets ; la pollution chimique du à des substances toxiques.

Les principales sources de pollution de l'eau sont les rejets industriels et domestiques, le lessivage des intrants utilisés en agriculture et le déplacement de matières pol-luantes par les pluies. Ces pollutions sont une menace directe sur la qualité des eaux consommées par les orga-nismes vivants et une source de dégradation des réserves naturelles d'eau douce.

En France, la loi sur l'eau du 3 janvier 1992 a arrêté les principes d'une gestion globale et collective des res-sources en eau et des milieux aquatiques. Les outils d'ap-plication sont les schémas directeurs d'aménagement et de gestion des eaux (Sdage) préparés dans chacun des six grands bassins français et qui sont opérationnels depuis

1997. Les principaux progrès nécessaires pour améliorer la qualité de l'eau concernent l'assainissement et l'épuration des eaux dans les collectivités locales, la lutte contre la pollution industrielle et surtout la maîtrise des pollutions d'origine agricole.

L'air

Si la qualité de l'air est menacée localement, la question du rôle régulateur de l'enveloppe atmosphérique est tout aussi décisive.

La pollution de l'air n'est pas seulement due à l'activité de l'homme. Parmi les plus grandes catastrophes, on peut noter les effets des éruptions volcaniques, des incendies de forêt, de la radioactivité naturelle ou des poussières des déserts. Mais l'activité de l'homme peut être désastreuse pour la qualité de l'air. Le terme de « pluies acides » fut inventé en 1853 pour désigner des pluies tombant sur Manchester. Les *smogs*, ces brouillards urbains, tuèrent des milliers de Londoniens dans les années cinquante.

Mais c'est peut-être l'effet de serre, provoqué par l'émission inconsidérée de certains gaz, qui inquiète le plus nos contemporains. En 1992, lors de la Conférence sur les changements climatiques de Rio de Janeiro, une convention a fixé le principe d'objectifs de réduction des gaz à effets de serre. Puis un protocole de mise en œuvre de cette convention a été signée à Kyoto, en 1997 : les principaux pays développés doivent réduire les émissions de gaz à effet de serre de 5 % entre 2008 et 2012, par rapport au niveau atteint en 1990. Les pays en voie de développement ne sont pas concernés par ces limites pour l'instant alors que la plus grosse pollution de la planète est constituée, tous les hivers avant d'être lavée par la mousson, par un colossal nuage qui obscurcit le ciel au-dessus de l'océan Indien. Ce nuage brunâtre, produit par le brûlis des chaumes, les activités industrielles et le transport des populations, notamment en Inde et en Chine, est composé d'aérosols soufrés, d'oxyde de carbone, d'ozone, d'oxydes d'azote, de suie et de poussières diverses. L'aggravation de ce phénomène pourrait avoir des effets désastreux dans quelques années.

Si l'humanité prend enfin conscience de l'existence d'un capital naturel critique non reproductible, il faudra très vite mettre en œuvre des mesures adaptées pour limiter de façon drastique la pollution de l'eau et de l'air.

La qualité de l'alimentation

La qualité de l'alimentation semblait, jusqu'à une période récente, une question subsidiaire réservée aux gastronomes ou aux irréductibles adeptes des cuisines locales. Les scandales liés à l'épidémie britannique d'encéphalopathie spongiforme bovine et à l'alimentation des poulets belges nourris par des farines industrielles contaminées par la dioxine ont fait prendre conscience que la santé de l'homme est directement liée à la qualité de son alimentation. L'utilisation des hormones de croissance dans l'élevage comme le développement des cultures d'organismes génétiquement modifiés (OGM) ont fini de convaincre un nombre croissant d'Européens qu'il est urgent d'imposer l'étiquetage et la traçabilité, non seulement des OGM, mais de toutes les substances entrant dans la production de produits alimentaires, depuis les semences et les engrais jusqu'aux produits finis.

En juin 1999, les ministres européens de l'Environnement ont décidé de suspendre la mise sur le marché de nouvelles semences transgéniques. Ils se sont également entendus sur un projet de révision de la Directive européenne de 1990 sur les OGM en posant le principe d'un étiquetage et d'une traçabilité des OGM ce qui conduirait à la mise en place de deux filières séparées, l'une avec et l'autre sans OGM.

La filière environnement

Le marché mondial des biens et services environnementaux était probablement de l'ordre de quatre cents milliards de dollars en 1999, sa part européenne se situant autour de cent cinquante milliards de dollars. Le marché allemand représenterait plus du tiers du marché européen, la part française s'établissant autour de 20 %. Les marchés de l'environnement progressent d'environ 5 % par an.

Le marché français de l'environnement est dominé par la gestion de l'eau (prélèvement, traitement et distribution de l'eau destinée à la consommation humaine, gestion des eaux usées) qui représente un peu plus de la moitié du chiffre d'affaires de la filière environnement. La collecte, le traitement des déchets et la récupération atteignent environ 40 % du marché de l'environnement.

La filière environnement comprend notamment la fourniture de produits industriels et de technologies, la construction et l'installation d'équipements, l'exploitation de services, l'ingénierie, les études et le conseil. Les groupes étrangers (en particulier allemands) sont très présents sur le marché français de la fourniture des biens intermédiaires et finaux, compensant ainsi leurs difficultés à s'implanter sur le marché des services dominé par de grands groupes nationaux (Vivendi, Lyonnaise des eaux). Les groupes français sont également très actifs dans la construction et l'installation d'équipements (réseaux et stations de traitement des eaux usées, unités de traitement des déchets, etc.).

La filière environnement emploie en France environ trois cent mille personnes, avec un taux de croissance des effectifs de 1 % à 2 % par an. Une bonne part de ces emplois sont peu qualifiés, le taux d'encadrement (cadres, agents de maîtrise et techniciens étant inférieur à 20 %). En revanche, c'est le marché des cadres de l'environnement qui est aujourd'hui le plus dynamique du secteur.

Les coûts de la réglementation environnementale

La préservation de l'environnement a beaucoup fait appel, jusqu'à présent, aux dispositifs réglementaires tels que les normes de qualité de l'eau, les normes des installations (émissions des incinérateurs, rejets des stations d'épuration…) ou les normes touchant des produits (véhicules). Selon Litvan (1997) et pour la France, la directive européenne de 1991 sur les eaux résiduaires urbaines devrait conduire à des investissements totaux de plus de quatre-vingts milliards de francs. La mise en œuvre de la loi sur les déchets du 13 juillet 1992 visant à supprimer la mise en décharge pour les déchets non ultimes (seuls les déchets ultimes étant mis en décharge) devrait conduire à des investissements supérieurs à cinquante milliards de francs pour réaliser les plans départementaux de gestion des déchets.

Ces coûts sont supportés par une hausse significative des prélèvements sur les ménages. Le prix de l'eau a augmenté de 9 % par an de 1991 à 1997 et devrait progresser de 5 % par an jusqu'en 2001. Les taxes d'enlèvement des ordures ménagères ont également fortement augmenté.

La réduction des émissions de gaz carbonique pourrait se révéler très coûteuse. Les investissements nécessaires pour diminuer ces émissions de six millions de tonnes dans le secteur de l'habitat, pour une production globale de gaz carbonique en France de cent millions de tonnes, s'élèveraient à cent cinquante milliards de francs. Des normes plus sévères, imposées au plan international pour lutter contre l'effet de serre, pourraient coûter environ deux points du PIB des pays de l'OCDE.

Les dépenses liées au respect des normes environnementales ont été jusqu'à présent essentiellement supportées par les collectivités locales, et donc les contribuables.

En 1997, les dépenses consolidées des communes et groupements de communes pour la protection de l'environnement sont évaluées à cent vingt milliards de francs, avec une large prédominance pour le traitement de l'eau, à la fois pour l'assainissement et l'épuration des eaux usées (37 % des dépenses totales) et l'adduction d'eau potable (24 %). Dans l'industrie, ces dépenses n'atteindraient que 3 % de l'investissement total, dont plus de la moitié pour la lutte contre la pollution de l'eau. Mais le durcissement des normes concernant la pollution atmosphérique et le traitement des déchets pourraient entraîner une hausse considérable des investissements requis. C'est surtout l'agriculture qui a été jusqu'ici largement exemptée de payer pour les dégâts occasionnés à l'environnement par un usage excessif des engrais et pesticides. Mais la dégradation des nappes phréatiques et les risques encourus par la population pourraient entraîner un basculement de l'opinion sur l'application du principe pollueur-payeur à l'agriculture.

Compte tenu de l'ampleur des investissements nécessaires pour préserver la pureté de l'air ou de l'eau et traiter les déchets, il est essentiel d'améliorer l'évaluation des effets de la réglementation sur les secteurs concernés en multipliant les études coûts/bénéfices et coût/efficacité, avant et après la mise en place des normes antipollution.

Aux coûts de la réglementation environnementale, il convient d'ajouter les taxes environnementales sur polluant (redevances pour détérioration de la qualité de l'eau, taxes sur la pollution atmosphérique et les nuisances phoniques, taxes sur le stockage, le traitement et l'élimination des déchets), évaluées à 7,9 milliards de francs en 1995, les redevances environnementales (assainissement, enlèvement des ordures et des déchets, installations classées), évaluées à 27,5 milliards de francs, les taxes sur l'énergie (153,3 milliards de francs), les taxes sur les transports (34,1 milliards de francs) et les taxes et redevances sur les ressources naturelles (notamment la redevance sur la consommation d'eau potable publique), évaluées à 37,2 milliards de francs en 1995.

Les solutions en débat

Si l'on admet que l'eau et l'air, pour ne pas parler des autres ressources naturelles non substituables, ont aujourd'hui le statut de ressources rares et fragiles, il convient de s'interroger sur les politiques les plus efficaces à mettre en œuvre pour préserver leur qualité et pour donner à l'humanité les bases d'un développement durable.

Quatre instruments sont aujourd'hui disponibles, en théorie, pour favoriser ce développement économique et social durable :

– la réglementation des activités polluantes pouvant conduire à fixer des normes à ne pas dépasser, ou à interdire les activités les plus polluantes ;

– la taxation des activités polluantes sous forme d'écotaxes qui sont des droits monétaires prélevés par l'État ou

d'autres collectivités publiques sur l'usage de l'environnement (les écotaxes sont parfois des amendes pour limiter
des pratiques nocives ou des redevances permettant de
restaurer l'environnement) ; les écotaxes peuvent ou non
servir à verser des subventions aux pollueurs pour qu'ils
s'équipent afin de réduire les émissions polluantes ;

– l'instauration de droits à polluer négociables inscrits
dans une enveloppe de pollution supportable par l'environnement ; ces droits peuvent notamment être attribués
aux victimes de la pollution afin de les compenser par la
vente de ces droits des effets de la pollution résiduelle ou
être mis aux enchères au bénéfice de la collectivité ;

– la dissémination des technologies non polluantes
dans les secteurs attardés ou par transferts des pays industrialisés vers les pays pauvres ; cette dissémination peut
résulter de l'imposition de normes, de subventions permettant de payer des brevets ou de transferts de technologies financés au titre de l'aide au développement durable.

La réglementation conduisant à des interdictions ou
des amendes dissuasives doit être préférée lorsque les
atteintes à l'environnement sont définitives sans possibilité de substituer des ressources produites aux ressources
naturelles détruites.

Le choix entre une écotaxe et la définition d'une enveloppe de droits à polluer ne concerne que la régulation
d'atteintes à l'environnement inscrites dans un régime
d'usage permanent, soutenable ou durable.

La gestion d'une enveloppe de droits à polluer n'est
envisageable que dans les cas où le nombre de pollueurs

est relativement faible et où l'on peut mesurer la pollution émise par chacun d'eux afin que les coûts d'information et de transactions restent raisonnables par rapport au bénéfice attendu de la mise en place de droits négociables. Par exemple, aux États-Unis, la loi sur la pollution de l'air (*Clean Air Act*) est fondée sur des normes nationales de qualité fixées par l'Agence de la protection de l'environnement (EPA) et appliquées par zones. Dans ses versions successives, le *Clean Air Act* a défini des quotas d'émission (1970), rendus transférables (1974) au sein de « bulles » qui sont des regroupements d'entreprises proposés à l'administration (1977). La loi concernait au départ cinq polluants, avant une extension de la liste en 1990. Depuis 1990, les échanges de droits peuvent se faire au niveau national pour certains polluants. Ce système satisfait les autorités américaines qui souhaitent étendre encore son application et il semble relativement efficace en termes économiques car il permet une allocation optimale des coûts de dépollution au sein d'une bulle d'entreprises. Mais il est coûteux à administrer avec de longs délais de traitement des dossiers et des difficultés de contrôle des niveaux d'émission. En fait, ce système s'inscrit *in fine* dans une logique réglementaire avec des règles de transaction des droits à polluer qui sont de plus en plus contraignantes.

Une des questions clés de la mise en place d'écotaxes est celle de l'affectation du produit de la taxe. Le premier dividende d'une écotaxe est évidemment l'effet de protection de l'environnement ; le second dividende est celui du gain d'efficacité résultant d'une écotaxe affectée non pas à la lutte directe contre la pollution mais à la réduction d'autres impôts ou contributions sociales permettant de compenser les effets négatifs de l'écotaxe. Par exemple, si l'on considère que des écotaxes frappant les transports affecteraient notamment les personnes aux revenus les plus faibles et les emplois parfois sous-qualifiés de ces personnes, il peut être judicieux d'affecter le produit de l'écotaxe à la réduction des charges sociales sur les bas salaires.

Notons que les Verts, le parti écologiste français, condamnent les « écotaxes affectées à leur propre domaine ». Par exemple, la redevance sur l'eau, « conçue d'abord comme une taxe à la Pigou dissuadant la pollution mais aussi affectée au financement de stations d'épuration, s'est transformée, de moyen d'internaliser les effets externes, en prétexte à externaliser les coûts internes au sein d'une mutuelle dont chaque sociétaire exige le "juste retour" sous forme de station d'épuration autorisant un droit illimité à polluer. (…) [L'affectation "hors domaine" du revenu des écotaxes] conduit à insister sur le fait que le principe de l'écotaxe est bien de dissuader les dégradations de l'environnement, et non de financer sa remise en état, même si on les justifie au nom des "coûts de la pollution ou des nuisances" » (Alain Lipietz, 1998).

Mais les écotaxes n'ont un réel avenir politique que si elles permettent de réduire ou de redistribuer la charge des prélèvements obligatoires dans un monde compétitif ouvert. Sous cette réserve décisive, les écotaxes peuvent servir de levier au principe de précaution conduisant à taxer l'usage de l'environnement même dans les cas où les effets négatifs de cet usage ne sont pas encore scientifiquement établis. Il est souhaitable que les écotaxes soient établies dans des aires économiques aussi larges que possible, au moins à l'échelle de l'Union européenne en ce qui nous concerne, afin d'éviter les effets de distorsion de concurrence. Le produit des écotaxes peut être alloué aux États qui sont parties prenantes à l'accord afin de réduire les oppositions en distinguant le principe d'une taxe et son utilisation.

Propositions

La réglementation conduisant à des interdictions ou des amendes dissuasives doit être préférée lorsque les atteintes à l'environnement sont définitives sans possibilité de substituer des ressources produites aux ressources naturelles détruites.

Le choix entre une écotaxe et la définition d'une enveloppe de droits à polluer ne concerne que la régulation d'atteintes à l'environnement inscrites dans un régime d'usage durable.

La gestion d'une enveloppe de droits à polluer suppose que les coûts d'information et de transactions restent raisonnables par rapport au bénéfice attendu de la mise en place de droits négociables.

Compte tenu de la globalisation de la pollution, notamment atmosphérique et des effets indirects des réglementations et des écotaxes, il est souhaitable, pour ne pas dire incontournable, que les normes de pollution acceptables soient arrêtées au niveau international et que les écotaxes soient fixées au niveau européen, pour ce qui concerne les pays membres de l'Union européenne, même si elles sont perçues et réutilisées au niveau national.

A nouvelle économie, révolution dans l'enseignement supérieur et la recherche

Henri Guillaume
Jean-Hervé Lorenzi

Les économistes n'ont eu de cesse qu'ils ne tentent de percer le mystère de la croissance. Depuis cinquante ans, des centaines d'études ont essayé de comprendre pourquoi un pays, ou un groupe de pays, se détachait du peloton des nations, se différenciait dans la structure de ses investissements, développait des activités plus rapidement que d'autres, en un mot, investissait et parfois consommait à un rythme plus soutenu que ses voisins.

Toutes ces études ont analysé, sur une longue période, les ressorts de la croissance et découvert qu'elle était due à l'accroissement du capital, à celui de l'offre de travail et à un facteur plus mystérieux, le progrès technique. Mais ce qui chagrinait les économistes, c'était au fond de découvrir que ce fameux progrès technique était la raison principale de l'accroissement de la richesse. Les économistes se sont alors évertués à préciser ce que l'on appelait le progrès technique et ne plus le considérer comme une variable extérieure, exogène, sur laquelle on n'aurait pas de prise, mais au contraire montrer que l'on pouvait influer sur ce progrès technique, l'endogénéiser en quelque sorte, de manière à rendre à l'action de l'homme un rôle majeur dans la destinée collective.

Et puis, ces deux dernières décennies ont apporté une déferlante de nouvelles technologies créant ainsi les conditions d'une nouvelle croissance, principalement américaine. Les Européens, éberlués, ont vu une nation qu'ils pensaient sous-productive, rebondir, créer dix millions d'emplois en dix ans, régler son problème budgétaire, alors que chez eux, on ne parlait que de fin du travail, de faible croissance, de chômage technologique et de déséquilibre budgétaire. En un mot, des deux côtés de l'Atlantique, le monde n'était plus le même. Et ni l'accès aux technologies, ni le revenu par habitant, ne pouvait expliquer une telle différence.

Il a donc fallu bâtir la théorie d'une « nouvelle ère économique » dans laquelle les États-Unis, seuls, seraient rentrés. Cette analyse, au fond, se situait très clairement dans la perspective d'une croissance endogène mais où ce ne serait pas l'intervention publique, les actions diverses et variées d'un gouvernement en faveur de la technologie qui permettraient de connaître cette vitalité, mais une alchimie très particulière, connue exclusivement aux États-Unis et dont les maîtres mots seraient technologie, concurrence, hausse de la bourse, Universités, recherche, Silicon Valley. Cette nouvelle ère économique avait ses grand prêtres, pour les marchés Ed Yardeni, chef économiste à la Deutsche Morgan Grenfell ou, pour la macro-économie, Lester Thurow du MIT, que l'on avait connu moins enthousiaste. Au-delà de la question toute théorique que de savoir si l'on est entré dans une croissance nouvelle aux ressorts inconnus et pérennes, ce que de nombreux économistes se refusent à croire en contestant l'idée même d'une rupture par rapport aux trends séculaires, la croissance américaine est porteuse de quelques vérités importantes que nous devons retenir.

Cette nouvelle économie tire sa source, comme par le passé, de la technologie et de l'évolution très rapide que celle-ci a connue et continue à connaître dans les domaines de l'information et de la biologie. Cette révolution concerne désormais tout autant les biens et les services que nous consommons que la manière dont ils sont produits. Cela entraîne une concurrence farouche sur de nouveaux marchés en pleine expansion, seule explication à la faiblesse de l'inflation dans un pays en quasi plein emploi.

Le premier impact se situe évidemment au niveau de

l'investissement. Pour produire ces nouveaux biens et services, il faut investir massivement, ce qu'ont fait et font toujours les Américains. Depuis 1997, ils dépensent en moyenne dix milliards de dollars de plus en investissement productif que les Européens, tendance qui devrait se poursuivre dans les années à venir.

Formation brute du capital fixe
taux de croissance annuel

Année	Europe des 15	États-Unis
1960-1961	9.6	1.4
1965-1966	4.7	4.1
1970-1971	3.4	5.4
1975-1976	1.3	7.6
1980-1981	-4.8	-0.9
1985-1986	4.3	1.4
1990-1991	3.1	-7.0
1991-1992	-1.0	5.7
1992-1993	-6.6	6.3
1993-1994	2.6	8.9
1994-1995	3.5	6.4
1995-1996	1.0	6.1
1996-1997	2.2	6.6
1997-1998	4.9	9.8
1998-1999	3.8	4.3

Source : U. Muldur, DG XII, 1999

Ces chiffres permettent de constater que l'investissement productif américain croît à un rythme très supérieur à celui de l'Europe des 15 depuis 1992. Par contraste, le modèle européen paraît peu adapté aux nouvelles conditions d'innovation, ce qui se traduit par un manque de dynamisme des investissements matériels et immatériels.

Pourquoi ces technologies ont-elles pu se diffuser aussi rapidement dans l'économie ? Parce que, aux États-Unis, existent deux atouts majeurs qui permettent l'émergence, le développement et l'utilisation de ces nouvelles technologies : un système de financement parfaitement adapté et actif depuis trente ans – le capital risque – qui se substitue au réseau bancaire, frileux par nature chez eux comme chez nous, et surtout, un système universitaire et de recherche complètement mobilisé, non seulement au profit de la recherche fondamentale, mais également de la transformation de ces recherches théoriques en innovations très rapidement industrialisables.

Évolution des dépenses de R&D dans la Triade
(en milliards de dollars)

	1985	1989	1991	1993	1995	1997
États-Unis	140	150	155	150	160	180
Union européenne	90	105	110	110	120	115
Japon	45	55	65	63	65	70

Source : OCDE

Tout cela se réalise sur un fond de formidable effort de R&D américaine, ce qui malheureusement souligne la faiblesse des investissements européens. Les écarts sont en effet très élevés depuis la fin des années soixante et ne cessent d'augmenter depuis le début de la décennie 1990.

Les chiffres sont stupéfiants. L'Europe, on le voit, reste largement derrière les États-Unis et cela depuis longtemps. L'écart s'est même accru entre 1993-1997, période pendant laquelle les Américains ont augmenté leurs investissements de vingt milliards de dollars et les Européens les ont diminués de cinq milliards de dollars. Cette différence se retrouve évidemment dans la faible performance des entreprises européennes dans les secteurs industriels très exigeants en R&D.

Ces résultats ont notamment pour origine la faiblesse du financement public européen de la recherche (au niveau des États et de l'Union, à l'exception notable de la France) par rapport à celui des États-Unis. Le gouvernement fédéral, lui, consacre en moyenne soixante-dix milliards de dollars par an. L'écart persiste tout au long de la période 1981-1995 avec, en 1985, un accroissement de cette différence, les États-Unis ayant augmenté les niveaux d'interventions, alors que l'Europe les diminuait. Sur la période de 1987-1993, les entreprises américaines ont reçu 168,1 milliards d'écus (soit 24 milliards/an) du gouvernement fédéral, alors que l'Union européenne n'a accordé que 63,2 milliards d'écus (soit 7 milliards/an) aux entreprises européennes.

Le gouvernement américain a toujours soutenu la

recherche, notamment dans les industries de pointe, et ceci dans leur phase de démarrage. Une bonne illustration de cette volonté en est le soutien financier accordé au programme Human Genome (décryptage du génome humain), dont le budget passe de 180 millions de dollars en 1994 à 300 millions de dollars en 1998 de manière à faire face à l'une des rares percées européennes.

On le voit, tout différenciait les États-Unis de l'Europe et de la France. C'est alors que de nouvelles politiques ont été engagées pour mettre la France « dans le coup », tant sur le plan du financement que de la modernisation de notre recherche. A-t-on été assez loin ? Sommes-nous à la hauteur des enjeux ? Une partie suffisante de notre croissance est-elle liée aux nouvelles technologies ?

Les nouvelles orientations concernent trois domaines : celui du financement des entreprises de technologies, celui des relations entre la recherche et l'industrie, celui de l'adaptation de l'enseignement supérieur et de la recherche à cette nouvelle économie. Des progrès importants ont été accomplis dans ces domaines.

Prenons d'abord le problème du financement, et la manière dont il a été traité en France. Aujourd'hui, notre pays dispose d'une chaîne complète de financement qui tend à le rapprocher des pays anglo-saxons. Sous réserve, bien entendu, que ce dispositif monte en régime rapidement pour combler une large partie de notre handicap. Mais incontestablement, l'activité de capital-risque décolle. Plusieurs facteurs favorables jouent de manière heureuse en ce sens :

Après un démarrage difficile, le nouveau marché apparaît comme un succès. Au 1er octobre 1999, 101 jeunes sociétés étaient cotées pour une capitalisation de 6,23 milliards euro, et le rythme des introductions ne cesse de s'accélérer. Les nouveaux marchés de capitaux européens exercent ainsi une action structurante sur le capital-risque en raccourcissant l'horizon de sortie.

Une génération de jeunes entrepreneurs ouverts sur l'international émerge avec pour objectif la croissance et la valorisation de leur entreprise plutôt que le maintien d'un contrôle patrimonial. On ne soulignera jamais assez l'importance des « success-stories » qui contribuent à valoriser socialement l'entrepreneur, comme c'est le cas aux États-Unis. Elles exercent un effet d'entraînement considérable, parce qu'elles constituent un modèle pour les jeunes diplômés, mais aussi parce que leurs cadres essaiment. Il existe à cet égard un véritable arbre généalogique des « Spin-off » de la Silicon Valley.

Les mesures prises par D. Strauss-Kahn ont été positives. C'est le cas du report d'imposition des plus-values de cessions de part ou d'action de sociétés non cotées lorsque le produit de la cession est réinvesti dans des entreprises en création, du lancement des FCPI et des contrats DSK, et enfin des bons de souscription de part de créateur, système de stock-options pour les jeunes entreprises de croissance. Il est essentiel, rappelons-le, que ce système puisse être tenu à l'écart des controverses politiques qui se sont engagées sur les stock-options.

Enfin, le gouvernement a mis en place le Fonds public

pour le capital-risque, fonds qui vise à encourager l'émergence de nouvelles équipes de capital-risque ou à renforcer l'action de celles existantes. Doté de 600 MF provenant de l'ouverture du capital de France Telecom et de 300 MF de la Banque européenne d'investissement, le Fonds a contribué en un an et demi au dynamisme du secteur.

Tout n'est pas réglé pour autant. Selon certains professionnels, l'offre de capital-risque en France ne deviendra suffisamment structurée que lorsque l'on comptera une trentaine d'équipes spécialisées de taille suffisante (soit environ 200 MF).

Enfin, dans ce paysage du financement de l'investissement qui évolue favorablement subsistent deux points moins satisfaisants : d'une part, l'implication encore trop faible des institutionnels français, comparée à celle des fonds de pension anglo-saxons, ce qui soulève la question des mécanismes de collecte d'une épargne longue orientée vers les fonds propres, et d'autre part, le capital d'amorçage qui, à l'exception des sociétés Internet, est encore insuffisamment couvert par le marché. Tout doit être entrepris pour encourager en France le développement des « business angels ».

En définitive, le point essentiel est de faire admettre par la société française que la création d'entreprise est le moyen le plus rapide, mais aussi le plus juste et le plus efficace pour la collectivité... de faire fortune.

Le deuxième grand enjeu est celui du couplage entre la recherche publique et les entreprises dont l'efficacité est désormais un élément déterminant de la compétitivité des nations. Où en sommes-nous ?

Rappelons tout d'abord que le processus d'innovation technologique ne s'identifie plus au modèle linéaire, allant de la recherche fondamentale vers la recherche appliquée puis le développement des produits. Dans bien des cas, l'innovation, tirée par le marché, précède la compréhension scientifique nécessaire à la conception des nouveaux produits ou procédés.

La compétition internationale, le raccourcissement du cycle de vie des produits, incitent les entreprises à concentrer leurs ressources sur le court terme et le développement plutôt que la constitution d'un portefeuille diversifié de technologies en amont des produits. La fin de la guerre froide et son impact sur les dépenses militaires ont accentué ce phénomène. Ceci est d'ailleurs à l'origine d'un débat aux États-Unis sur le montant des ressources nationales à consacrer aux recherches à long terme et à haut degré de risque. Dans ce débat, l'exemple des biotechnologies est souvent avancé pour souligner que l'essor impressionnant de l'industrie américaine repose sur vingt-cinq ans de recherches fondamentales libres financées sur fonds publics.

Le coût croissant de l'innovation, la plus grande complexité des technologies conduisent ainsi les entreprises à externaliser leur recherche et à nouer des relations de partenariat inter ou intra sectoriel, horizontales ou verticales qui visent à renforcer le cœur de leurs compétences, à partager des coûts, à diffuser rapidement l'information et les technologies.

La formation et le financement de ces réseaux qui impliquent l'État, les entreprises, les universités et les organismes de recherche, sont au cœur de la stratégie d'innovation de tous les pays industrialisés. L'intensité et la qualité des relations entre les entreprises et le système de recherche universitaire représentent d'ailleurs le premier des atouts pour les États-Unis. Prenons leur expérience en matière de brevets et de créations d'entreprises qui ne laisse pas d'impressionner.

Durant la première moitié des années quatre-vingt-dix, le transfert de technologie de la recherche publique vers le secteur privé a littéralement explosé. Entre 1991 et 1995, le nombre de dépôts de brevets a augmenté de 127 %, les revenus bruts de 126 % (132 à 229 milliards de dollars), l'activité de transfert de 66 %. Plus de 10 000 accords de licences ont été signés dont 2 600 pour 1995.

Entre 1980 et 1996, 1 633 nouvelles sociétés ont été créées à partir de licences accordées par les universités, dont près de 30 % (464) sur les deux années 1994-1995. En France, le nombre était inférieur à trente par an pour l'ensemble de la recherche publique voici deux ans.

Enfin, selon une récente étude de la NFS, près de 75 % des brevets pris par l'industrie américaine ont une référence scientifique issue de la recherche publique. Ces résultats spectaculaires sont le fruit d'une politique de long terme qui a été amorcée au début des années quatre-vingt, quand le Congrès a pris l'initiative d'une nouvelle politique technologique visant à améliorer l'impact économique des investissements fédéraux de R&D.

C'est le cas du Bayh-Dole University and Small Business Patent Procedure Act de 1980 qui a accordé aux universités et aux PMI dont la recherche était cofinancée par des fonds fédéraux, la propriété intellectuelle de leurs découvertes et donné aux universités le droit de les transférer sur la base de licences exclusives.

L'expérience américaine suggère d'autres leçons :

La politique de transfert s'appuie sur des structures professionnelles, les OTL (Office of Technology Licencing), rattachées aux universités, mais bénéficiant d'une gestion autonome.

La notion de masse critique est essentielle. Les sept premières universités perçoivent 60 % des royalties (soit 178 M$ dont 57 M$ pour l'université de Californie et 40 M$ pour Stanford soit pour cette seule université plus que l'ensemble de la recherche française).

Le dynamisme de l'activité de transfert de technologie ne s'effectue pas au détriment de la qualité de la recherche fondamentale aux États-Unis et elle est portée au bénéfice du chercheur dans son évaluation.

Une très grande mobilité entre recherche publique et entreprises (alors que dans notre pays la mobilité représente moins de 0,2 % des effectifs en moyenne annuelle).

Face à une situation française préoccupante, Claude Allègre a adopté un ensemble de mesures importantes qui visent à dynamiser la valorisation de la recherche, pour combler un retard, et ceci, même par rapport à des exemples européens, comme l'Université de Cambridge, de Louvain, de Twente. La plus significative est la loi sur l'innovation qui vient d'être adoptée et qui donne aux chercheurs et aux enseignants un cadre juridique clair pour faciliter la création d'entreprises et la mobilité vers les entreprises.

Le chercheur est désormais autorisé à participer au capital de l'entreprise qu'il crée en liaison avec son laboratoire ; il peut participer à des conseils d'administration. La loi facilite également la mise en place, par les Universités et les organismes de recherche, de structures professionnelles de valorisation.

Enfin, un autre volet important de la politique incitative du gouvernement s'exerce en faveur du développement d'incubateurs et de fonds d'amorçage au sein de la communauté scientifique. Rappelons qu'un incubateur doit réunir :

— un espace de travail identifié à proximité des laboratoires de recherche ;

— une autonomie de fonctionnement par rapport à l'espace hôte ;

— un dispositif de sélection des projets et de constitution d'équipes associant scientifiques et gestionnaires ;

— un appui à la maturation du projet de création.

En évitant la coupure trop brutale avec les laboratoires et en offrant des services de conseil, les incubateurs sont des catalyseurs essentiels à la création. Ainsi, la plupart des obstacles juridiques ont été levés. Mais l'arsenal indispensable de ces mesures juridiques et de soutien financier ne trouvera sa pleine efficacité que si la communauté des universitaires et des chercheurs se l'approprie pleinement.

Pour encourager ces mutations indispensables, trois écueils doivent être surmontés par des évolutions profondes dans la mentalité de tous les intéressés. Il faut d'abord pallier l'absence d'incitations positives. En effet, aujourd'hui, les activités de valorisation ne sont prises en compte, ni dans l'affectation des moyens aux laboratoires, ni dans le déroulement des carrières de chercheurs. Pour ces derniers, cette évaluation se fait sur un critère d'excellence dans lequel les publications tiennent une place importante, trop exclusive même selon certains scientifiques. Pour cela, un signal fort est indispensable pour rappeler aux chercheurs la place déterminante qu'ils occupent dans les économies modernes, mais aussi les engagements que cela implique à l'égard de la société et de l'économie. Enfin, il faut vraiment former l'entreprenariat : « l'extraordinaire fusion de la recherche de capital et de l'esprit d'aventure qui fait les entrepreneurs ». Cette citation, prêtée à Michel Serres, caractérise bien l'innovation technologique. S'il est vrai que l'esprit d'entreprendre ne s'acquiert pas par l'enseignement, le système éducatif pourrait jouer un rôle important dans la compréhension de l'entreprise, de son activité et de ses ressorts.

L'enseignement supérieur français forme des salariés plus qu'il ne cultive les talents d'entrepreneurs. C'est sans doute l'une des raisons qui explique le décalage entre l'intention de créer une entreprise, qui augmente fortement chez les jeunes étudiants, et la réalisation effective. Une étude du Conseil national des ingénieurs et scientifiques français, réalisée en 1994, montrait que 6 % des titulaires

d'un diplôme d'ingénieur avaient créé ou repris une entreprise durant leur vie professionnelle, soit le même niveau
qu'en 1980. Ce chiffre ne se compare pas avantageuse-
ment au nombre de créations que suscitaient au XIXe siècle
des écoles comme Centrale ou les Arts et Métiers, ou au
bilan que dressait récemment le MIT aux États-Unis sur
la contribution de ses « alumni ».

Mais il reste un vaste chantier, le plus difficile à affronter pour tout gouvernement, celui de la réforme de nos
institutions universitaires et de recherche. Des mutations
importantes sont en effet nécessaires dans le fonctionnement de l'ensemble de notre système d'enseignement
supérieur. A nouvelle économie, nouveaux systèmes d'enseignement supérieur et de recherche.

On peut émettre des doutes, à notre avis assez justifiés,
sur l'efficacité de notre système de recherche, c'est-à-dire
sur la capacité qu'il a à transformer des résultats scientifiques en brevets et innovations par exemple. C'est un
paradoxe extraordinaire, à notre époque de mutations
technologiques fortes. Il est indispensable de continuer à
rapprocher la recherche de la vie économique. Il faut favoriser la possibilité, pour le chercheur, de rejoindre l'université, l'entreprise ou même de créer sa propre entreprise.
On abandonne ainsi le concept même de chercheur à vie.

Nous sommes le seul pays au monde où existent des entités de recherche séparées de l'université. Peut-on concevoir le MIT, Berkeley, Harvard sans intégration complète
des équipes de recherche ? Ce que dit C. Allègre sur ce plan
est évident, n'en déplaise au syndicat de chercheurs.

L'obligation d'être confronté à des étudiants ou d'encadrer des équipes de jeunes chercheurs faisant leur thèse est vraiment le meilleur vecteur de l'innovation et du transfert de connaissances. La volonté de faire évoluer le CNRS et de briser les cloisonnements entre les organismes de recherche et les universités, doit être totalement soutenue.

Revenons à l'enseignement supérieur. Pour avoir une vision claire du sujet, un constat s'impose : l'effort que l'enseignement supérieur, c'est-à-dire les présidents d'universités, les universitaires ont réalisé depuis vingt ans est à proprement parler remarquable. Il y a vingt ans, nous avions un système universitaire entièrement tourné vers la connaissance générale ainsi qu'un système de grandes écoles très peu imprégné de recherche. Depuis, le nombre d'étudiants a plus que doublé et l'on peut dire que l'ensemble du système universitaire s'est adapté, tant du point de vue de la professionnalisation, que du financement.

Mais sans transformation majeure des structures, y compris celles du financement, tous ces efforts de modernisation ne pourront réellement se poursuivre. Car l'enseignement supérieur gaspille les talents et n'arrive pas à trouver son équilibre entre son rôle de production de la connaissance, qui est un premier élément d'adaptation économique, et son rôle de formation de cadres pour la vie économique. Le système manque à la fois de modalités de « gouvernance » efficace, de compétition et de vision à long terme. Pour l'améliorer, il ne faut pas hésiter à adapter les structures existantes, tout en étant pragmatique et respectueux d'un objectif dont on ne doit pas dévier : donner à chaque bachelier sa chance de poursuivre ses études supérieures. On peut alors esquisser plusieurs pistes.

Tout d'abord, organiser des premiers cycles qui correspondent plus à ce qui a fait le succès des préparations aux grandes écoles ou des IUT, c'est-à-dire un encadrement très fort qui permet de former les jeunes à des méthodes et à la capacité d'exposer... Cela ne nécessite pas que l'on baptise « universitaires » les premiers cycles, comme si c'était également des lieux de recherche ; et ceci ne nécessite pas obligatoirement que des universitaires au sens strict y interviennent exclusivement. Une des pistes pourrait être d'amener les étudiants, quelle que soit la discipline qu'ils choisissent, à passer plusieurs mois dans une entreprise. La création de stages dans les premiers cycles universitaires est vraisemblablement la condition de leur transformation et par là même le moyen de casser le mécanisme d'échec qui s'est développé.

Pour les seconds cycles, c'est-à-dire les cycles universitaires et écoles d'ingénieurs, c'est évidemment la compétition qui doit prévaloir, respectant ainsi un principe de réalité et de stimulation des étudiants comme des universitaires. Mais établir une hiérarchie qui existe déjà ne signifie pas simplement que les meilleurs se trouveront dans les meilleures universités, ce qui ne choque d'ailleurs personne dans le système des grandes écoles considérées comme de grandes institutions républicaines. La contrepartie est qu'il faut organiser des passerelles, tant au niveau du second que du troisième cycle, entre les deux systèmes. C'est de cette façon que se réglera d'ailleurs notre inimitable problème de dualité Grandes Écoles/Universités, qui, de toute façon, sera bouleversé du simple fait de la concurrence des grandes universités technologiques et managériales de nos voisins européens.

Mais l'enseignement, c'est également la formation par la recherche, qu'elle soit fondamentale ou appliquée. C'est au niveau troisièmes cycles que doivent être associés étroitement les entreprises, les centres de recherche et les universités. Ce n'est pas par hasard que les grands progrès en micro-électronique ont été faits en Californie selon un schéma de ce type.

Quitte à se répéter, il est urgent de lever les principales barrières institutionnelles. Sans vouloir intégrer brutalement le CNRS, le CEA, le CNET… et les Universités, il est absolument nécessaire que ces organisations se rapprochent rapidement. Dans tous les autres pays développés, un chercheur est toujours en partie enseignant dans une université et réciproquement un enseignant qui n'est pas chercheur n'est pas réellement un universitaire. De plus en France, aucun obstacle administratif ne s'oppose à ce rapprochement puisque tous ces fonctionnaires disposent de statuts quasi identiques. Chacun doit y mettre du sien, même si cela conduit à court terme à bouleverser les habitudes.

C'est à ce prix que notre enseignement supérieur et notre recherche constitueront un véritable moteur du dynamisme économique français à la hauteur de son potentiel scientifique et humain.

L'éducation :
cinq bonnes résolutions
pour fêter l'an 2000

Jean-Pierre Boisivon

Chaque année nous propose son lot de rapports sur l'Éducation. La plupart du temps, il s'agit de travaux intelligents et pertinents dont la diversité et la qualité sont à la mesure de la place qu'occupe le débat sur l'Éducation dans notre pays. Une ou deux fois par décennie, le système nous propose une réflexion de grande ampleur. Une ou deux fois par siècle, il nous offre un grand texte de référence : la réforme intellectuelle et morale de Renan a posé en 1870 les actes fondateurs de la formation des élites qui couvrira l'action éducative de la IIIᵉ République ;

le rapport rédigé en 1945 par Langevin et Wallon a inspiré, toutes tendances politiques confondues, la politique de formation de notre pays depuis cinquante ans.

La question n'est donc plus de reformuler un diagnostic cent fois posé de manière concordante mais d'en rappeler les grands traits. En effet, décapés des précautions de langage qui sont le plus souvent la règle de l'exercice, ces travaux nous disent trois choses essentielles :

– dans une économie de la connaissance qui se mondialise, jamais les enjeux de l'Éducation n'ont été aussi importants pour les sociétés, les entreprises et les individus ;

– malgré les progrès accomplis, les résultats ne sont pas à la mesure de ceux-ci ;

– les stratégies conduites par l'Éducation nationale sont mal maîtrisées et mal adaptées aux problèmes posés.

Les enjeux

Dans une économie de la connaissance qui se mondialise, la qualité de l'Éducation est devenue un enjeu stratégique : c'est à l'École que se forge la compétitivité des entreprises.

Économie de la connaissance et éducation

De tout temps, le développement économique a été fondé sur les progrès des connaissances scientifiques et techniques. Ce qui paraît caractériser la période dans laquelle nous sommes entrés il y a une quinzaine d'années, c'est que la production et la mise en œuvre des innovations ne reposent plus, comme par le passé, sur un nombre relativement restreint d'individus œuvrant dans des laboratoires et des bureaux d'études mais qu'elles se nourrissent du stock de connaissances accumulées chez un grand nombre de personnes et de la capacité de les transférer entre elles.

Les attentes des entreprises se sont ainsi profondément transformées sous la double pression du rythme croissant des innovations technologiques et organisationnelles. L'entreprise taylorienne des années soixante se satisfaisait relativement bien d'une main-d'œuvre de masse peu qualifiée et peu autonome dans la mesure où les technologies mises en œuvre correspondaient à des modes d'organisation qui reposaient sur un fort encadrement intermédiaire et la qualité des bureaux des méthodes. L'entreprise de la fin du XXᵉ siècle met en œuvre des technologies et des modes d'organisation beaucoup plus exigeants en termes de qualifications, de compétences et de comportements professionnels.

L'évolution du statut de l'illettré illustre malheureusement bien les mécanismes d'exclusion qui se mettent en place dans une économie de la connaissance. Il y a trente ans, un illettré souffrait d'un handicap social mais il avait sa place dans le système productif. Aujourd'hui, paradoxalement pourrait-on dire, il peut ruser avec la vie quotidienne mais il est définitivement exclu du système productif. Demain, il risque de surcroît d'être interdit de nombreuses formes de consommation ou de certains moyens d'accès à l'acte de consommation qui nécessitent la maîtrise des qualifications de base en lecture, en écriture et en calcul. Or, selon la définition retenue, l'illettrisme intéresse toujours, dans la plupart des pays développés, y compris en France, environ 10 % des jeunes adultes, cinq ans après leur sortie du système éducatif.

A l'autre extrémité du spectre, les attentes de la société vis-à-vis des élites scolaires ont elles aussi profondément évolué et il ne semble pas que notre système de formation, singulièrement dans sa composante grandes écoles, en ait tiré les conséquences. On ne peut que constater en effet, le faible taux de participation des diplômés français à la création d'entreprises. Or, s'il ne faut pas ramener la création d'entreprises au secteur des technologies de l'information, il faut néanmoins constater qu'il s'agit d'un secteur moteur de l'économie et que son dynamisme repose principalement sur la vitalité du tissu des PME et l'intensité du rythme des créations. Depuis une dizaine d'années, la moitié des étudiants issus des meilleurs MBA's américains créent leur entreprise. Moins de 5 % des diplômés des grandes écoles d'ingénieurs ou de gestion se lancent dans l'aventure.

Mondialisation de l'économie et éducation

Pendant la période d'une quarantaine d'années qui a suivi la Première Guerre mondiale, les États ont organisé et géré l'internationalisation du monde. A l'extérieur, ils ont conclu les grands accords de libéralisation du commerce des marchandises et de libre circulation des capitaux. A l'intérieur de leurs frontières, ils participaient à l'absorption des chocs conjoncturels par le contrôle des variables macroéconomiques (taux de change, taux d'intérêt, budgets publics…) et avaient mis en place de grands systèmes collectifs de sécurité pour faire face aux risques majeurs auxquels sont confrontés les individus (santé, emploi, vieillesse…).

Depuis moins d'une quinzaine d'années, nous sommes entrés dans une phase de mondialisation dont les entreprises sont les acteurs principaux et qui s'accompagne d'un extraordinaire transfert du risque du collectif vers l'individuel. Les États ayant perdu le contrôle de la plupart des grandes variables macroéconomiques, ce sont les entreprises qui doivent absorber les chocs conjoncturels au moment où la place relative des principales variables microéconomiques elles-mêmes s'inverse sous la pression des marchés. Le résultat est devenu l'objectif prioritaire, les ajustements reposant essentiellement sur la masse salariale, c'est-à-dire, compte tenu de la rigidité des salaires, sur les effectifs. Partout le point d'équilibre du triangle client-salarié-actionnaire s'est déplacé du couple client-salarié – qui a été privilégié pendant des décennies dans le partage de la valeur ajoutée – vers le couple client-actionnaire.

Cette mutation dans les modes de régulation associée à la fragilité des systèmes collectifs de protection provoque une rupture des équilibres qui ont fondé le pacte social pendant près d'un demi-siècle. L'individu se retrouve en première ligne face au risque. L'éducation – et notamment l'éducation tout au long de la vie – constitue sa meilleure police d'assurance.

Les résultats

Face à cette profonde transformation du monde que peut-on dire des résultats de notre système éducatif ? Pour les apprécier, on peut se situer dans le temps : les résultats du système par rapport à lui-même. Ou dans l'espace : son niveau de compétitivité par rapport à ses concurrents.

Le niveau monte

Globalement le niveau monte. Encore faut-il préciser la portée de cette affirmation. « Le niveau monte » signifie que le niveau de formation de l'ensemble d'une classe d'âge est aujourd'hui plus élevé qu'il ne l'était il y a trente ans. Plusieurs indicateurs l'attestent, comme le nombre des sorties sans diplôme du système de formation : ils étaient plus de deux cent mille au début des années soixante-dix – le quart d'une génération – ils ne sont plus que soixante mille aujourd'hui – moins de 10 %. Les résultats aux tests des armées sont plus probants encore. En effet, leur exploitation a permis de mettre en évidence que le niveau moyen des conscrits a progressé de 25 % environ en une génération.

En revanche « le niveau monte » ne signifie pas qu'à chaque étape de leur scolarité (fin de primaire, CAP-BEP, baccalauréat…) les élèves d'aujourd'hui surpassent leurs homologues d'hier en termes de connaissances scolaires. Les évaluations pratiquées depuis une vingtaine d'années font état d'une stagnation, voire depuis deux ou trois ans d'une légère régression en fin d'école primaire. Il n'y a pas à s'en étonner : les États-Unis ont connu une période longue – du milieu des années soixante au milieu des années quatre-vingt – de dégradation du niveau constaté à la sortie de l'enseignement secondaire confirmant ainsi qu'un grand système éducatif pouvait régresser.

Mais si « le niveau monte », les coûts unitaires de leur côté ont fortement progressé sous le double impact de la revalorisation du traitement des enseignants et de la diminution des effectifs des classes : le coût moyen d'un élève a augmenté de 70 % en francs constants en vingt ans. Depuis trente ans par exemple – depuis le milieu des années soixante – le nombre des postes budgétaires affectés à l'enseignement du premier degré s'est accru de 35 % (80 000 postes créés) alors que le nombre d'élèves diminuait de 25 % (1 700 000 élèves de moins). Or, toutes les études réalisées dans de nombreux pays à travers le monde mettent en évidence, contrairement à l'opinion communément admise, l'absence de toute corrélation entre les effectifs de la classe et les résultats des élèves. En revanche, la baisse des effectifs est déterminante sur les conditions de travail des maîtres et c'est un trait de génie du syndicalisme enseignant d'avoir transformé une revendication corporatiste en théorie éducative.

Mais si le niveau a globalement monté, cette progression répond-elle aux exigences de l'économie ? Apparemment non si l'on constate que les 200 000 jeunes qui quittaient le système sans diplôme il y a trente ans s'inséraient sans difficulté sur le marché du travail alors que les 60 000 d'aujourd'hui alimentent un chômage des jeunes actifs particulièrement élevé dans notre pays. Le niveau a certes progressé mais cette progression n'a pas été à la mesure de celle du coût du travail et du resserrement des contraintes réglementaires qui ne permettent pas de créer, en France comme dans d'autres pays, les emplois, notamment de services, correspondant à leur niveau de qualification.

La France dans une honnête moyenne
Les enseignements que l'on peut tirer des résultats des évaluations internationales sont plus contrastés. La France n'est pas en mauvaise position mais nous devons renoncer à notre autosatisfaction nationale : nous n'avons plus – si cela a jamais été – le meilleur système éducatif du monde. En réalité les tests pratiqués, essentiellement en mathématiques et en sciences, font apparaître quelques grands points de repère :
– les pays d'Asie : Singapour, Corée du Sud, Taïwan, Japon…, viennent systématiquement en tête. Les écarts qui les séparent des pays occidentaux sont significatifs et représentent même plusieurs dizaines de points avec les États-Unis ;
– en Europe : parmi les pays européens, les « petits pays » (Suisse, Slovénie, Hongrie…) sont plus performants que les grands (Allemagne, Grande-Bretagne, France…) et, au sein de ces derniers, la France réalise de meilleurs scores

que ses voisins en mathématiques, mais moins bons en sciences. Au total, elle se situe dans une honnête moyenne ;

– l'enseignement secondaire américain est stabilisé à un niveau bas et se situe invariablement aux derniers rangs des pays développés.

Il ne s'agit que de la mesure des performances scolaires. Si elles ne permettent pas de prévoir de manière univoque les futurs niveaux de productivité, elles permettent d'en préjuger et d'entrevoir d'où seront issus, au XXIe siècle, les scientifiques et les ingénieurs de haut niveau.

Les stratégies

Face à ces enjeux, confronté à ces résultats, quel regard peut-on porter sur les stratégies poursuivies depuis une vingtaine d'années ? Quatre tendances lourdes paraissent se dégager : elles ont permis de répondre quantitativement à la demande de poursuites d'études mais elles se sont révélées qualitativement inadaptées ; elles n'ont pas permis de restaurer le statut de l'enseignement professionnel ; elles n'ont pas utilisé de manière efficace les ressources financières considérables qui ont été mobilisées ; elles ont peu touché le cœur du process de production de la qualité.

Une réponse qualitative inadaptée
Le système éducatif français a procédé en dix ans à un ajustement d'une ampleur sans précédent dans sa propre

histoire comme dans celles des pays de niveau de développement comparable : au milieu des années quatre-vingt, moins de 30 % (29,4 %) d'une classe d'âge obtenait un baccalauréat, dix ans plus tard, plus de 60 % (61,5 %) d'une génération est titulaire du baccalauréat. Plus de 30 points ont été gagnés en dix ans alors qu'il avait fallu vingt ans pour progresser de 10 points dans la période précédente. On n'a pas suffisamment prêté attention à ce qui, pour toute autre organisation, aurait correspondu à un cataclysme de nature quasi tellurique.

Mais, on peut soutenir, de manière peut-être un peu caricaturale, qu'il a apporté une réponse purement quantitative à la transformation de la demande. L'explosion des poursuites d'études à laquelle nous avons assisté s'est réalisée par une croissance quasi homothétique, c'est-à-dire par l'intermédiaire d'une hypertrophie des voies générales et technologiques au lycée alors qu'il aurait fallu développer davantage l'accès au baccalauréat par la voie professionnelle.

Entre 1985 et 1995, le nombre des bacheliers a augmenté de près de 230 000. Il est passé de 253 000 à 480 000. Le nombre des baccalauréats professionnels (créés en 1985) attribués en 1995 s'élevait à 65 000. Ils ne représentaient donc qu'un gros quart de l'accroissement constaté et moins de 15 % du total des bacheliers contre près de 60 % pour les bacheliers généraux.

Or, les baccalauréats généraux et même très largement les baccalauréats technologiques n'offrent pas de réelles possibilités d'insertion professionnelle. Ils ne représentent qu'une étape vers la poursuite d'études dans l'enseignement supérieur qui est librement ouvert aux titulaires du baccalauréat : 100 % des bacheliers généraux et 85 % des bacheliers technologiques poursuivent au-delà du baccalauréat. L'enseignement technologique court se transforme lui-même progressivement en propédeutique des études universitaires longues ; quatre diplômés d'IUT sur cinq et plus de la moitié des titulaires d'un BTS s'inscrivent en deuxième cycle universitaire.

Dans ces conditions, en une quinzaine d'années, nous avons renversé la pyramide des niveaux de sortie du système de formation initiale. Nous avons quadruplé l'effectif des sortants diplômés de l'enseignement supérieur long (licence, maîtrise, diplôme du troisième cycle) qui étaient 40 000 en 1980 et 160 000 en 1996 et dont le nombre va continuer mécaniquement à croître dans les prochaines années pour atteindre 200 000 au début de la prochaine décennie. A l'inverse, nous avons divisé pratiquement par deux (de 220 000 à 120 000) le nombre de ceux qui quittent le système de formation initiale avec un diplôme de niveau 5 (CAP ou BEP). Nous avons confondu qualifications scolaires et compétences professionnelles et créé une situation où nous avons à la fois surabondance de diplômés et pénurie de professionnels.

Si cette stratégie a été davantage subie que voulue, c'est que le système éducatif français a perdu le contrôle d'une variable de commande décisive : l'orientation. Orientation à la fin du collège entre formations professionnelles et formations générales, orientations entre études supérieures technologiques courtes et études supérieures générales longues, orientation entre études générales à dominante littéraire et à dominante scientifique. Il faut savoir que sur 130 000 licences délivrées en 1996, 60 000 soit près de la moitié l'ont été dans les disciplines littéraires et 30 000 dans les disciplines scientifiques.

L'enseignement professionnel dégradé

Nous payons ainsi un lourd tribut à ce qui, relativement à d'autres pays, constitue une véritable infirmité de la société française : sa propension invincible à privilégier une forme d'excellence, l'excellence académique. Notre société est, moins que d'autres, capable de reconnaître la pluralité des excellences : pourquoi un carrossier automobile ou un installateur électrique ne pourraient-ils pas, dans leurs domaines respectifs, atteindre un niveau comparable à celui auquel on peut accéder en mathématiques ou en version latine ? Après la création des baccalauréats professionnels, il a fallu attendre dix ans pour que soient ouverts des concours généraux dans les principales spécialités du baccalauréat professionnel.

C'est cette incapacité qui explique la place, le rôle, le statut que nous avons faits à l'enseignement professionnel. Celui-ci est devenu un enseignement de relégation vers lequel on est « orienté » lorsqu'un constat d'échec définitif dans la voie générale a été dressé. Dans ces conditions, avant même de lui demander de donner une formation qui relève de sa compétence, on attend de lui qu'il assure une remédiation dans les qualifications scolaires de base : lecture, écriture, calcul, c'est-à-dire dans les domaines où l'enseignement général, dont c'est le rôle, a échoué. Il y parvient mal et le système entretient ainsi une certaine forme d'imposture en laissant croire aux jeunes et à leurs familles que l'on peut aujourd'hui donner une formation professionnelle reconnue par le marché à des jeunes qui ne maîtrisent pas les bases de la lecture et du calcul.

Le rééquilibrage de notre système éducatif passe donc d'abord par une revalorisation de sa composante professionnelle, singulièrement sous sa forme d'apprentissage qu'on a transformée en une structure d'accueil pour les jeunes en difficulté alors qu'il représente un mode de formation particulièrement efficace chaque fois que l'on est en présence d'une formation à finalité directement professionnelle. Les entreprises ont aujourd'hui un intérêt majeur à contribuer activement au développement de l'apprentissage à tous les niveaux, surtout dans l'enseignement supérieur qui accueille aujourd'hui trois fois plus de jeunes que l'enseignement secondaire professionnel.

Où sont passés les 300 milliards ?

La France consacre plus de 600 milliards de francs par an pour l'Éducation, soit près de 7,5 % de son PIB. Elle se situe ainsi dans le peloton de tête des pays de l'OCDE. Les ressources consacrées à l'Éducation ont pratiquement doublé en francs constants en vingt ans quand le PIB progressait de 60 %. Or, que constate-t-on ?

– L'essentiel de cet accroissement n'a pas été utilisé

comme on le croit un peu naïvement pour faire face à l'afflux des lycéens et des étudiants qui a été partiellement compensé par les conséquences de la démographie sur les effectifs du primaire et du collège, mais pour financer l'accroissement du coût moyen de l'élève qui a augmenté de 70 %.

– L'allocation des ressources à l'intérieur du système est très déséquilibrée au détriment de l'enseignement supérieur universitaire qui est paupérisé et au profit de l'enseignement secondaire qui est surdoté. Nous sommes un des rares pays au monde où un étudiant coûte moins cher qu'un lycéen.

– 90 % des sommes consacrées à l'Éducation sont allouées à la formation initiale. C'est un paradoxe dans un pays qui a été le premier à avoir instauré une obligation légale de formation continue pour les entreprises. Cet état de fait se traduit dans le taux de scolarisation des 16-25 ans (65 %) qui est en France l'un des plus élevés des pays développés. Or, dans des économies en mutation permanente, l'Éducation tout au long de la vie est devenue un enjeu central pour les entreprises comme pour les individus.

Un rééquilibrage est nécessaire. Il ne sera pas trouvé, comme par le passé, par des injections financières supplémentaires. Dans un pays en voie de vieillissement rapide d'autres priorités s'imposent. Dans un pays dont le niveau global des dépenses publiques représente aujourd'hui dix points de PIB de plus que celui de ses principaux concurrents, il n'y a plus d'argent pour l'Éducation. La solution se situe au niveau du courage politique : il va falloir faire plus et mieux avec moins de ressources c'est-à-dire, comme dans les entreprises, raisonner et agir en termes de productivité et d'efficacité. Une première occasion va se présenter dans les prochaines années : compte tenu de l'évolution démographique et de la stabilisation des taux de scolarisation, on peut estimer que le nombre total d'élèves et d'étudiants va diminuer de 700 000 environ dans les dix ans qui viennent. Sera-t-elle saisie ?

La qualité de l'Éducation se fait dans les écoles

Pourtant, on sait où se joue la qualité de l'enseignement : elle se joue dans les établissements et dans les classes, c'est-à-dire au niveau des unités de production elles-mêmes. Les premières évaluations de masse réalisées en 1989 ont permis de vérifier statistiquement ce que tous les acteurs du système savaient depuis toujours mais qui fait partie de ses non-dits les mieux respectés du système : à origine sociale comparable des élèves, il existe des différences significatives entre les établissements. Lorsque l'on s'attache à interpréter ces différences de performances, on constate que les variables « objectives » : effectif des classes, ancienneté et diplôme des enseignants... ont peu de pouvoir explicatif. L'essentiel se situe ailleurs : le rôle du chef d'établissement, l'engagement et la motivation des enseignants au sein d'une authentique équipe éducative... En d'autres termes, la qualité de l'Éducation réside dans la gestion et la motivation de la ressource humaine. Il n'y a là rien d'étonnant : c'est un résultat que l'on retrouve dans toutes les entreprises produisant un service complexe.

Mais ceci signifie que le ministère de l'Éducation nationale consacre l'essentiel de son énergie et alloue chaque année des budgets considérables à des postes dont l'impact en termes de qualité de service est faible sinon nul. En réalité, il le sait mais il n'ose affronter un corps social que l'on a convaincu que toute modification de l'ordre existant en ce domaine serait lourd de menaces potentielles pour les enseignants. Ceux-ci n'en sont pas moins les premières victimes d'une absence de gestion des personnes qui confine aujourd'hui, quand on la compare aux progrès réalisés par les entreprises, à un véritable archaïsme social. Les services du ministère ont fait de grands progrès dans la gestion quantitative des postes, ils gèrent plutôt bien des procédures complexes, mais le système ignore la notion de valorisation de la ressource humaine qui est au cœur de son métier.

Que faire ?

La question est donc : que faire ? Et davantage encore comment le faire ? De ce point de vue, soyons au moins assuré d'une chose : il n'y aura pas de grand soir. Les ministres successifs, souvent après avoir nourri quelques illusions, ont tous éprouvé la capacité de résistance du système. Il ne faut pas leur en faire grief : aucune organisation n'aime le changement. Si certaines l'acceptent c'est qu'elles y sont contraintes de l'extérieur. De ce point de vue, les entreprises bénéficient d'une situation privilégiée : la régulation externe exercée par le marché les oblige bon gré, mal gré à s'y soumettre. Dans la mesure où le système éducatif n'est pas, en France, en situation de concurrence, il faut admettre que la réforme globale dont certains rêvent n'aura pas lieu.

Il faut donc accepter d'être modeste, de savoir intégrer le temps comme une dimension de l'action, d'agir à la périphérie et non à partir du centre, de privilégier la gestion par les résultats sur la gestion par les moyens, de piloter de l'aval plutôt que de l'amont. Dans ce contexte, peut-on imaginer des actions utiles que les entreprises auraient la légitimité et la capacité d'entreprendre, qui ne supposeraient ni le préalable d'une intervention réglementaire des pouvoirs publics ni la mobilisation de ressources financières démesurées ? Dans cet esprit, risquons nous à formuler, dans le désordre, cinq suggestions qui pourraient devenir cinq bonnes résolutions des entreprises pour passer l'an 2000.

1. Créer une agence indépendante d'information et d'évaluation

L'Éducation nationale vit dans une situation de relatif isolement vis-à-vis de son environnement, notamment international. Les jeunes et leurs familles ne disposent pas toujours de l'information qui leur serait nécessaire pour prendre des décisions qui engagent leur avenir. L'opinion est très mal informée sur la situation réelle du système éducatif et plus mal encore sur les expériences conduites dans les pays étrangers qui sont pourtant, dans la plupart des cas, confrontés aux mêmes problèmes : massification de l'enseignement secondaire et supérieur, échec scolaire et illettrisme, intégration des minorités, statut de l'enseignement professionnel…

Cette opacité est préjudiciable à tous les acteurs, externes et internes au système. C'est elle qui explique que des situations peu acceptables puissent se pérenniser.

La diffusion des résultats d'études de benchmarking international auprès d'un large public, la communication des résultats d'évaluations périodiques réalisées par les entreprises auprès d'échantillons de jeunes débutants, l'information sur les résultats, en termes d'insertion professionnelle, des établissements d'enseignement… contribueraient à rendre plus objectifs les termes du débat sur l'éducation et à organiser une transparence nécessaire à la mise en œuvre d'une bonne gouvernance.

2. Encourager les salariés qui siègent dans les instances de l'Éducation nationale

Les parents d'élèves représentent la seule source de légitimité susceptible d'assurer un contrepoids au corporatisme enseignant. La loi assure leur présence à tous les niveaux du système éducatif : établissements, instances académiques, conseils et comités nationaux.

Pourtant ils ne jouent pas en France, surtout au niveau local, le rôle qui pourrait être le leur et leur intervention dans le fonctionnement du système n'est à la mesure ni des possibilités offertes par les textes ni des intérêts qu'ils représentent.

L'une des explications à cette situation est que les organisations représentant les parents d'élèves fonctionnent sur la base d'un bénévolat fragile et qu'elles n'ont jamais eu les moyens de professionnaliser leurs représentants. Les entreprises peuvent les y aider en prenant en charge leur formation dans le cadre de leurs budgets de formation continue.

3. Participer au développement de l'apprentissage dans l'enseignement supérieur universitaire

L'apprentissage est un mode de formation efficace chaque fois que la formation dispensée a une finalité directement professionnelle. Un certain nombre de grandes écoles de gestion ou d'ingénieurs, d'instituts universitaires de technologie, de sections de techniciens supérieurs se sont engagés dans cette voie au début des années quatre-vingt-dix.

Les universités s'y intéressent aujourd'hui. Des centres de formation d'apprentis se sont créés à Marseille, Lille, Lyon, Paris... sur des bases interdisciplinaires. Les entreprises doivent participer à ce mouvement en créant et en leur proposant des postes d'apprentis.

4. Soutenir les programmes d'entrepreneuriat et d'intrapreneuriat

Les diplômés français sont peu motivés par la création d'entreprises et ils ne sont pas réputés pour leur audace innovatrice. Il faut admettre à leur décharge que, contrairement aux États-Unis où l'entrepreneurship est un des critères de classement des programmes MBA's, l'enseignement donné dans les grandes écoles et les universités était et reste très éloigné de ces préoccupations.

Il s'agit cependant d'un enjeu vital pour l'avenir, singulièrement à une époque où les créations d'entreprises dans le secteur moteur des technologies de l'information concernent prioritairement les plus diplômés.

Des grandes écoles d'ingénieurs et de gestion, des universités, ont perçu ce signal. Le ministère de l'Industrie y est sensible. Les entreprises pourraient créer une fondation pour l'entrepreneuriat dont l'objectif serait d'apporter un soutien à la mise en place de programmes de ce type dans des établissements de formation.

5. Valoriser l'enseignement professionnel et les métiers

La société française ne sait pas reconnaître la pluralité des excellences. Un bon menuisier ne bénéficie pas de la considération qui s'attache au titulaire d'un DEA d'anthropologie économique. Il a fallu dix ans pour que soit créé, à l'initiative des Meilleurs Ouvriers de France, un concours général pour les élèves de l'enseignement professionnel. Le mouvement de l'Olympiade des Métiers n'a pas, en France, la notoriété dont il jouit en Asie ou dans certains pays européens.

Les entreprises doivent affirmer par des gestes symboliques qu'elles veulent faire évoluer cette culture. Elles pourraient, en s'inspirant du Tour de France des Compagnons du Devoir, offrir aux lauréats des concours généraux professionnels et aux lauréats des Olympiades des Métiers la possibilité d'effectuer en un an ou dix-huit mois un Tour d'Europe des entreprises performantes dans leurs spécialités.

Les nouveaux maîtres de la finance

Olivier Pastré
Jean-Paul Pollin

Le pouvoir financier a toujours suscité des attitudes de crainte et de rejet. La dénonciation du commerce stérile de l'argent, de la spéculation ou des « gnomes de Zurich » ne date pas d'hier. Mais jamais l'impression, et peut-être la réalité, d'un asservissement de l'économie à une logique purement financière n'avaient été aussi fortes. Parce que la « création de valeur » semble représenter le principal objectif (mais aussi la condition de survie) des dirigeants d'entreprises. Parce que nombre de restructurations industrielles sont justifiées, à tort ou à raison, par la « dictature » du cours boursier. Parce que les crises internationales récentes trouvent une grande partie de leur explication dans le comportement erratique des mouvements de capitaux. Parce qu'enfin la constitution de mega-banques ainsi que le rapide développement et la mondialisation des marchés de capitaux accroissent le sentiment que des forces anonymes et/ou apatrides dictent leur loi, au mépris des intérêts nationaux et de la stabilité de l'économie mondiale.

Cette montée en même temps que cette transformation du pouvoir financier a des origines très diverses dont il n'est pas facile de faire la part. Sans doute le processus de déréglementation, qui a rendu possibles la globalisation et les innovations financières, n'est qu'une manifestation du libéralisme qui inspire les politiques économiques de tous les pays industrialisés, depuis au moins le début des années quatre-vingt. Mais la mondialisation de la finance s'explique aussi par les mutations de l'ordre économique international, par les opportunités ouvertes par le rapide développement des Nouveaux Pays Industrialisés, par le déficit de croissance de l'Europe par rapport aux États-Unis... De même que l'expansion des financements par titres s'accorde avec les évolutions démographiques qui sous-tendent l'expansion des fonds de pension.

Il n'est donc pas simple de raconter l'histoire de la reconstruction du système financier, au cours de ces vingt dernières années. Il n'empêche qu'elle n'aurait pas pu prendre l'ampleur et la forme qu'on lui connaît si elle n'avait été servie par la révolution des technologies de l'information et de la communication. Sans elle, une bonne part des innovations financières récentes n'aurait pu voir le jour. Mais plus profondément ces nouvelles technologies remettent en cause la place des banques dans le système de financement. Le rôle des réseaux de communication (Internet notamment) consiste à mettre directement et moins coûteusement en contact les agents économiques ; fatalement ils vident de leur contenu les fonctions traditionnelles d'intermédiation. Les banques perdent ainsi une partie des avantages dont elles disposaient dans la gestion des moyens de paiements, la mobilisation de l'épargne et la sélection des investissements.

Toutefois ces transformations de l'organisation financière ne se réduisent pas à un simple problème de coût ou d'efficacité, car les relations de marché ne sont pas de même nature que les relations intermédiées et la substitution des unes aux autres a de profondes conséquences. Les banques nouent avec leur clientèle (on pense particulièrement aux entreprises) des contrats qui s'inscrivent implicitement dans le temps et se prêtent à diverses formes de péréquations tarifaires. Tandis que les opérations de marché sont ponctuelles, sans mémoire, et souvent marquées par des préoccupations de court terme. Les exigences de la banque et du marché vis-à-vis des firmes ne sont donc pas semblables, ce qui signifie que l'articulation entre système financier et système productif s'opère de façon bien différente dans l'un et l'autre cas. De même qu'on ne régule pas de la même manière des banques et des marchés.

Un système dominé par l'intermédiation financière ne possède donc pas les mêmes propriétés qu'un système orienté par les marchés. C'est à la lumière de cette considération générale qu'il faut comprendre et juger les transformations du pouvoir financier.

1. Les concentrations bancaires : pourquoi et jusqu'où ?

L'aspect le plus visible, le plus spectaculaire, de l'évolution récente des systèmes bancaires tient sans doute au mouvement de concentration qui les agite. Les opérations de fusions s'enchaînent à un rythme croissant : au niveau mondial leur volume annuel qui atteignait cinquante à soixante milliards de dollars à la fin des années quatre-vingt est passé à cent cinquante milliards au milieu des années quatre-vingt-dix et se situait environ à cinq cents milliards en 1998. Chaque année le classement des plus grandes banques mondiales se trouve bouleversé, mais le phénomène va bien au-delà des mega-fusions qui retiennent l'attention de la presse ou de l'opinion publique, car il touche aussi bien les établissements de plus petite taille. Ainsi aux États-Unis on est passé de 12 000 banques à la fin des années soixante-dix à environ 5 000 aujourd'hui. C'est dire que ces regroupements ont concerné des institutions de catégories très diverses.

En Europe, l'accélération du mouvement est un peu plus récente, mais on s'accorde en général pour dire que le plus gros du chemin reste à parcourir. Car s'il est vrai que les systèmes bancaires de la zone paraissent fort concentrés lorsqu'on les considère à l'échelle de leur seul espace national, la part de marché des plus grands établissements est en fait relativement réduite quand on la rapporte à la taille du marché européen. Pour obtenir une concentration comparable à celle qui prévaut aux États-Unis ou au Japon, il faudra pousser bien plus loin les rapprochements entre les institutions financières de l'Union européenne. Il reste toutefois à se demander si les marchés nationaux sont à ce point décloisonnés que l'on peut (ou que l'on pourra rapidement) se permettre de raisonner en ces termes. On notera d'ailleurs à ce propos que les concentrations bancaires en Europe se sont opérées jusqu'ici en respectant pour l'essentiel les frontières nationales. Comme si chaque pays s'efforçait de promouvoir l'émergence de ses champions nationaux, sans s'intéresser à la construction d'un espace financier homogène pour l'Union.

Quoi qu'il en soit, l'idée à la mode consiste à affirmer que l'avenir sera fait de mega-banques étendant leurs activités sur l'ensemble de la planète. Il est dit que la globalisation, l'aiguisement de la concurrence et les transformations technologiques ont provoqué une augmentation de la taille optimale des banques. Et les pouvoirs publics se rallient à ce principe, en favorisant la course au gigantisme, semblant ainsi négliger les risques que peut comporter l'émergence de ces mastodontes pour la concurrence aussi bien que pour la stabilité du système financier.

Pourtant les arguments qui légitiment la concentration ne sont pas réellement solides. De très nombreux travaux empiriques ont cherché à tester sans succès l'existence d'économies d'échelle (c'est-à-dire une diminution des coûts unitaires de production en fonction de la taille) dans l'industrie bancaire. Cette abondante littérature n'a pas réussi à mettre en évidence de façon convaincante l'incidence de la taille sur l'efficacité productive : au-delà d'un seuil critique (généralement faible par rapport à l'importance actuelle des établissements) la fonction de coût semble pratiquement insensible au niveau d'activité. On n'a jamais démontré que le niveau du produit ou du bilan améliorait la productivité, les marges ou la rentabilité des banques. De même que l'étude *a posteriori* d'opérations de concentrations n'a pas fait ressortir d'effet systématique sur les coûts ou sur les profits des banques concernées. Il n'est donc pas possible d'affirmer que ces opérations ont permis de réaliser des gains de compétitivité.

Il se peut que ces résultats négatifs soient remis en cause lorsqu'il sera possible de travailler sur des statistiques intégrant les transformations plus récentes de la fonction de production bancaire. Certains font en effet valoir que l'impact des nouvelles technologies modifie le rapport entre coûts fixes et variables, donc l'importance des économies d'échelle potentielles. Leur introduction nécessite en effet des investissements très lourds en informatique et en réseaux de communication, et dans le même temps elle réduit à peu de chose le coût marginal des opérations. Dans une économie bancaire plus capitalistique les coûts unitaires de production décroîtraient avec le volume d'activité.

Mais à la réflexion ce point de vue est tout à fait discutable. D'abord parce que la banque d'hier, faite de réseaux d'agences et de processus de production plus intensifs en travail supposait également des investissements lourds, les frais de personnels constituant pratiquement des coûts fixes peu adaptables au niveau de production. Ensuite parce que le coût marginal des opérations dans la banque d'aujourd'hui ou de demain dépend largement de la forme de la tarification des communications (du rapport entre abonnement ou coût des installations et coût variable de leur utilisation) : rien ne dit que la tarification des transferts de données doit se faire au coût marginal ou même s'en rapprocher. A la limite on pourrait soutenir que le remplacement des réseaux d'agence par les réseaux de télécommunications pourrait bien augmenter la part des frais variables.

Au demeurant, même en admettant (ce qui est raisonnable) qu'existent des économies d'échelle pour certaines fonctions ou métiers bancaires, cela ne signifie pas qu'elles doivent être réalisées au sein d'une même institution. Ces activités à économies d'échelle peuvent être sous-traitées à des organismes travaillant pour un groupement de banques de taille éventuellement réduite. En d'autres termes, des gains possibles d'efficacité productive au niveau du secteur bancaire peuvent être partagés entre plusieurs établissements, sans nécessiter leur rapprochement ou leur fusion. C'est ainsi d'ailleurs que fonctionnent les systèmes de cartes de paiement ou de crédit, mais aussi les systèmes de transferts interbancaires, les systèmes de transactions et de règlements de titres... L'interbancarité est ici un substitut efficace à la concentration ; de telles constructions sont aussi performantes quels que soient le nombre et la taille des établissements qui y adhèrent. Ce type de solution est d'autant plus facile à mettre en œuvre que des observations plus fines montrent que les économies d'échelle, quand elles existent, se situent dans le traitement des opérations de paiements, dans les fonctions de back office et pas dans ce qui fait la particularité de la relation d'intermédiation, c'est-à-dire le conseil à la clientèle et la décision de crédit (en bref, la relation de proximité). La banque peut donc se permettre de sous-traiter la gestion des opérations de masse, sans perdre sa capacité de différenciation, ce qui fonde la spécificité de ses services.

A cela il faut ajouter que l'augmentation de la taille des établissements est susceptible d'engendrer des déséconomies d'échelle en termes d'organisation. D'ailleurs l'observation montre que les différences tenant à l'efficacité organisationnelle sont bien plus importantes pour la rentabilité des établissements que l'incidence des différences de taille. Le contrôle des dirigeants et de leurs objectifs, l'optimisation des structures de décision constituent des gisements d'efficience et de rentabilité bien plus fertiles que les effets de taille. Et de ce point de vue la recherche du gigantisme pourrait bien s'avérer contre-productive.

Au total, il se peut que la concentration bancaire soit utile pour résorber les importantes surcapacités du secteur (c'est-à-dire concrètement pour réduire la taille des réseaux et les effectifs), pour écarter des équipes de direction incompétentes, ou simplement pour inciter à des comportements plus efficients. Mais d'une part, il est probable que ces objectifs peuvent être obtenus de façon plus directe. Et d'autre part, il faut bien voir que ces avantages ont sans doute un coût élevé en termes de réduction de la concurrence et de perte d'efficacité productive. D'autant que l'expérience américaine suggère que les fusions bancaires se traduisent par une baisse relative des crédits accordés aux petites et moyennes entreprises.

Quoi qu'il en soit, ce mouvement de concentration s'est accompagné d'une modification sensible de la structure des activités bancaires. Car la croissance interne et externe des établissements s'est effectuée en grande partie par diversification, et plus précisément par la montée des opérations de marchés, le développement des portefeuilles de titres et du hors bilan. Parallèlement, la part des commissions dans le produit net bancaire s'est accrue au détriment des marges d'intérêt. Les activités de marchés, de gestion de portefeuille ou d'ingénierie financière prennent donc le pas sur l'intermédiation traditionnelle (la collecte des dépôts transformés en crédits). Cette évolution a de nombreuses et importantes conséquences, et notamment en ce qu'elle brouille la définition classique de la banque et gomme la séparation entre institutions financières bancaires et non bancaires. Les établissements de crédit (les banques au sens strict) ont désormais des activités et des comportements comparables pour partie à ceux des fonds d'investissement ; de même que ceux-ci sont capables d'offrir des services (en particulier des services de paiement) proches de ceux des banques de dépôts. Des organismes jusque-là distincts entrent donc en concurrence, ou au contraire fusionnent. Cela complique beaucoup la définition et la maîtrise de la masse monétaire, mais surtout cela représente un véritable défi pour le contrôle prudentiel des établissements.

Ces transformations cherchent leur justification dans l'existence d'économies d'envergure (on dit encore les économies de gamme ou de variété) c'est-à-dire dans les synergies qui naissent de la combinaison de plusieurs activités. Il est probable qu'il est plus efficace de commercialiser en un même lieu des produits de placements qui sont en partie substituables, du compte sur livret à l'assurance-vie en passant par tout l'assortiment des SICAV et FCP. De même qu'il est plus avantageux (plus facile à tarifer) d'être capable d'offrir à une firme l'ensemble des services financiers qu'elle peut rechercher, du crédit classique à l'aide à l'émission de titres, en passant par la gestion de liquidité, les opérations de change... Enfin la diversification des activités doit logiquement conduire à une réduction du risque global et donc à une plus grande stabilité des institutions qui la pratiquent.

Mais ici encore les études empiriques ne permettent pas de conclure à l'existence d'économies d'envergure. Même en tenant compte de l'incidence sur le risque, on ne trouve généralement pas de trace d'effets de synergie entre les diverses productions bancaires. On ne peut pas mettre en évidence une plus grande efficacité ou une meilleure rentabilité des banques universelles par rapport aux banques spécialisées.

Ces résultats surprenants, et tellement contraires au discours ambiant, trouvent cependant plusieurs types de justifications. En premier lieu parce que les fonctions de production de certains services bancaires sont très éloignées les unes des autres. Le métier de l'assureur n'a pas grand-chose à voir avec celui du banquier traditionnel ; les activités de marché ou d'ingénierie financière ont peu de points communs avec l'intermédiation classique. Or, il n'est pas facile de marier dans une même organisation des fonctions trop dissemblables : la culture, les moyens mis en œuvre, les formes de rémunération sont trop dissemblables pour se côtoyer efficacement dans une même structure. Cela veut dire que des fusions entre activités de nature trop différente peuvent engendrer des déséconomies d'envergure. Et cela signifie qu'il est préférable de faire produire par d'autres les produits que l'on distribue, ce qui nous ramène au principe de la sous-traitance : il n'est donc pas nécessaire de rassembler dans un même établissement l'ensemble des services bancaires. Encore faut-il ajouter qu'il peut même exister des conflits d'intérêt dans la distribution des différents types de produits mis à disposition de la clientèle.

En définitive l'explication de la vogue actuelle des concentrations bancaires reste pleine de mystère. Elle peut sans doute se comprendre du point de vue des dirigeants ou des actionnaires qui trouvent de nombreux avantages à l'accroissement de leur pouvoir de marché : ils satisfont ainsi leur quête de rentabilité, de puissance ou de pérennité. Mais ce genre de considérations est en principe étranger aux préférences de politique économique. Or, aucune évidence empirique ne permet de légitimer, au plan de l'efficience économique, l'émergence de ces monstres financiers que l'on observe un peu partout dans le monde.

Dans l'état actuel de nos observations rien ne prouve qu'il s'agit là de la meilleure solution (ou la solution obligée) pour assurer à l'avenir l'offre de services bancaires, et notamment la collecte, l'allocation et le contrôle des capitaux. Peut-être ces fusions et regroupements ne sont-ils que le préalable à une cure d'amaigrissement future d'un système bancaire surdimensionné et concurrencé dans ses différentes fonctions. Mais il faut être alors conscient des coûts en tout genre d'un tel scénario. En fait, les pouvoirs publics nationaux sont pris dans un jeu international qui les dépasse : la course au gigantisme est aussi la marque d'une incapacité à fixer des règles communes à des oligopoles bancaires déstabilisés.

2. Les défis à la régulation des systèmes bancaires

Les évolutions que l'on vient de décrire mettent en porte-à-faux les fondements que l'on donne habituellement à la réglementation bancaire. Car on explique d'ordinaire que cette réglementation est la contrepartie de la garantie que les autorités (c'est-à-dire la Banque centrale, le budget de l'État ou les fonds d'assurance des dépôts) offrent aux banques commerciales dans les situations de crise de liquidité : il s'agit de limiter l'incitation à prendre du risque (l'aléa de moralité) qui naît de l'assurance dont disposent ainsi les établissements de crédit. Et cette assurance se justifie à son tour par la nature de l'activité d'intermédiation : les banques détiennent des actifs illiquides (des crédits aux entreprises ou aux particuliers) qu'elles financent pour une bonne part par des ressources exigibles à très court terme (des dépôts à vue). L'instabilité potentielle de cet édifice nécessite une régulation centrale de la liquidité pour éviter que des retraits de dépôts précipités ne dégénèrent en paniques mettant en péril l'ensemble du système de paiements.

Mais à vrai dire cette description de la fonction d'intermédiation n'est plus qu'une vision partielle de l'activité bancaire d'aujourd'hui. Parce que le développement de la titrisation pose le problème de la liquidité bancaire en des termes bien différents. Dans les économies développées il existe un volume suffisant d'actifs liquides, de court terme et peu risqués capables de servir de contrepartie aux dépôts à vue. Ce qui revient à dire que les banques ont désormais la possibilité de couvrir elles-mêmes le risque de liquidité, ce qui résout en principe la question des paniques bancaires.

Dans ces conditions, l'insolvabilité d'un établissement de crédit ne peut guère résulter que d'erreurs de gestion mettant en cause la valeur de ses actifs (et pas seulement leur liquidité). Plus précisément, les sinistres bancaires proviennent aujourd'hui essentiellement des risques de position, c'est-à-dire des pertes provenant de variations non couvertes des taux d'intérêt, des taux de change ou des cours boursiers. Il ne s'agit donc plus de difficultés ponctuelles de liquidité, liées à la nature des actifs et des ressources bancaires. De sorte que cela rend moins légitime le principe d'une intervention publique. Car on ne voit pas pourquoi une autorité centrale, quelle qu'elle soit, devrait se porter au secours d'institutions ayant mal géré leurs risques. Pourquoi le coût des risques bancaires ne devrait-il pas être supporté par ceux qui les ont pris : les actionnaires, les obligataires et tous ceux qui ont prêté sous une forme ou sous une autre à l'institution en difficulté, à l'exception sans doute des petits déposants ? Pourquoi, à la différence de n'importe quelle entreprise industrielle, les banques bénéficieraient-elles d'un droit à sauvetage plus ou moins systématique. Bien sûr on ne peut éviter de prendre en compte la portée *systémique* des faillites bancaires, c'est-à-dire leur capacité à se diffuser à travers les interdépendances nombreuses et peu transparentes qui lient entre elles les institutions financières. Mais *a contrario* le fait de ne pas faire payer les risques pris à leur juste valeur, constitue une incitation à l'imprudence, ce qui contribue à amplifier le problème sinon à le créer.

A tout le moins, l'existence d'un « prêteur en dernier ressort » (une instance de sauvetage) implique la définition et le contrôle de règles de comportements. Or ces règles sont en partie en train de se dissoudre, au moment même où le principe de l'intervention du prêteur en dernier ressort devient plus discutable.

La question de savoir jusqu'où l'État doit s'engager pour assurer la stabilité du système bancaire a toujours été au cœur des débats sur le contrôle prudentiel. C'est bien d'ailleurs dans le but de circonscrire aussi étroitement que possible l'espace de propagation des crises financières, aussi bien que le domaine des interventions publiques, que de nombreux pays ont opté dans le passé pour une segmentation des activités bancaires. Le fameux Glass-Steagall Act, qui régissait l'exercice de la profession bancaire aux États-Unis, en reste l'exemple le plus connu : pour éviter que des pertes subies sur des placements financiers ne viennent affecter la solidité du système de paiements, on imposait la séparation entre l'activité de banque d'investissement (ou de banque d'affaires) et celle de banque de dépôts. Or, cette réglementation a vécu. Le développement d'institutions de très grande taille, et couvrant tous les domaines de l'activité financière, ne permet plus de limiter précisément le champ des garanties offertes par les autorités monétaires. La volonté de constituer des mastodontes capables de trouver leur place dans un système financier globalisé a eu raison du parti pris de prudence (peut-être un peu excessif) qui avait inspiré la réglementation séparant les métiers de la banque. Face à des institutions trop importantes pour ne pas être secourues en cas de problème, et dont les activités sont enchevêtrées, il devient difficile de sanctionner les comportements irresponsables. Ou du moins, les sanctions interviennent trop tard, lorsque les dégâts ne peuvent être que constatés. L'histoire récente de la banque française fournit de bonnes illustrations de ces affirmations.

Dans cette affaire, la concurrence entre les régulations, ou plutôt les dérégulations nationales, a joué un rôle essentiel, et conduit à sacrifier la stabilité. C'est pourquoi la mise en place d'un contrôle prudentiel harmonisé au niveau international représente un enjeu crucial, même si cet objectif paraît aujourd'hui bien illusoire. Car le principe auquel on se réfère, en Europe comme ailleurs, consiste à laisser à chaque État le soin de surveiller et de réguler les institutions financières installées sur son territoire. En dehors de l'application de quelques dispositions communes, mais bien insuffisantes, dont le ratio de fonds propres (le fameux ratio Cooke), le contrôle prudentiel est conçu et pratiqué de façon décentralisée. Les règles autant que les instances de contrôle sont donc différentes d'un pays à l'autre : dans certains cas c'est la Banque centrale qui a la responsabilité de la régulation, dans d'autres ce sont des agences plus ou moins indépendantes des autorités monétaires. Cette diversité se retrouve au niveau des réglementations.

De telles disparités ne sont pas sans poser problème. Surtout lorsqu'elles s'appliquent à des systèmes bancaires pour lesquels les découpages géographiques ou politiques ont de moins en moins de justification. Porter assistance à une grande banque multinationale en difficulté nécessite une coordination entre les régulateurs nationaux. Or il n'existe actuellement aucun cadre formel permettant de conduire de telles opérations. Il est même probable que face à un sinistre majeur les intérêts des diverses autorités ne convergent pas et que leurs préférences, quant à l'intervention souhaitable, soient contradictoires. On peut par exemple concevoir que l'instance de régulation de tel pays ne désire pas venir au secours d'une institution défaillante parce qu'elle considère qu'elle ne met pas en danger la sécurité de son système bancaire ; tandis que dans tel autre pays, la faillite de cette même institution présente un risque systémique justifiant un plan de sauvetage. Faudra-t-il alors que ce soit le pays en difficulté qui prenne à sa charge la totalité de l'opération ? Et aura-t-il les moyens de le faire ?

On comprend bien que les réponses à ces questions ne peuvent être apportées dans l'urgence. Pourtant on continue à s'accrocher, y compris au niveau européen, à l'idée selon laquelle une coopération informelle suffira, le moment venu, à résoudre les problèmes. D'ailleurs les intérêts et les conceptions des différents partenaires sont tellement antagonistes qu'il serait naïf de penser que l'on parviendra rapidement à une position plus raisonnable.

Dans ces conditions la tentation est forte d'élever des barrières de protection afin de s'abriter de crises bancaires déferlantes. Un relatif cloisonnement des systèmes bancaires et financiers peut être une bonne réplique à l'absence de régulation prudentielle conçue et coordonnée au plan international. Quand on est incapable de gérer les interdépendances au niveau approprié, mieux vaut chercher à les réduire autant que possible. Dans ce domaine, comme dans bien d'autres, il est dangereux de faire le choix de l'ouverture et de la fluidité des marchés, si l'on n'est pas capable de définir et de faire respecter des règles communes à tous les acteurs. C'est aussi pour cette raison que dans tous les pays d'Europe, les pouvoirs publics sont plus soucieux de favoriser l'émergence de champions bancaires nationaux plutôt que d'harmoniser l'espace financier européen, en autorisant la constitution d'établissements couvrant de plus larges parties de la zone. On retrouve là le principe d'un arbitrage entre efficience et stabilité. Dans un monde qui se veut sans frontières, il n'est pas possible de s'en remettre à la concurrence des acteurs privés et publics : l'absence de politique commune a fatalement un prix.

3. L'envol des zinzins

Plus besoin d'État : un nouveau « maître des horloges » est, peut-être plus encore que les banques, en train de prendre le pouvoir financier à l'échelle de la planète. Plus besoin de Ni-Ni, il y a les « zinzins ». Mais qui sont les « zinzins » ? Sous ce doux nom se cachent les « investisseurs institutionnels » c'est-à-dire l'ensemble des institutions (compagnies d'assurance, caisses de retraite, fonds d'investissement), dont la mission est de gérer pour compte de tiers (particuliers ou entreprises) des capitaux investis à long terme (pour, entre autres, financer des retraites de plus en plus précaires en raison des déséquilibres démographiques qui frappent la plupart des pays développés).

La domination des zinzins est relativement récente et s'est surtout renforcée depuis le milieu des années soixante-dix. Les zinzins, au départ, étaient relativement impécunieux mais surtout très discrets. Les caisses de retraite, gérées de manière extrêmement conservatrice, accompagnaient nonchalamment la vieillesse de leurs cotisants sans pouvoir s'imaginer un instant faire autre chose qu'acheter des immeubles (alors bon marché) et des titres d'État (alors bien peu spéculatifs). Quant aux compagnies d'assurances, elles étaient réglementairement figées par un Code des assurances qui, dans la plupart des pays, épaississait de quelques dizaines de pages chaque année. Cela rend d'autant plus surprenante l'irruption récente des zinzins sur les marchés financiers : pour ne prendre que l'exemple français, alors que ceux-ci contrôlaient 12 % du marché des actions et 35 % du marché obligataire en 1966, ces pourcentages culminaient en 1990 à 25 % et 57 %, se stabilisant par la suite. Ces chiffres, même s'ils ne devaient plus augmenter, ont déjà de quoi faire réfléchir.

Les causes de cette évolution sont multiples. En premier lieu, le vieillissement des populations a entraîné une augmentation de la demande de produits d'épargne à long terme. Parallèlement, le flot des « baby boomers » des années quarante et cinquante a accru les problèmes budgétaires des pays où prédominaient les régimes publics de retraite par répartition. D'où le développement (sauf, bien sûr, en France) des régimes privés par capitalisation.

Ces régimes ayant un défi de rentabilité à long terme à relever se sont révélés bien plus gourmands en matière d'actions qu'ils ne l'étaient auparavant.

D'une manière plus générale, depuis quelques années, l'essor des marchés financiers a incité les zinzins à orienter dans cette direction une part croissante de leurs actifs, ce qui, mécanisme bien connu de la « boule de neige », a eu pour effet de faire monter la Bourse et donc d'accroître la valeur relative de cette partie du portefeuille des zinzins. Mais, plus fondamentalement, c'est le développement de la protection sociale et la privatisation (ou la mutualisation) d'une partie de celle-ci qui ont accru le rôle de ces intermédiaires dans le recyclage des capitaux « sociaux ». Pendant trente années de croissance, la couverture sociale s'est, dans tous les pays capitalistes développés, en permanence élargie et épaissie. Tout ce qui ne pouvait être obtenu par les salariés sur le terrain du salaire direct, l'a ainsi été au niveau des prestations sociales, véritable salaire indirect. Cette offre de protection sociale a immédiatement rencontré une demande, sensibilisée par la guerre et entretenue, entre autres, par la persistance des tensions politiques internationales.

Par ailleurs, les progrès technologiques, en permettant de traiter très rapidement de vastes flux d'information à des coûts très faibles, ont accru la capacité des zinzins à offrir des services d'intermédiation et de gestion des risques. De même, le phénomène de désintermédiation bancaire consécutif à la baisse des taux s'est traduit par une réorientation des placements vers les actions. Enfin, dans un tout autre registre, on peut dire que le mouvement de privatisation, censé développer le capitalisme populaire, a, en fait, dans presque tous les pays, officialisé le rôle de pivot des « noyaux durs » joués par les zinzins. Ils ont ainsi joué un véritable rôle redistributif en rachetant, quelques semaines après les privatisations, les titres des petits porteurs, offrant ainsi à ceux-ci la possibilité de réaliser une confortable plus-value. Vive le capitalisme populaire dès lors que les zinzins sont là pour déboucler cette opération de « portage ».

Tout a ainsi concouru à cette montée en puissance des zinzins. Mais ce qui a peut-être le plus changé, depuis quelques années, c'est l'influence, discrète, permanente (et souvent déterminante) qu'ils exercent sur la vie économique. Tout d'abord, le cercle des zinzins s'est élargi. Les fonds d'investissement (SICAV ou « open end funds ») que créent à jet continu les organismes financiers depuis quelques années, sont les zinzins qui « montent ». Ils sont « zinzins » parce qu'ils constituent une forme de mutualisation de l'épargne : vous n'investissez plus directement en actions mais dans des fonds d'investissement qui, eux-mêmes, investissent en actions. La décision d'achat vous échappe donc. Et ils « montent » car, offrant une relative sécurité en période d'instabilité financière, ils recueillent tous les capitaux à la recherche de sécurité et de rémunération. Le résultat ? Mille SICAV et FCP rien qu'en France et 2 000 milliards de francs ainsi dérivés en 1998.

Si les OPCVM sont les zinzins qui montent, certaines

banques qui, d'ailleurs, sont les principaux gestionnaires des fonds d'investissement, peuvent être considérées comme les « nouveaux zinzins ». « Zinzins » parce que, nationalisées ou non, les banques partagent les mêmes objectifs que les assureurs : protéger les intérêts de leur clientèle en investissant sur les marchés financiers dans une perspective de long terme. « Nouveaux », parce que ce n'est que très récemment que les banques ont découvert les joies de l'investissement financier. Longtemps cantonnées au rôle de tuyau collectant des dépôts et octroyant des crédits, les banques découvrent depuis peu les joies – et risquent de découvrir, un jour ou l'autre, les peines – du partenariat industriel.

Mais, plus que le poids croissant des zinzins, ce qui frappe c'est leur activisme récent. Jusqu'à présent, ils se contentaient de gérer leur portefeuille en bons pères de famille, se refusant à intervenir, de près ou de loin, dans la gestion des entreprises dont ils détenaient des actions. Les choses ont changé. Non pas que tous les zinzins se soient transformés en *tycoons*. Mais un certain nombre de facteurs ont joué en faveur d'une concentration relative de leurs investissements. Tout d'abord, les krachs successifs ont considérablement renforcé la prudence et la sélectivité des épargnants, qu'ils soient ou non institutionnels. Alors qu'auparavant tout investissement pouvait être payant, aujourd'hui hors des *blues chips*, point de salut. Par ailleurs, les batailles boursières se sont souvent jouées au finish, des participations de 1 à 2 % pouvant faire la différence entre les deux camps et forçant ainsi les zinzins à choisir le leur. De même, l'éclatement de certains noyaux familiaux a conduit des actionnaires d'appoint à se transformer, temporairement au moins, en actionnaires de référence.

C'est dans ce cas que le caractère véritablement institutionnel, c'est-à-dire non strictement individuel, des zinzins apparaît le plus clairement. Non pas que les assureurs ne se concurrencent entre eux et ne puissent entrer en conflit. Mais, en tant qu'investisseurs, leur comportement répond bien souvent à une logique de type collectif. « Réaction de place » dit-on parfois pour qualifier ce que d'autres, plus critiques, dénoncent comme la marque d'un incurable conformisme et qui, en fait, relève simplement de l'expression d'un rapport de forces. En finance, contrairement à ce qui se passe en politique, le pouvoir des minoritaires n'existe bien souvent que s'il s'exprime sous une forme collective. Les zinzins, dans de nombreux cas, n'existent qu'au pluriel. Mais ce pluriel fait de plus en plus souvent la loi. Dans les deux bagarres fratricides qui ont agité le capitalisme français en 1999 (Elf-Total et BNP-Paribas-Société Générale) c'est bien les zinzins qui ont eu le mot de la fin.

La croissance du poids des zinzins n'est-elle pas consubstantielle d'une phase de transition économique comme celle que nous connaissons ? Déclin d'entreprises ou de secteurs obsolètes, apparition de nouvelles fortunes ou de nouveaux groupes financiers : tout milite en faveur d'une présence plus marquée d'acteurs qui jusque-là étaient restés d'autant plus discrets qu'ils se trouvaient

coincés entre différents corps constitués, qu'ils soient familiaux, bancaires ou publics. Tout cela est normal. Dans
le cadre d'une économie en croissance, la géographie du
pouvoir est clairement établie, les actionnaires minoritaires n'étant là que pour alléger, à la marge, le poids financier de la croissance. Dès que cette croissance bégaie, le
marginal peut devenir stratégique. Les blocs de pouvoir
se fissurent et l'actionnaire minoritaire reprend tout son
poids. Qui dit transition dit donc revanche des *partners*
que seule la croissance avait rendus *sleeping*.

Maintenant que le décor est planté, que dire du XXIᵉ
siècle ? Il sera, plus encore que le siècle précédent, le siècle
des zinzins. De plus en plus puissants, de plus en plus interventionnistes, les fonds d'investissement, de quelque
nature qu'ils soient, sont là pour occuper durablement le
devant de la scène. On le voit déjà mais cela ira en s'accentuant. La gestion de fonds va devenir une véritable industrie avec ses règles, ses affrontements concurrentiels (et
donc ses morts) et sa « puissance de feu ». La fusion des deux
principales banques suisses, qui a donné naissance à l'UBS,
et le rachat de Bankers Trust par la Deutsche Bank se sont
joués en large partie sur la gestion d'actifs, ces deux nouveaux groupes se situant désormais respectivement au premier et au troisième rang mondiaux dans ce métier. Car
s'il est un métier où les économies d'échelle jouent (en
matière de « back office » notamment) c'est bien celui-là.
A la limite, on peut considérer qu'une partie des métiers
bancaires et d'assurance se « dissoudra » dans la « marmite »
de la gestion de fonds. La bancassurance est un bon exem-

ple de cette évolution. La bancassurance n'est-elle pas tout simplement une machine à faire de la gestion de fonds sur la base de produits d'assurance injectés dans les tuyaux des réseaux bancaires?

Quelles seront les conséquences de cette montée en puissance des zinzins? Sans verser dans la paranoïa prospective, on peut, sans trop s'avancer, dire que la conséquence la plus évidente sera une modification des règles du gouvernement d'entreprise. Fini les noyaux durs téléguidés par l'État (ce qui, en poursuivant la comparaison avec les œufs, n'empêchera pas la constitution de « noyaux mollets »). Fini, ou au moins atténué, le règne du capitalisme circulaire fondé sur les échanges d'administrateurs et les participations croisées. Fini probablement, dans les grandes entreprises au moins, le règne, de droit quasi divin, des P.-D.G. Faut-il se réjouir de ces évolutions? Pour la plupart d'entre elles, certainement. Plus de transparence devrait conduire à plus de rationalité et, dans certains cas, plus de moralité. Reste que la légitimité de ce nouveau pouvoir conduit à se poser de nouvelles questions. Les fonds d'investissement ne vont-ils pas accentuer la tendance « short termist » des entreprises? L'impératif de rentabilité fixé à 15 % par an (pourquoi 15 et pas 10 ou 20?) ne va-t-il pas conduire les entreprises à sacrifier la proie industrielle pour l'ombre boursière? Les fonds d'investissement ne vont-ils pas remettre en cause la possibilité d'une politique industrielle nationale ou régionale, alors même que la révolution technologique rend celle-ci plus que jamais nécessaire? Les fonds d'investissement ne vont-ils pas dissoudre l'appartenance nationale des entreprises ? Ces questions ne sont pas, on le voit bien, des questions de pure forme.

Gardons-nous de toute caricature : les zinzins ne sont pas et ne seront pas demain les nouveaux démiurges de la finance. Des forces de frottement existent qui ralentiront les évolutions et qui devraient prévenir les dérives. Le capitalisme rhénan et son incatalogable « mitbestimmung » ont encore (même si c'est de manière renouvelée) de beaux jours devant eux. Il n'empêche : la montée en puissance des zinzins va avoir des conséquences protéiformes dont certaines ne se limitent pas au seul gouvernement d'entreprise. La concurrence entre places financières, qui fait à nouveau rage depuis le début des années quatre-vingt, va être impactée par d'éventuels redéploiements stratégiques des fonds d'investissement. Pour ne prendre que l'Europe, la rivalité entre Londres et Paris, arbitrée, non sans quelques arrière-pensées, par Francfort, ne fait que commencer sur un nouveau gazon et avec pour juges de ligne les zinzins. Dans un autre registre, les pays émergents vont avoir à se positionner par rapport aux allers-retours déstabilisateurs des fonds d'investissement. Curieux effet de balancier : alors que ceux que l'on appelait alors les PVD cherchaient à se protéger de l'emprise des capitaux étrangers, le libéralisme mondial aidant, les pays émergents ont, tout au long des deux dernières décennies du XXe siècle, ouvert grandes leurs portes aux capitaux itinérants. Assiste-t-on aujourd'hui à un nouveau retour de balancier ? Nombre de pays s'interrogent, à la suite du

Chili, sur les éléments de « viscosité » qu'il convient d'introduire dans la mécanique des investissements de portefeuille, pour éviter de créer une dépendance trop forte de l'économie réelle vis-à-vis de l'économie financière. L'OCDE a récemment mis en avant le rôle « potentiellement déstabilisateur » des investisseurs institutionnels sur les marchés émergents. Venant de l'officine officielle de propagande du libéralisme, cet avertissement prend tout son relief. Rien d'étonnant à ce que la Banque des règlements internationaux ait, à son tour, soulevé le problème en faisant remarquer que l'offre de titres de bonne qualité risquait de se raréfier avec la réduction du déficit budgétaire dans les pays riches et le rachat de leurs propres actions par les entreprises, ceci ayant pour effet de créer un effet de rareté incitant les zinzins à prendre plus de risques. Ceci étant d'autant plus grave, selon la BRI, que, d'une certaine manière, plus les zinzins sont puissants et opaques moins ils paraissent être sous contrôle des autorités de régulation financière. Ce débat salutaire est, au moins peut-on l'espérer, loin d'être clos.

Pour conclure sur le rôle des zinzins, un retour au gouvernement d'entreprise ouvre une dernière piste de réflexion. Et si l'épargne salariale – qui consiste à donner aux salariés, de plus en plus durement traités pour la plupart d'entre eux sur le plan des rémunérations, un véritable (même s'il reste marginal) pouvoir d'actionnaire – constituait la base d'un nouveau « contrat social » au XXIe siècle ? Entre fonds de pension et capitalisme familial, qui sont deux des principaux piliers de la finance en cette fin de XXe siècle, l'épargne salariale permettrait peut-être de définir un nouveau « partage salaire-profit », plus mobilisateur pour une main-d'œuvre dont le niveau de conscience et donc de mobilisation tend à s'élever dans tous les pays ? Pour apporter une esquisse de réponse à cette question, encore faut-il prendre la mesure de ce que sera le capitalisme familial au XXIe siècle.

4. Le devenir du capitalisme familial

Alors que le grand capitalisme familial était omniprésent, à compter du début du XXe siècle (rappelons-nous les « 200 familles ») jusqu'au milieu des années quatre-vingt, aujourd'hui plus rien ou presque. Comme si cette forme de capitalisme avait disparu. A quelques exceptions, hyper-médiatisées et, de ce fait, marginalisées, comme François Pinault en France, Richard Branson en Angleterre ou Bill Gates aux États-Unis, la montée des « zinzins » semble avoir « gommé » le capitalisme familial. Rien n'est moins vrai pourtant. Il n'y a pas (et il n'y aura jamais), contrairement à la vision bipolarisante donnée par les médias, d'essoufflement du capitalisme familial, avec, d'un côté, quelques stars isolées et, de l'autre, la masse informe des PME sans véritable avenir industriel et boursier. Le capitalisme familial se renouvelle et continuera à le faire au XXIe siècle. Certains grands disparaîtront, certes, absorbés par des groupes multinationaux voulant s'implanter en Europe, mais de nouveaux petits

deviendront grands et les nouvelles technologies contri-
bueront à accélérer l'histoire dans ce domaine. Contrairement à ce que l'on pense, le tissu des PME est assez
homogène et il existe de nombreux groupes familiaux
aujourd'hui qui sont prêts à devenir leaders nationaux,
européens ou même mondiaux demain. Les entreprises
familiales représentent aujourd'hui entre le quart et le
tiers de la capitalisation boursière des principaux pays développés. Rien n'indique que ce pourcentage doive baisser dans les décennies à venir.

C'est une chance. Parce que, rappelons-le, les PME sont
parmi les structures économiques les plus créatrices d'emplois. Peut-être moins que ne le claironnent les ministres
de l'Industrie successifs (qui, généralement, s'appuient,
pour leur démonstration, sur des statistiques incluant les
filiales PME de grands groupes) mais quand même. Mais
sûrement plus en période de mutations technologiques,
période pendant laquelle l'initiative individuelle est la
principale source de création de valeur. Sans PME point
d'avenir pour les grandes économies développées (sans
même parler des économies émergentes qui vivent, pour
une très large partie, sur le capitalisme dit « familial »). Il
faut s'en convaincre : la régénération schumpétérienne
du tissu économique passe par le capitalisme familial et
donc les PME.

Et pourtant. Autant le pessimisme n'est pas de mise
pour les grands groupes qui ont fait le pari de la mondialisation, autant les PME paraissent, en France au moins,
les parents pauvres de la « nouvelle économie ». Certes

l'État a consenti quelques efforts pour simplifier le laby-rinthe des aides et des subventions. Mais, pour le reste, la situation semble s'être significativement dégradée. C'est le cas, en particulier, des problèmes de financement. Les banques, qui ont, pendant les « dix radieuses » (les années quatre-vingt), offert des conditions de financement plus favorables à certaines PME qu'à l'État français, ont, depuis, cela ne surprendra personne compte tenu des traditions moutonnières de la profession, « tiré l'échelle » pour toute entreprise présentant, en apparence au moins, des risques. Cette situation pose deux types de problèmes. En premier lieu, la frilosité généralisée des banques en matière de fi-nancement des PME est, pour partie au moins, le produit de la concentration bancaire. Bien que tous les tests sta-tistiques et économétriques ne soient pas convergents, il semble que, d'une manière générale, les fusions bancaires se traduisent par un désengagement du financement des PME et une concentration accrue sur la clientèle des gran-des entreprises supposée la plus solvable (Bémol : rappe-lons-nous les années soixante-dix et ses faillites concentrées sur certains des plus gros groupes industriels français). La course à la taille bancaire induit la fuite devant la petite taille industrielle. En second lieu, se pose ici le problème de la qualité de la main-d'œuvre dans le secteur bancaire. Non pas que tous les métiers de banque puissent être jau-gés à cette aune : existe-t-il une telle concentration de compétences dans d'autres secteurs que celui de la banque à distance et, plus paradoxalement, du crédit à la consom-mation ? Non pas que les efforts déployés, par les banques, en matière de formation professionnelle puissent être considérés comme insuffisants. Mais force est de constater qu'il existe souvent un hiatus entre l'omniscient (rôle de composition mais rôle effectif) patron de PME et son homologue « banquier de proximité ». Que faire pour combler ce « gap » ? Décentraliser, responsabiliser, former : la mission est certes périlleuse, mais pas nécessairement impossible. On retrouve là, notamment, les problèmes de taille et de concentration. Le financement des PME s'accommode mal des grandes structures. Les déséconomies d'échelle en matière bancaire, cela existe, et cela est particulièrement sensible, en période de mutation technologique, dans ce que l'on pourrait appeler les nouvelles « infant industries ». Aux banques d'en tirer les conséquences.

Les PME sont limogées des circuits de financement bancaire. Cecla constitue une véritable menace pour l'avenir du capitalisme familial et donc du capitalisme tout court. Que faire alors ? La réponse à cette question est à la fois simple et complexe. Simple parce que des solutions, de toute évidence, existent. Complexe parce qu'il n'existe aucune solution miracle. Commençons par le commencement. Pour qu'il y ait des entreprises, il faut qu'il y ait des entrepreneurs. Et pour qu'il y ait des entrepreneurs, il faut (et il ne suffit pas) qu'il y ait intérêt à l'être. Cela peut paraître peu glorieux comme proposition, mais il faut absolument, dans les principaux pays développés, réformer la fiscalité patrimoniale. Pour ne prendre qu'un exemple, si l'on veut que le XXIᵉ siècle ne soit pas celui

de la délocalisation des talents entrepreneuriaux européens, il faut redonner le goût de l'Europe à nos créateurs
d'entreprise. Condition nécessaire et non suffisante, car
au-delà du désir d'entreprendre reste à résoudre le problème du pouvoir d'entreprendre. Et dans ce domaine-là,
beaucoup de choses restent à faire. Il ne faut pas s'inquié-
ter pour la PME en soi. Les banques évoluent (un peu),
le Nouveau Marché (ou, plutôt, le Neue Market) existe.
Ce qui importe, c'est de ne pas tuer dans l'œuf les « stars »
du XXI siècle. Et, dans ce domaine, tout reste à faire. La
banque doit, dans les pays d'intermédiation au moins,
rester le pivot du financement industriel : celle qui assure
la pérennité intertemporelle, celle qui est une machine à
péréquation (c'est-à-dire celle qui, grâce aux grands d'hier,
permet aux petits d'aujourd'hui de devenir les grands de
demain). De ce point de vue au moins, « big » ne sera que
très rarement « beautiful ».

Mais cela ne suffira pas. Que faire alors ? La réponse est
simple, en apparence au moins. Il faut prendre à la fourmi
pour donner (un peu) à la cigale et il faut ressusciter les
morts. Commençons par les fourmis. Qui dit « innovation », dit « risque » mais aussi « investissement à long
terme ». On ne peut espérer favoriser la création d'entreprise si l'on n'accepte pas d'investir à long terme. Qui dit
« investissement à long terme » dit, sauf à prendre des risques exorbitants, « épargne longue ». Suivez notre regard :
les seules structures gérant une épargne (vraiment) longue
sont les caisses de retraites, les fonds de pension et les assureurs. Retour aux « zinzins ». Eux seuls, et les Anglo-Saxons

l'ont bien compris, peuvent s'engager dans le financement des entreprises innovantes pour essayer de « décrocher le gros lot » dans dix ou vingt ans. Ce que les Anglo-Saxons font, le reste du monde doit le faire. Mais il ne faut pas se leurrer : le temps presse. Ce que le marché devrait susciter à moyen terme, l'État peut l'encourager à court terme. A lui de pousser les investisseurs à long terme à investir… à long terme. Mais encore faut-il qu'il existe des structures capables de détecter les « gros lots » de demain. La demande ne suffit pas ; il faut que l'offre lui corresponde. Il faut donc revitaliser toutes les structures d'intermédiation capables de financer les PME innovantes.

Commençons par le plus simple. Tous les pays doivent se doter d'une industrie du capital risque. Ce métier, artisanal par nature peut (et doit) être encouragé. La France, notons-le, n'est, dans ce domaine, après bien des crises, pas trop mal dotée. Mais cela ne suffit pas. Pourquoi ne pas repenser le micro-crédit ? Le XXIe siècle sera aussi le siècle du micro-crédit, en particulier pour les projets individuels non bancables. Mais aussi pour les entreprises naissantes qui présentent des risques supérieurs à la moyenne. Un des principes fondateurs du micro-crédit mérite d'être reconsidéré : raccourcir au maximum la distance qui sépare l'épargnant du projet entrepreneurial. Que la proximité soit géographique, familiale ou confessionnelle importe peu. Ce qui importe, c'est la minimisation du risque qu'offre une information pertinente.

On débouche là sur le réveil des morts ou des mourants.

Les SDR jouaient, en France, dans les années quatre-vingt, un rôle de financement de proximité qu'une libéralisation trop rapide a dévoyé. Sans aller jusqu'à recommander la revitalisation des SDR (une fois que l'on a tiré sur l'ambulance, il est très difficile de remettre celle-ci sur la route), au moins peut-on tirer les enseignements de cette expérience afin de redonner son sens au capitalisme de proximité. Plus iconoclaste encore : les sociétés de caution mutuelle, qui se sont sclérosées au cours des Trente Glorieuses, sont fondées sur un principe de mutualisation des risques qui est parfaitement cohérent avec le financement de l'innovation. Pourquoi ne pas réveiller ces « belles au bois dormant » ? D'une manière générale, la mutualisation des risques sera le défi du XXIᵉ siècle. Il l'est au plan du système financier international, le FMI devra en accepter l'augure. Il l'est aussi au plan du financement des PME. Un « come back » du communisme ? Non, une gestion intelligente (donc pionnière et, peut-être encore aujourd'hui, marginale) du libéralisme.

Et Bruxelles dans tout cela ? Pourquoi l'Europe serait-elle aussi présente en matière de politique monétaire et si absente en matière de financement de l'innovation ? Le « silence assourdissant » de Bruxelles en matière d'aide aux PME, quel beau sujet de réflexion ! Il est clair que si rien n'est fait dans ce domaine, les entreprises européennes mais aussi celles des pays émergents continueront à financer les retraités américains… On peut se prendre à rêver. Pourquoi la création de valeur des entreprises innovantes non américaines ne profiterait-elle pas aux citoyens de ces pays ? Faut-il, à l'aube du XXIe siècle, une fois de plus, baisser les bras ?

5. Propositions

Un premier motif de satisfaction mérite d'être cité. Lassé des certitudes qui ont coûté si cher, on se remet à se poser des (parfois bonnes) questions. La course au gigantisme a-t-elle un sens dans un secteur inégalement doté en économies d'échelles ? L'État n'a-t-il plus aucun rôle à jouer alors même que des pans entiers de financement de l'économie sont abandonnés par le marché ? Les pays d'intermédiation bancaire, comme la France, l'Allemagne ou le Japon, sont-ils voués à la marginalisation financière alors même que leurs systèmes bancaires sont en train, dans la douleur et dans les larmes, d'accepter le prix à payer pour assurer leur modernisation ? Sans aller jusqu'à la taxe Tobin (trop sommaire formalisation pour une si bonne idée), l'instabilité des marchés dérivés n'incite-t-elle pas à la prudence et à une certaine « viscosité » des flux de capitaux ?

Le XXIe siècle sera peut-être celui du retour aux incertitudes et au questionnement en matière de Finance. Quel bonheur de se dire que nos enfants vont enfin réapprendre à douter. Mais il est au moins trois certitudes que l'on voudrait pouvoir leur léguer :

1. Il importe de réinvestir à long terme. C'est ainsi que l'on préparera et que l'on gérera humainement les révolutions

technologiques à venir. C'est pour cela qu'il faut que les investisseurs à long terme que sont naturellement (on serait tenté de dire statutairement) les zinzins soient incités à prendre des risques que eux seuls peuvent assumer (et, parfois, assurer). Que l'incitation soit fiscale ou réglementaire importe peu. Ce n'est pas seulement des fonds de pension qu'il faut ; ce qu'il faut ce sont des zinzins qui pensent à fonds...

2. Il faut accentuer certaines « viscosités » financières. Le capital doit circuler mais il ne doit pas s'emballer. Tout doit être fait pour que le capital puisse s'enraciner dans des projets porteurs de croissance. Un peu plus de flexibilité du travail certes, mais combinée à un peu plus de rigidité du capital. Les « capitales golondrinas » (« capitaux hirondelles ») qui ont failli mettre à bas l'économie mexicaine doivent être, pour partie au moins, domestiqués. Et, pour ce faire, il faut redécouvrir les vertus de la mutualisation. La mutualisation sociale a, à bien des égards, démontré ses limites au XXe siècle. La mutualisation financière, ennemie du gigantisme, ne mérite-t-elle pas qu'on la redéfinisse ?

3. Il faut repenser la tutelle régionale et internationale des opérateurs financiers. Plus la Finance se sophistiquera, plus il faudra être vigilant. Au niveau national, les organismes de tutelle ont fait de considérables efforts pour s'adapter au flux continu d'innovation financière. Il faut élargir ce « périmètre de sécurité » et inventer la surveillance financière de zone. Ces zones doivent d'abord être régionales comme celles construites en Europe. Mais pourquoi

ne seraient-elles pas aussi des zones plus vernaculaires ?
N'y a-t-il pas des progrès à faire en Catalogne comme en
Rhénanie ? C'est à ce prix que la Finance remplira enfin
à nouveau son rôle : ne pas être une fin mais un moyen.

15%,
est-ce tenable ?

Jean-Paul Betbéze

Voici seulement quelques mois qu'un ensemble de
concepts est entré dans nos journaux et nos médias, dans
les têtes de nos dirigeants, et tout autant dans notre vie
courante. Il s'agit désormais, de plus en plus, d'accroître
la *valeur* pour l'actionnaire de la firme (*shareholder value*), en accroissant le taux de profit sur le capital engagé
(ROE, *Return on Equity*). Cette intervention, consciente,
d'une demande de rentabilité spécifiée (15 % sur un cycle
complet le plus souvent), appuyée sur un groupe identifié (les actionnaires), avec derrière des pouvoirs de plus
en plus structurés (les investisseurs privés conseillés par

les banquiers d'un côté, les fonds de pension de l'autre), modifie en profondeur le processus économique et social. Comment, pourquoi, avec quels effets ?

1. Rendement et risque : un vieux couple

Le risque, c'est l'incertitude qui pèse sur l'évolution de la valeur d'un bien dans le temps. On peut essayer de découper ce risque en différentes catégories, selon ses acteurs (risque d'entreprise, du ménage, de la banque…), selon ses supports (risque opérationnel, risque de crédit, risque action, risque obligation…) ou selon ses sources (par exemple : risque de contrepartie, risque de non-livraison, risque politique…, pour un même risque crédit), cette analyse ne peut supprimer le fait, le risque. On peut essayer ensuite, face à ce risque, de prendre diverses mesures, d'occurrence (probabilités gaussiennes ou non gaussiennes), de correction et de protection, d'assurance, ou bien même se refuser à beaucoup de ces exercices (avec l'idée de l'incertitude radicale qui serait celle des grandes fractures ou des grands risques… et qui ne légitimerait donc pas les dépenses). Il n'en demeure pas moins que cette incertitude est la seule source de valorisation de l'actif. Dit autrement, aucun actif au monde ne rapporte sans qu'un élément de risque ne lui soit associé.

Même la liquidité, supposée le havre de toute paix face aux aléas qui pèsent sur tous les autres actifs (actions, crédits, immeubles…) ne peut qu'être exprimée en signes monétaires, et donc se voir tributaire d'un risque de change. Vouloir assurer ce risque, le couvrir, implique outre un coût, le fait d'assumer un risque sur la qualité de la garantie, avec par exemple le risque juridique qui pèse sur le contrat ou celui de la solidité financière qui pèse sur la banque qui offre la couverture… avec ses éventuels réassureurs. Ce long détour pour dire que l'on peut toujours, et que l'on doit toujours, étudier, réduire, transférer ou transformer le risque, mais qu'on ne peut le supprimer.

Un tel constat est au fond évident, mais il vaut peut-être la peine de le rappeler à un moment où des experts rêvent d'avoir la chose – le profit – sans l'aléa qui en est sa source. Le beurre sans l'argent du beurre, en quelque sorte. Il est d'autant plus important de mentionner ceci que le risque devient de plus en plus perceptible, au moment où ce qui le cachait, l'inflation, s'estompe partout. La qualité des mesures augmente d'autant : la rentabilité nominale devient de plus en plus réelle, au change près. Au moment où le risque paraît plus aisément cernable vient donc l'idée que sa gestion le devient également plus. Comme si la qualité accrue de la mesure d'un phénomène allait nécessairement de pair avec sa compréhension. Le beurre sans le risque du beurre, en quelque sorte. Ce serait oublier que la mesure est toujours distincte du phénomène, qu'elle en apprécie certains aspects seulement, ceux précisément qu'elle choisit de mesurer – parce qu'elle le peut.

A ceux qui demandaient à Binet, célèbre inventeur des tests d'intelligence, ce qu'était l'intelligence, il avait la bonne idée, l'intelligence, de répondre : « *C'est ce que mesure mon test.* »

2. L'entrée en scène du ROE...

C'est dans ce contexte de plus grande lucidité que se produit une révolution théorique dans l'approche financière de la firme, révolution qui est en fait la conséquence d'un mouvement social fondamental, mouvement qui n'a pas fini de manifester ses conséquences, réelles et sociales. Quelles que soient en effet les formes qu'elle prend (recourant exclusivement à des spécifications et à des appellations nord-américaines), le renversement de l'approche financière de la firme conduit à passer d'une logique d'équilibre rendement-risque à une logique de déséquilibre, rendement demandé-risques joints. En effet, dans la désormais *vieille* approche du Medaf (Modèle d'équilibre des actifs financiers), il s'agissait de déterminer, pour un niveau de risque donné (mesuré par la variance des résultats escomptés), le niveau de rentabilité à attendre.

Quel était donc le juste rendement à attendre du risque ainsi calculé ? Et, dans une telle situation, au cas où il y aurait eu erreur sur la mesure, cela aurait été à l'investisseur de subir le risque, écart entre les analyses *ex-ante* et *ex-post*.

Dans la nouvelle approche, EVA (*Economic Value Added – Market Value Added*), il s'agit de trouver une rémunération *ex-ante*. Elle indiquera le montant des *cash flows* que devra fournir l'entreprise à partir de ces choix de production-vente d'un côté et du coût de ses ressources de l'autre. Actualisés, ces montants accroissent normalement la valeur de la firme, et il s'agit donc de verser ce supplément aux actionnaires. Dit autrement, la firme doit d'abord rechercher des activités qui représentent une rémunération plus forte que celle donnée spontanément par le marché, puis rendre cette survaleur à ses mandants. Elle prend donc tous les risques de l'opération : risques *ex-ante* liés à la recherche de ce profit spécifique, risques *ex-post*, du fait que l'essentiel de ce résultat est extériorisé. Il s'agit de voir comment ce processus se passe, comment il est possible d'accroître la rentabilité de la firme.

Dans la sphère réelle

Le processus commence dans la sphère réelle, où il s'agit d'abord de diviser l'activité productive en segments, par exemple en *strategic business units* (SBU), en unités de production isolables. Pour chacune de ces unités, se produit un processus de comparaison entre ses résultats, ceux obtenus en moyenne dans le secteur et enfin ceux obtenus par les meilleurs *performers*, avec bien sûr une analyse des différences. L'examen porte sur la structure des coûts en fonction de la valeur ajoutée, en quête d'éventuels lieux de sous-productivité. Il s'agit enfin de rapprocher ces fonctions de coût des fonds propres qui leur sont alloués. Et d'agir. Le plus souvent, cette opération conduira à trois séries de mesures :

— des sorties d'activités qui seront contractuellement

sous-traitées à des entités externes spécialisées : sociétés d'informatique, de surveillance, de télécommunications…

– des abandons d'activités, car jugées relativement moins rentables, autrement dit destructrices de valeur ;

– des renforcements d'activités, dans les domaines où les économies d'échelle existent, où la taille est jugée insuffisante, où les économies paraissent encore inférieures aux déséconomies…

Bref, l'approche conduit à diviser la firme en un portefeuille d'activités et à réagir face aux ROE spécifiques que l'on obtient.

Dans la sphère financière

Le processus se poursuit dans la sphère financière. En effet, la valorisation supérieure des actifs que l'on obtient dans le processus réel doit être rapportée aux fonds propres que l'on met en face. Accroître les flux futurs de *cash flows* bruts est une chose, augmenter les *cash flows* nets de frais financiers en est une autre, augmenter les *cash flows* nets plus vite que les fonds propres une troisième. C'est alors que les entreprises vont poursuivre une politique d'endettement ou de retour des capitaux à leurs actionnaires. En matière d'endettement, il apparaît de plus en plus en effet que le levier doit être plus utilisé, et notamment pour les firmes les plus solides. Les AAA et AA, qui étaient auparavant des signes de solidité financière et qui faisaient que les entreprises les mieux notées (AAA, AA+) obtenaient des conditions de financement qui dépassaient celles de nombreuses banques, peuvent devenir des signes d'indolence en matière de recherche de profit ou de prise de risque dans l'esprit des marchés. L'accroissement du niveau d'endettement, dès lors qu'il fait jouer un effet levier à partir des *business plans* qui sont annoncés, est donc à l'ordre du jour.

En deuxième lieu, la recherche d'une rentabilité supérieure, d'une évaluation boursière plus haute, va faire que la firme aura les moyens renforcés d'une croissance externe par échange de papier. Les OPE que l'on voit se développer, par différence avec les achats en liquide de la période antérieure, sont bien la manifestation que l'accroissement du ROE joue un rôle essentiel dans la stratégie des firmes. Il accroît la valeur boursière des sociétés en raison directe de leurs résultats et plus encore de leurs annonces de résultats futurs, pour autant bien sûr qu'elles soient crédibles, c'est-à-dire liées à une stratégie qu'achèteront les marchés. Ce ROE fournit ainsi directement aux entreprises les moyens de ce type de croissance, sans perte de pouvoir, sans dilution du capital. *A contrario*, la firme moins rentable ne peut voir que sa valeur boursière diminuer en termes relatifs, elle deviendra proie ou, même dans un mariage qui se voudrait entre égaux, sera diminuée. Le ROE est l'instrument fondamental du pouvoir des firmes, au service de leurs actionnaires, par le moyen privilégié de la croissance externe. Le pari se fait ainsi que les économies externes l'emporteront sur les économies internes, ou plus précisément que les découpages entre unités productives permettront, à chaque niveau, d'apprécier leur degré de réalisation, ou alors de vendre l'unité constituée, devenue plus grosse. C'est bien pourquoi le montant des achats d'entreprises est actuellement supérieur de 70 % à de celui de l'an dernier, le quintuple de ceux observés il y a quelques années. C'est également pourquoi les bourses montent, dopées par les niveaux actuels de ROE, dopées plus encore par ceux qu'on leur promet, dopées enfin par la logique de rachat qu'elles ont comprise et qui les fait se mettre en embuscade, devant toute proie plausible.

Autrement, si le balayage des possibilités ne conduit pas à trouver des idées, des développements ou des rachats, cette logique de ROE conduit à rendre le capital aux actionnaires et donc à réduire la base en fonds propres de la firme. Le marché, bien sûr, apprécie le geste et le salue. Au début tout au moins. Ce qui ne l'empêchera pas, assez vite ensuite, de se dire qu'une entreprise qui rend des fonds propres n'est pas simplement une entreprise qui maximise son ROE, mais que c'est aussi une entreprise qui ne conçoit pas comment l'accroître encore. Et d'en tirer donc quelques leçons.

3. ROE et manifestations globales du risque

On peut évidemment comprendre cette logique. On peut évidemment noter aussi que les taux d'intérêt faibles (même si la chose est moins vraie en termes réels) constituent une incitation supplémentaire à l'endettement et au rachat d'actions. On peut donc concevoir ces comportements comme l'effet d'une gestion optimale du passif compte tenu de l'environnement financier actuel, il n'en reste pas moins qu'elle accroît le risque de la firme, à la fois consciemment et inconsciemment.

Consciemment d'abord, puisqu'elle conduit à l'endetter plus et/ou à réduire sa base en fonds propres, fonds propres qui sont la garantie ultime en cas de retournement de situation macroéconomique ou microéconomique. On n'est donc pas sûr qu'un comportement optimal à court terme le demeure sur longue période, du fait des changements structurels que connaît actuellement le monde de la finance. Les retournements macroéconomiques peuvent être fréquents quand on étudie ce qui se passe en matière de risque pays, d'inquiétude boursière, aux États-Unis ou ailleurs… et les retournements micro-économiques le sont plus encore, quand on note la sensibilité forte des investisseurs devant les mauvaises nouvelles, les *profit warnings*, ou les simples maladresses de langage de tel ou tel dirigeant de l'entreprise.

Mais les risques inconscients sont peut-être plus importants encore et nous voudrions en citer quatre : impatience, division, tension, copie.

Les quatre risques

Le risque d'impatience consiste à ce que, le *business plan* ne donnant pas les résultats attendus, il soit remis en cause avant que les innovations qu'il comporte, les changements de mentalité ou de structure qu'il implique ou attend, aient fait valoir leurs effets. Cette impatience peut ainsi conduire à privilégier les innovations mineures, les domaines plus sûrs, et valorise évidemment plus les achats de structure déjà existantes que les développements proprement internes. L'impatience est en fait conservatrice.

Le risque de division est celui qui consiste à fonctionner exclusivement par métier, et ceci à des niveaux de plus en plus fins, alors que les logiques économique, technologique... conduisent (ou peuvent conduire) à des sauts imprévus, réunissent des métiers jugés lointains ou simplement connexes. La révolution de la communication implique en fait des rapprochements ou, le plus souvent, fait naître des activités qui en englobent ou en modifient substantiellement plusieurs autres, antérieures. La division est, à sa manière aussi, conservatrice.

Le risque de tension est alors proche, risque de tension sociale s'entend. En effet, la pression du ROE fait évidemment des actionnaires les partenaires décisifs de la firme. Le processus antérieur, dans lequel le métabolisme interne de la firme – c'est-à-dire le degré de tension qu'elle acceptait et gérait pour opérer les changements – était régulé en fait de l'extérieur par les seuls rapports avec les clients et la concurrence, le lien actionnarial étant lui ténu (certains vieux manuels assimilent encore les dividendes à des frais fixes). Désormais, avec la logique du ROE, ce sont non seulement sur les cadres dirigeants, mais de plus en plus sur les salariés, que pèsent les conditions de l'ajustement. C'est bien pourquoi la formation des salaires est en train de changer, avec de plus en plus d'indexation aux performances, avec une part croissante de leur revenu directement reliée au résultat global de la firme. Ce mécanisme va quand tout va. Il fait évidemment des salariés des entreprises gagnantes, sur les créneaux porteurs, de riches personnages… et il n'en est pas nécessairement de même pour les autres. Il intègre nécessairement dans la firme un niveau supérieur de tension, puisque la logique antérieure, où il était admis que des activités mûres, dites vaches à lait, finançaient le lancement des nouvelles est de plus en plus délicat à mettre en place. Pourquoi donc des salariés jugés désormais sur leurs résultats propres, mais aussi de plus en plus sur celui de la firme dans son ensemble, accepteraient-ils des subventionnements croisés, désormais qualifiés de destructeurs de valeur ? Pourquoi même une entreprise continuerait-elle de les abriter ?

C'est alors que le quatrième risque apparaît : celui de la copie. On peut en effet raisonnablement penser que les firmes en concurrence sont au courant des caractéristiques du marché, des secteurs porteurs et de ceux en déclin. On peut également considérer que la phase de diffusion des innovations, qui se déroule actuellement, réduit les rentes de l'innovateur technologique initial ou du pays/secteur où elles ont été mises en place. Dans un tel contexte, les normes de profit deviennent de plus en plus semblables pour un marché donné. Pour les accroître, il faut aller sur le territoire où elles sont plus fortes, ou bien imiter les meilleures pratiques (*best pratices*) des autres. La recherche d'une rentabilité supérieure, à partir d'un processus constant d'étalonnage (*benchmark*), de comparaison, de veille, d'intelligence économique, a pour effet de réduire les écarts de structure ou de clientèle, de conformer les différents acteurs d'une même façon.

La conséquence finale en est donc un accroissement du processus concurrentiel : la recherche d'un ROE plus fort rend les processus d'achat-production-vente de plus en plus semblables, les firmes allant vers les mêmes espaces avec des organisations identiques. La pression des actionnaires, qui conduit à plus de résultats et à plus de lisibilité des résultats, rend les firmes plus transparentes et plus semblables. Ce qui mène à une accélération de la dynamique de concentration… avec les effets finals sur le ROE que l'on imagine : sa diminution tendancielle, comme aurait pu dire un économiste fameux du siècle passé, sauf à poursuivre sur la lancée de la restructuration. Il paraît en effet de plus en plus délicat d'indiquer aux marchés financiers que telle ou telle firme se développe d'une manière spécifique, différente de la norme, du *benchmark* qui est établi pour son secteur. Le défaut majeur du ROE est en fait ici son manque d'imagination, de goût pour l'expérimentation.

En toute objectivité, on peut cependant répondre à ces reproches :

– que l'optique normalisatrice du ROE porte sur les secteurs déjà mûrs, et donc qu'elle les force encore à agir, à se remettre en cause, et donc augmente encore la productivité du système, même dans ses sentiers les plus battus ;

– qu'elle ne correspond pas à l'approche *start-up*, où des sommes souvent très importantes sont mobilisées derrière des concepts, des projets, des histoires ou des personnalités. Il y a donc aussi un jeu de probabilités qui coexiste avec l'approche de réorganisation normalisatrice du ROE.

Il ne s'agit pas ici de demander à des actionnaires d'être patients, ce qui serait une autre façon de leur demander une sous-valorisation de leurs actifs, qu'ils vont évidemment refuser, mais de leur présenter des stratégies alternatives d'obtention de résultat. Autant le dire aussi, cette demande débouche sur une autre contradiction, celle de la transparence des moyens. Une stratégie ne comporte pas en effet seulement des objectifs chiffrés, elle intègre aussi des méthodes, des choix... qui ne gagnent pas à être connus des concurrents, parfois même de certains salariés, alors qu'elles doivent l'être des actionnaires. Ceci implique que l'entreprise parle de façon spécifique au Conseil d'administration, avec un niveau extrême de confidentialité, mais aussi aux fonds de pension et aux gestionnaires d'actifs. Les conditions de divulgation des choix et idées de la firme, des débats qu'elle nourrit, sont un élément essentiel de la communication financière, avec les règles déontologiques à développer partout, des murailles de Chine à consolider – et des cultures internes à renforcer.

Le cas particulier de la banque

Exposée à l'effet du ROE, la banque elle aussi se trouve affectée. Elle doit nécessairement accroître sa rentabilité, ce qui ne peut passer que par une prise plus grande de risques. Or la mesure du risque dans la banque n'est pas simple, supposant une connaissance antérieure, fiable et homogène du risque de défaut anticipé (voir plus loin). Elle suppose aussi que la pratique de provision *ex-ante* se développe partout, de façon à ce que le comportement individuellement rationnel d'une banque ne se retourne pas contre elle. De façon générale en effet, le contrôle des risques dans une banque est probablement moins bien assuré que dans une autre firme. Une partie des ressources d'une banque (une partie de ses créanciers donc) ne se trouve pas rémunérée en fonction de ses risques (ce sont les dépôts de la clientèle). Il y a donc *monitoring* imparfait des risques par le marché, presque par construction, ce qui justifie une réglementation prudentielle pour réduire le risque de hasard moral. Le développement conjoint auquel on assiste est donc indispensable, avec de nouvelles mesures des risques avec procédures plus précises d'étalonnement d'un côté, et la montée des ROE qui conduit à prendre plus de risques d'un autre. Il faudrait absolument que l'aspect mesure aille plus vite encore, car celui du ROE est déjà bien engagé. En d'autres termes, les Comités de Bâle doivent forcer l'allure dans la mise au clair de leurs préconisations, les auditeurs et commissaires aux comptes doivent relayer l'approche, et les analystes boursiers s'en faire partout l'écho.

4. ROE et gestions endogènes du risque

Dans un tel contexte, où c'est de l'extérieur, par le pouvoir des actionnaires, et de haut en bas, par le poids du

ROE, que se produit l'ajustement des entreprises, il faut mettre l'accent sur le développement des comportements proprement endogènes de mesure. C'est l'approche Raroc (*Risk Adjusted Return on Capital*) à partir des banques, suite à l'introduction de la réglementation Cooke en 1992, c'est l'approche *VaR* (*Value at Risk*) pour les activités de marché.

Le Raroc

L'idée du *Raroc* est de calculer le niveau de risque intégré dans l'opération, dans la banque celui lié à l'opération de crédit. Cela conduit assez vite à une double approche : la première est analytique, c'est le *Raroc* transactionnel lié à une opération donnée, la seconde est synthétique, financière, prenant en considération l'ensemble des opérations dans une optique de gestion du portefeuille.

Dans les banques, où le *Raroc* est né, l'outil transactionnel est ainsi construit pour déterminer au mieux, et donc pour faire évoluer de façon positive, le rapport rendement/risque au moment même de l'octroi du crédit. Il intègre ainsi ce que l'on sait du projet, de ses rendements escomptés, des garanties données à l'occasion (collatéraux et *covenants*, c'est-à-dire un ensemble de comportements auxquels s'engage l'entreprise destinés à ne pas accroître son risque à la suite de l'octroi du crédit), plus ce que l'on sait déjà de la firme, de ses comptes, de son histoire, tous éléments résumés par une note ou, mieux, par un ensemble de notes. L'outil transactionnel se trouve ainsi orienté dans une approche *ex-ante*, avec l'idée de donner en début d'opération la rentabilité nette de son risque, ce qui permet dans la négociation, en discutant d'un côté du prix (le taux d'intérêt), de l'autre des conditions (collatéraux et *covenants*, autrement dit des aspects individualisés du risque), d'améliorer le couple retenu et d'obtenir un taux de rentabilité net de risque anticipé jugé correct pour l'opération.

Bien sûr, cette approche a trois limites : le première est qu'elle fonctionne à l'acte, la deuxième qu'elle n'intègre pas l'ensemble des opérations menées, la troisième qu'il s'agit d'une approche certes dite *ex-ante*, mais nécessairement étalonnée sur le passé.

Première difficulté, l'analyse du couple rendement risque s'effectue à l'acte, indépendamment donc d'une logique de relation, de durée. On peut bien sûr dire que l'histoire est intégrée dans la note de l'opération, qui prend en compte la note de la société, il n'en demeure pas moins qu'il faut prendre aussi dans la décision du moment les autres activités en cours et surtout les prévisibles, sources futures de résultat… et aussi de risque – et que ces éléments ne peuvent être intégralement résumés dans la note. Deuxième difficulté : l'individualisation de l'opération, alors que l'on prête dans une banque à des centaines d'entreprises ou de professionnels, dans des régions, et que l'on promeut plusieurs produits – et donc que l'on dispose d'autres angles de vue par secteurs, régions, ou type d'opération. La troisième est clairement le poids de l'histoire.

En fait, il faut reprendre les résultats obtenus pour aller à un niveau plus synthétique, celui où l'on étudiera les classes d'actifs, les régions, les produits et où l'on pourra passer à une logique de portefeuille. Le *Raroc* généralisé, c'est en fait exprimer de façon homogène, en ôtant du rendement brut le risque escompté, toutes les opérations menées, quelles qu'elles soient, où qu'elles soient. On comprend bien les difficultés de l'opération, sa durée et son coût, puisqu'il faut être bien sûr que les notes, méthodes, façons de remplir les fichiers sont identiques dans tous les espaces de la firme.

On voit bien aussi, et c'est la troisième limite de l'opération, que le problème de la vérification des calculs est décisif. Au niveau microéconomique en effet, le calcul montre dans la firme les opérations à ne pas faire, même après toutes négociations, et conduit donc à la décision commerciale de dire non. Ceci a des effets sur la firme elle-même et sur un concurrent, qui peut :

— avoir des bases de coût plus favorables, donc relativement plus de marge et accepter l'opération ;

— avoir trop de capital, ou des actionnaires qui ont un taux de rentabilité requis plus faible, ou des actionnaires qui entrent dans une logique d'achat de part de marché et acceptent donc une diminution transitoire de leur rentabilité ajustée du risque, et accepter l'opération ;

— accepter l'opération, plus simplement et plus platement, car la firme n'a pas d'outils aussi sophistiqués et prend en fait plus de risque qu'elle ne le croit, et donc qu'elle ne le dit à ses mandants.

Mais cette vérification prend du temps. Or, tout le monde sait depuis que la Fed l'a dit, « les modèles d'allocations de fonds propres ont été mis en place depuis ces dernières années et n'ont pas été testés sur un cycle économique complet ». Attendons donc que celui-ci ait lieu. Ou remarquons néanmoins que l'approche devra nécessairement intégrer une période de désintermédiation bancaire croissante, donc de niveau de risque potentiellement supérieur. Les taux de sinistralité sur longue période intègrent en effet, nécessairement, des années où le crédit bancaire était dominant, puis essentiel, et où donc la banque jouait le rôle de coussin dans les périodes de difficultés, soutenant l'entreprise, lui trouvant un éventuel repreneur si les choses empiraient, tous éléments qui bonifient évidemment les taux de faillites. Ce temps n'est plus.

Ce qui est intéressant cependant, c'est que les experts en *Raroc* qui font des remarques pleines de bon sens sur les limites intrinsèques de leurs modèles pour la validité de calcul de la prime de risque (mais sans aller au-delà, ni sur sa période d'étalonnage, ni sur les effets liés à son usage généralisé) notent que les mesures des risques de marchés sont, elles, bien meilleures. Il serait ainsi possible, selon eux, de mieux cerner les risques car on disposerait de séries plus longues, des jours et non plus des années et que le système de causalité serait plus simple.

La VaR

C'est ce qui explique actuellement le poids dominant de la logique *VaR, Value at Risk,* dans les modèles de marché. La *VaR* est ainsi la valeur en risque, c'est-à-dire la perte potentielle qu'on ne veut pas dépasser avec une probabilité donnée. On peut calculer cette valeur de façon paramétrique ou historique, mais dans l'un et l'autre cas, on estime nécessairement qu'il y a une certaine distribution des risques sur l'horizon considéré. Le premier, paramétrique, est évident, puisqu'on suppose que les rendements de marché suivent des lois de Gauss, le second se fonde sur les sinistres subis dans le passé, sans se poser de questions sur leur loi de probabilité théorique. On est *gaussien* dans le premier cas, *répliqueur* dans le second. Mais même cette approche ne va pas sans difficulté, pour trois raisons d'origines statistiques mais qui renvoient à l'économie.

La première raison est que les mesures *VaR* sont difficiles à agréger : elles s'appuient sur la détermination spécifique d'un degré de risque pour un aléa donné pour un produit donné, et se montrent en fait incapables de gérer les interactions qu'impliquent un aléa qui affecte, quoiqu'à des degrés divers, divers marchés. En matière de risque, la réalité est, au moins, additive, la *VaR* ne l'est pas.

La deuxième raison est que la *VaR* répond à une logique de choc non répétitif, non pas à celle d'un ensemble de pertes persistantes qui relèvent plutôt, en termes de gestion, d'une logique *Stop Loss*.

La troisième raison est que le choc *VaR* est bien élevé, il ne s'inscrit pas dans un ensemble de processus qui affectent en même temps les marchés ou, dans le temps, surtout un seul marché. En réalité, cet univers bien élevé est gaussien, autrement dit les queues de distribution y sont supposées pas trop épaisses. Mais si le monde devient celui où les catastrophes se font plus fréquentes, les risques

extrêmes (le nucléaire, l'aléa climatique, la tension guerrière, le krach boursier) doivent être traités différemment.
Dans cette logique, où les valeurs extrêmes deviennent
relativement plus probables que nos simples modèles, il
faut se préparer, et réagir.

Il faudra aussi intégrer l'idée, même si elle est provocatrice, que la recherche actuelle du ROE accroît considérablement le risque et que les outils de mesure que l'on
met en place pour le mesurer ne prennent pas ce phénomène en considération. Autrement dit, dans l'univers
moléculaire qu'entraînent les concentrations, et donc la
logique ROE, la réalité devient moins atomistique (petites entreprises). Elle fait intervenir plus de plus grosses
entités, avec leurs effets en chaîne, et donc nous éloigne
d'un monde appréhendé par des lois de Gauss. Dit autrement encore, l'idée de vérifier sur un cycle économique
complet devient de plus en plus nécessaire, mais aussi plus
pieuse. La forme du Juglar n'est pas une donnée, mais davantage la conséquence de comportements d'entreprises
en interaction croissante avec les marchés financiers (actionnaires d'abord, autres sources et opportunités de croissance et financement ensuite), et avec la banque centrale,
quand change, comme aujourd'hui, leur logique de régulation avec un poids des valeurs d'actifs plus présent
que jamais.

5. L'arrivée de la nouvelle assurance, le découpage et le découplage

Il est clair que les lignes qui précèdent ne sont pas les premières en ce bas monde où ce type d'alerte a été émis. Il est moins sûr que les esprits soient en revanche au fait des limites de leurs outils de mesure, au moment même où ils sont poussés à aller plus vite et où ils les installent pour connaître… les limites à ne pas dépasser. Il faut donc mettre l'accent sur les mesures propres à limiter les risques pris et sur les conditions de leur présentation au marché. Il faut en effet que les techniques de mesure et les évaluations arrêtées soient l'effet d'un *common knowledge*. Faute de quoi l'asymétrie d'information pourrait fausser les analyses des marchés, celles des vérificateurs publics et privés (agences de *rating*), et faire que les plus purs, vertueux ou orthodoxes, soient les victimes de ce qu'on leur a demandé de faire, avec le résultat désastreux qu'aurait un tel exemple.

Le découpage des activités
Le processus dans lequel nous entrons, celui du découpage des activités, de la mesure des risques liés aux différentes opérations, mesure qui commence dans la banque, dans l'assurance, et qui va se répandre dans l'entreprise, doit évidemment conduire à prendre des contre-mesures. Il ne s'agit pas seulement en effet d'examiner le risque encouru et d'examiner ses conséquences, il s'agit aussi de voir comment s'en protéger. Le risque d'incendie est en

fait gagé par du capital et surtout par une police d'assurance, la seconde réduisant le montant nécessaire du premier. S'il y a du sable à portée, des *sprinklers*, des détecteurs de fumée, une chasse aux matériaux inflammables, une formation des salariés… il est clair que le risque diminue, donc le prix de la police, et que le capital nécessaire, au cas où, n'est plus le même. Une telle attitude doit se développer partout. Il faut examiner les risques opérationnels, les effets des pannes, les fragilités multiples de la firme. Il faut ensuite, la liste faite, en faire la présentation, l'analyse, la pédagogie, la correction. C'est le *Risk management*, si incompris.

Mais ce vieux « mieux vaut prévenir que guérir », devient en termes de valorisation : « Vaut-il mieux détruire aujourd'hui de la valeur que d'attendre demain que s'avère statistiquement le risque et qu'on mesure alors la valeur effectivement détruite ? » Si le monde est celui de la statistique, couplé à un taux d'actualisation élevé, il n'est pas évident qu'il vaille le coût de discuter avec tel ou tel acteur pour lui demander de réduire son risque propre : mieux vaut laisser jouer la loi dite des grands nombres. Ou plus exactement de calculer, ici aussi, le coût de la protection, certain, comparé à celui, statistique, du sinistre. Il faut donc partout développer des *logiques à tolérance de panne*. Ce qui veut dire qu'il n'est pas rationnel de trop longtemps conseiller la petite entreprise ou l'artisan, comme on ne conseille pas longtemps le jeune automobiliste : le coût du crédit ou de l'assurance diminuera avec sa pratique, dans une logique bonus-malus. Pour la PME, elle devra montrer ce qu'elle fait pour effectivement réduire son risque, comment elle garde par exemple ses hommes clefs, en leur accordant des primes dans le temps, autant de *cuff links* (menottes) qui peuvent être dorées. A son stade, la discussion avec le banquier ou l'assureur devra être menée avec attention, il en va de l'intérêt de tous, à partir d'une *check list*. Pour les grandes entreprises, des programmes complets d'analyse et de gestion du risque devront aussi être réalisés. Il s'agit alors d'études qui prennent des années, pour mener une politique intégrée de gestion du risque. Les entreprises vont évidemment utiliser ces travaux pour réduire leur risque, ou en faire assurer tout ou partie, et obtenir ainsi des conditions de financement différenciées et/ou un autre œil de leurs actionnaires, clients, fournisseurs. Pour les entreprises bancaires et financières, le même processus est évidemment obligatoire – et il l'est presque autant de le faire savoir, notamment aux marchés. Dans un monde concurrentiel qui demande à tous d'aller plus vite, il ne faut pas seul prendre du temps à lacer ses chaussures : il faut que ce soit le cas de tous. D'où les agences de régulation, d'où les informations sur les systèmes de management internes du risque qu'il faut rendre publiques.

Bref, le capitalisme qui est le nôtre combine, dans la firme, des logiques *VaR* et *Raroc* au niveau des relations commerciales et de la formation des prix avec des approches d'analyse et de politique du risque au niveau des activités de production mêmes de la firme. Ces travaux sont indispensables, pour établir l'étude de la firme elle-même, calculer son rendement et son risque, gérer ce couple (réduire, restructurer, augmenter, assurer…) et le présenter aux marchés, dans une approche où la valeur attendue des *cash-flows* est la plus élevée (EVA – MVA) pour un niveau donné de risque, offrant ainsi le plus haut niveau de ROE *risk adjusted.*

La vente des risques

En même temps, le marché du risque étalonné va se développer. De plus en plus d'agences spécialisées d'assurances, de fonds d'investissements, vont acheter des risques paramétrés pour les mettre dans leurs propres produits et en renforcer ainsi l'attrait pour des investisseurs qui voudraient plus de rendement. Il est clair que, pour le prudent, l'attrait du monétaire reste limité, et pour longtemps. La logique des politiques monétaires conduit l'investisseur demandeur d'un plus haut couple rendement/risques à aller sur ce marché du démembrement du risque. Les banques, dans cet univers, seront des *originateurs,* des assembleurs, des estimateurs du risque net du produit de financement (crédits aux particuliers, aux PME, aux grandes entreprises, aux projets, aux *start-ups,* aux émergents…) pour les vendre ensuite. Les nouveaux couples rendements/risques iront alors, plus consciemment, dans les fonds spécialisés, dans les fonds de retraite, et non plus dans les systèmes d'intermédiation actuels. Banques, mais aussi assurances. La nouvelle vie du vieux couple n'a donc pas fini de voir l'importance de ses nouvelles inclinations.

6. Quelles leçons tirer ?

Éduquer d'abord, sur l'idée que le ROE plus élevé implique des risques supérieurs. Ceci concerne tout le public, tous les publics.

Former ensuite davantage, car il faudra plus de flexibilité, de rapidité… dans le nouveau monde. Ceci concerne l'école et les systèmes de formation.

Mener dans toutes les entreprises une recherche complète des risques intégrés, avec des politiques complètes de suivi et de réduction. Ceci concerne les entreprises, leurs systèmes d'audit, les salariés, les administrateurs et les actionnaires, mais aussi le public en général.

Diffuser en externe, dans le marché, les *best pratices* des sociétés et leur politique à l'égard du risque de façon à ne pas les handicaper dans une optique de mesure à trop court terme de leur rendement.

Sensibiliser les compagnies d'assurances aux politiques des agents en matière de risque pour affiner les prix.

Renforcer les instances de régulation publiques ou privées, les agences de notation, à ces politiques. Accroître le niveau demandé d'analyse et de prévention des difficultés.

Mettre l'accent, en matière de marchés financiers, de banques et d'intermédiaires, sur la maîtrise microéconomique des risques et sur les différents outils de mesure utilisés.

La recherche d'un ROE plus élevé, source de plus d'efficacité économique, on ne le répétera jamais assez, implique aussi plus de risque. Il serait irresponsable de ne pas demander que tout ceci s'accompagne donc de plus de conscience et de maîtrise.

Un nouveau pilotage
monétaire et financier ?

Christian de Boissieu

Une mutation financière extraordinaire, amorcée depuis plus de vingt ans, a gagné les unes après les autres toutes les régions du monde, catalysée par la globalisation et les nouvelles technologies. Comme toujours, elle comporte à la fois des avantages et des risques. Il est de bonne méthode de cerner les uns et les autres, en privilégiant les forces qui, dans le domaine de la monnaie et de la finance, vont être au cœur de la transition d'un siècle à l'autre, d'un millénaire à l'autre.

1. Globalisation financière : *irréversible*

Nous vivons depuis plusieurs années dans un monde de déréglementation, d'ouverture et de parfaite mobilité des capitaux. Dans ce monde, le moindre écart ou la moindre information suffisent parfois à déplacer les fonds d'un pays à l'autre, d'un instrument financier à l'autre, et donc à nourrir l'instabilité des cours des titres financiers, des changes... C'est la globalisation qui explique l'existence d'une norme de rendement (ROE pour *Return on Equity*) exigée par les investisseurs internationaux, même si le débat subsiste sur le niveau de cette norme (15 % ?) et sur son homogénéité entre les différents secteurs économiques. Difficile de gagner sur tous les tableaux à la fois : la libéralisation financière a permis aux particuliers, aux entreprises, aux États, etc., de mieux gérer leur épargne et/ou leur endettement, en élargissant considérablement la gamme des solutions envisageables. Le prix à payer pour ces nouvelles marges est la volatilité, et les risques qui l'accompagnent.

Les crises intervenues depuis 1997 en Asie du Sud-Est, en Russie, au Brésil..., ont rouvert le débat sur la libéralisation financière. Les différentes pistes évoquées sont peu convaincantes. Le contrôle des changes aurait encore moins d'efficacité maintenant avec les nouvelles technologies et en particulier Internet qu'il y a vingt ans, période où il était déjà peu effectif. En outre, le protectionnisme financier, s'il se généralisait, ferait le lit du protectionnisme commercial avec tous les inconvénients que l'on devrait en attendre pour la croissance et l'emploi. Par ailleurs, une taxe à la Tobin sur les opérations de change, conçue comme un « grain de sable » dans les rouages de la finance internationale, aurait aussi plus d'inconvénients que d'avantages et elle soulèverait de nombreuses difficultés d'application. Le bilan d'expériences inspirées de cette taxe, sous forme par exemple d'une taxation des entrées de capitaux (Chili, Slovénie,…), le confirme.

Plutôt que de prétendre dérouler à l'envers le film de la libéralisation financière, il faut gérer correctement le principe de réalité suivant : pour diverses raisons, en particulier à cause des nouvelles technologies bancaires et financières, la globalisation financière est irréversible au moins à l'horizon des dix à quinze prochaines années (au-delà aussi, mais il ne faut pas injurier l'avenir). La réponse adaptée ne consiste donc pas à mobiliser des réflexes et des comportements passéistes, mais à moduler le rythme de la libéralisation financière pour les pays qui ne l'ont pas encore achevée. Et pour tous les pays, à accompagner cette libéralisation d'un resserrement de la réglementation bancaire et financière. On rencontre ici le thème central de la politique prudentielle, par définition préventive, qui doit amener les établissements financiers et les marchés de capitaux vers plus de sécurité mais aussi plus de transparence. Ces tendances, amorcées depuis le krach de 1987, vont marquer au moins les premières décennies du XXIe siècle.

2. Nouvelles technologies bancaires et financières :
encore foisonnantes

Le XXe siècle aura été celui de la dématérialisation de la monnaie, accélérée depuis une vingtaine d'années par l'électronisation des flux monétaires et plus récemment par Internet. L'essor du commerce électronique ne fait que commencer, mais nous n'en avons pas encore tiré toutes les conséquences pour penser et pratiquer la politique monétaire. Une interrogation, parmi beaucoup d'autres : allons-nous vers des économies à demande de monnaie nulle ou négligeable, puisqu'un même volume d'échanges implique de moins en moins d'encaisses monétaires, et même de moins en moins de monnaie scripturale (dépôts à vue ou à terme…) ? Je ne le crois pas, et pour plusieurs raisons. L'une d'elles est que nous avons tous besoin, à un moment donné, d'une relation physique avec l'argent, malgré (à cause de ?) la dématérialisation de la monnaie. On le voit bien avec l'arrivée de l'euro : après l'emballement initial de la fin de 1998 et du début de 1999, la vague est retombée dans l'attente – trop longue – de l'introduction des billets et pièces en euros à partir de janvier 2002.

Pas de pause dans l'apparition et la mise en place des nouvelles technologies bancaires et financières. Tel est mon pronostic. Il faut en attendre plus d'efficacité, plus de décentralisation des initiatives et de l'information et plus de désintermédiation, et il faudra accompagner la rapidité accrue des règlements par un haut niveau d'exigence sur leur sûreté, et sur le respect de la vie privée et des libertés individuelles. L'essor, depuis quelques années, de l'EDI (échanges de données informatisées), permettant par exemple à des entreprises non financières de gérer et compenser leurs créances et dettes réciproques sans passer par une banque, fait craindre pour les banques une désintermédiation technologique qui réduirait significativement leur rôle. Là encore, il faut relativiser cette angoisse de nature passablement millénariste : de même que les banques ont, depuis vingt ans, tiré leur épingle du jeu de la désintermédiation des financements en développant de nouvelles activités (y compris nombre d'activités de marché), de même elles devraient s'accommoder et même profiter elles aussi des nouvelles technologies.

3. Imagination financière : *débordante*

En plus des nouvelles technologies, l'innovation financière apporte de nouveaux instruments plus attractifs et plus adaptés à la gestion des risques que les produits traditionnels. D'un côté, on pourrait considérer que dans les pays les plus développés, y compris la France, nous sommes entrés depuis quelques années dans une phase de pause – c'est-à-dire en fait de « digestion » – de l'innovation de produits financiers, après l'explosion des vingt dernières années. De l'autre côté, il faut reconnaître que l'imagination financière est sans limite, que l'innovation financière va rester au XXIe siècle au centre d'une concurrence exacerbée entre les établissements, et que le jeu de chat et souris entre les réglementations et l'innovation financière n'a aucune raison de s'interrompre. Ce que l'on appelle déréglementation dans le secteur bancaire et financier est, en partie, un déplacement du champ de la réglementation : les prix (taux d'intérêt, commissions, etc.) sont libéralisés pendant que les exigences prudentielles sont adaptées au nouveau contexte et renforcées (exemple, entre autres, du « reprofilage » du ratio Cooke, un sujet typiquement à la charnière du XXe et du XXIe siècle).

Nombre d'instruments financiers nouveaux servent à mieux se protéger ou à mieux profiter de la volatilité. Donc, après les produits dérivés de la première génération (contrats à terme, options, swaps) principalement orientés vers la micro-couverture et le transfert inter-agents des risques de marché, on a vu depuis quelques années éclore des dérivés de la deuxième génération remplissant le même type de service pour les risques de signature (exemple des dérivés de crédit). Ces tendances vont se poursuivre, de façon pragmatique et au plan mondial. Du côté français, il faudra savoir introduire rapidement les instruments financiers indispensables au financement de nos retraites. Les fonds de pension – dénommés comme tels ou autrement, peu importe ici la terminologie – sont des compléments indispensables au système de répartition. Il reste à en préciser le plus vite possible les modalités.

4. Restructurations bancaires et financières : *accélérées*

Les forces qui poussent à la restructuration et à la concentration dans la banque et la finance – la déréglementation, la concurrence (y compris la dose supplémentaire née de l'euro), les technologies, d'éventuelles surcapacités, etc. – ne sont pas près ni de s'inverser ni de s'interrompre. Ainsi, dans le monde entier, va-t-on voir s'intensifier la course à la taille, synonyme souvent de course à la diversification (extension de la gamme des activités, dont la bancassurance n'est que l'une des manifestations).

En Europe, cela veut dire concrètement qu'après une première phase de restructurations principalement domestiques, débouchant plus ou moins sur la création de « champions nationaux », une deuxième étape faite principalement d'opérations transfrontalières vient de s'ouvrir. Elle va se projeter sur les premières années du prochain siècle.

Les restructurations sont souvent des réponses à des contraintes de marchés, et elles soulèvent toujours des défis. Pour les établissements concernés, il s'agit de savoir maintenir le contact avec une clientèle que tout – la grande taille, mais aussi les nouvelles technologies – tend à éloigner. Dans le nouveau contexte concurrentiel, gare à ceux qui négligeront les services de proximité (proximité géographique bien sûr, mais aussi commerciale, culturelle, etc.) ! Il s'agira aussi de corriger rapidement des excès possibles dans la course à la taille et à la diversification. Les économies d'échelle ne sont pas et ne seront pas toujours au rendez-vous, pas plus d'ailleurs que les économies attendues de l'élargissement de la gamme d'activités ne seront toujours présentes.

Quant aux pouvoirs publics, ils devront savoir adapter sans délai les mécanismes et procédures de supervision et de contrôle prudentiel à la nouvelle configuration, tout en veillant au maintien d'une concurrence effective suffisante. S'assurer que la concentration bancaire ne nuit pas à la concurrence mais sert la clientèle devra être l'un des axes de la politique de la concurrence dans le secteur, au plan national comme à Bruxelles.

5. Volatilité : *persistante*

Accentuée par l'effondrement du système de Bretton-Woods (1971-1973) et les changes flottants, par la libéralisation financière et la mise en place, un peu partout, de politiques monétaires modernes de régulation par les taux d'intérêt, la volatilité financière aura marqué les trente dernières années du XXᵉ siècle. Elle sera au cœur de la finance du XXIᵉ siècle, pour plusieurs raisons. Comme indiqué, la libéralisation financière non seulement ne sera pas mise en cause mais elle va s'accentuer. Quant aux changes flottants, ils vont continuer à régir les relations entre les grandes devises (dollar, euro, yen...). Nous ne sommes pas près de revenir à un système proche de celui de Bretton-Woods. Il y aura des crises bancaires et des krachs boursiers. L'expérience montre que les uns et les autres suscitent un temps d'arrêt mais ne contrarient pas fondamentalement l'essor de la finance.

Plusieurs axes doivent être privilégiés pour contenir un peu la volatilité ambiante, et surtout pour la vivre mieux.

– Dans les relations entre dollar, euro et yen, il ne faut pas abdiquer toute ambition de mettre en place des zones-cibles (*target zones*) limitant la volatilité entre les principales devises. Cela implique de tirer la leçon des expériences passées (comme celle de 1987), et de renforcer la coordination internationale des politiques nationales.

– La permanence de la volatilité financière doit et devra inciter tous les acteurs microéconomiques, et pas seulement les banques, à renforcer leur dispositif de contrôle interne pour mieux connaître et gérer leurs risques de marché.

– Plutôt que de chercher à réglementer directement les fonds hautement spéculatifs (*hedge funds*) – ce qui n'aurait guère d'efficacité puisque cela déplacerait le champ de l'innovation et de la spéculation vers d'autres territoires aujourd'hui en friche – il vaut mieux endiguer leur essor et leurs activités de façon indirecte : en renforçant les exigences prudentielles imposées aux banques et autres établissements lorsqu'ils servent de contreparties à ces fonds. Une direction qui rejoint celle ouverte à l'occasion du « reprofilage » du ratio Cooke.

6. Risques : *permanents*

Un jour ou l'autre, l'inflation reviendra. Pas tout de suite, ni même à l'horizon des deux-trois prochaines années. De toute façon, il faudra changer rapidement de thermomètre, au vu d'une configuration dans laquelle l'inflation concerne moins les biens et services que les actifs financiers et, dans certains pays, les actifs immobiliers.

Le risque d'inflation, au sens habituel, aura donc moins de pertinence au début du prochain millénaire que d'autres variétés de risques. Je pense en particulier aux risques de marché et aux risques de signature déjà évoqués, ainsi qu'aux risques systémiques. La gestion de ces différents risques n'est pas qu'une question technique, elle relève aussi d'un état d'esprit des entités microéconomiques (banques, entreprises, particuliers…) et des pouvoirs publics. Le marché a généralement une longueur d'avance sur la réglementation applicable. Mais il faut s'efforcer de réduire cette longueur. Autre défi pour les années à venir, l'indispensable progrès dans la coordination internationale et spécialement européenne des réglementations prudentielles et la nécessité d'y associer la plupart des pays émergents ou en transition vers le marché.

Personne n'avait vu venir la crise asiatique de 1997. On peut penser que la prochaine crise viendra de là où on ne l'attend pas, autrement dit des maillons faibles du système. Mais, en même temps, il va falloir surveiller soigneusement les sources habituelles de fragilité et de chocs. Je suis en particulier inquiet de la vitesse excessive à laquelle le secteur de l'immobilier repart dans certains pays, dont la France. Car les bulles, qu'elles soient financières, immobilières ou autres, finissent un jour ou l'autre par éclater. Et nous sommes peut-être en train d'assister à la formation de la prochaine bulle immobilière.

7. Les relations actionnaires-salariés : *apaisées*?

La fin du XXᵉ siècle a été marquée par une exacerbation de la confrontation actionnaires-salariés dans nombre de pays européens. La prégnance de la norme de rendement sur fonds propres (ROE) dans le contexte d'un chômage encore élevé (même s'il a reculé ici ou là) a sans doute joué un rôle non négligeable, tout comme certaines erreurs graves de communication à l'occasion de l'annonce de plans sociaux.

Mon sentiment est que, pour conforter le sentier de croissance et l'emploi, il faut apaiser certains de ces conflits, potentiels ou effectifs, entre actionnaires et salariés. Il existe plusieurs voies concevables. Plutôt que de durcir la fiscalité des stock-options, il faut dans un pays comme la France étendre leur diffusion à l'ensemble des salariés. Une façon de relancer le thème de la participation, alors que l'ordonnance de 1967 la concernant a assez mal vieilli. Dans le même ordre d'idées, l'épargne salariale, au sens le plus large, doit être encouragée. La création indispensable de fonds de pension en France relève d'autres impératifs – en particulier la soutenabilité à moyen-long terme de notre système de retraite – mais, en introduisant une dose de capitalisation dans un système toujours organisé autour de la répartition, elle conduirait aussi à étendre les configurations de salariés en même temps actionnaires.

8. Le marché unique des services bancaires et financiers : *enfin effectif*

Ce marché existe officiellement depuis janvier 1993. En pratique, il comporte de nombreuses exceptions et de nombreux arrangements avec des principes pourtant limpides. On ne compte plus aujourd'hui les exceptions qui, au lieu de confirmer la règle, la vident en partie de son contenu, ou les cas dans lesquels les pays-membres ont invoqué la clause d'intérêt général pour protéger tel ou tel pan de leur secteur bancaire et financier. De telles pratiques devront régresser très vite avec l'entrée dans le XXIᵉ siècle, grâce à l'euro, puissant levier d'homogénéisation des espaces économiques et de forces concurrentielles, et à une Commission européenne et une Cour de justice européenne plus exigeantes en la matière.

Un marché unique suppose une harmonisation minimale sur les grandes règles du jeu. Le blocage du dossier de l'harmonisation fiscale devra sauter assez vite, au moins sur certaines de ses composantes (exemple de la fiscalité de l'épargne, en particulier du projet de retenue à la source). Il y va de la cohérence à terme de l'Union économique et monétaire. Le dispositif actuel, dans lequel la BCE prend les décisions monétaires pour la zone euro à la majorité simple alors que prévaut l'unanimité en matière fiscale, me paraît incohérent. Sortir par le haut d'une telle incohérence nécessite de passer rapidement à la règle de la majorité qualifiée pour la coordination fiscale.

9. Le système monétaire et financier international (SMFI) : *rééquilibré? piloté?*

L'arrivée de l'euro a déjà contribué à rééquilibrer le SMFI, et le processus va marquer les débuts du XXI ᵉ siècle. Car, si la monnaie unique européenne va rapidement épauler le dollar pour les opérations financières internationales, elle va mettre plus de temps à s'imposer, toujours à côté du billet vert, comme monnaie de facturation du commerce mondial. Cela tient au poids des habitudes, au jeu des effets de réseaux qui confèrent un avantage à la monnaie qui fait la course en tête...

On parle souvent de triade monétaire pour évoquer la configuration dollar-euro-yen. Mon sentiment est que le yen, qui n'est déjà pas la monnaie de l'Asie (un rôle rempli par le dollar...), ne va pas s'imposer comme monnaie de réserve internationale. Plutôt que d'une véritable triade, il va donc s'agir d'un duopole monétaire (dollar, euro), encore très asymétrique aujourd'hui mais qui devrait l'être de moins en moins.

Un SMFI rééquilibré ne sera pas automatiquement moins instable. On pourrait même, dans certaines circonstances, craindre l'inverse. Il est donc indispensable de compléter l'arrivée de l'euro par un renforcement de la coordination internationale des politiques économiques dans le cadre du G7. On peut toujours rêver... Les progrès éventuels du côté de la coordination internationale risquent d'être toujours en deçà de l'imbrication concrète des systèmes bancaires et financiers. Des systèmes donc beaucoup plus intégrés que les politiques économiques nationales : le constat fait depuis vingt ans va sans doute se projeter sur le siècle suivant.

Parmi les autres composantes de l'« architecture » financière internationale, deux sont riches de promesses pour l'avenir : l'association plus étroite des pays émergents ou en transition à des concertations, voire des décisions les concernant directement, grâce à la création du G20 ; l'exigence d'une information plus transparente. Ces pistes, et quelques autres, ne vont pas régler d'un coup de baguette magique la sempiternelle interrogation sur le pilotage de l'économie mondiale. Mais elles reflètent un volontarisme de bon aloi, celui qui, tout en respectant la logique et le verdict des marchés, s'inscrit dans une perspective de moyen-long terme et met la monnaie et la finance au service de la croissance et de l'emploi.

Des systèmes de rémunération incitatifs et équitables

Bertrand Jacquillat

Le monde de l'entreprise est aujourd'hui caractérisé par l'intrusion des nouvelles technologies de l'information dans la plupart des secteurs traditionnels, par l'ouverture, la globalisation et la mondialisation, et par la rareté du capital et les nouvelles exigences des actionnaires notamment. Ceci requiert à la fois plus de souplesse et de réactivité des entreprises en même temps qu'une plus grande adhésion des diverses parties prenantes à des objectifs clairs.

Ces objectifs ont une traduction financière, c'est la création de valeur, vieux concept de la boîte à outils microéconomique qui refait surface dans la pratique des entreprises.

287

Dans ce nouvel environnement qui préfigure celui du nouveau siècle, surgissent des modifications substantielles des modes de rémunération dont la partie variable prend tous les jours davantage d'importance notamment via le système des stock-options. Les bons de croissance ou stock-options sont attribués par les entreprises selon des plans qui définissent la liste des salariés qui en seront les bénéficiaires, la durée minimale de détention des options avant que ceux-ci ne puissent les exercer (c'est la levée d'option), et le prix d'exercice par action, c'est-à-dire ce que le bénéficiaire devra verser à la société en échange des actions qu'il recevra, au moment où il lèvera ses options, dans la limite du nombre auquel il a droit.

Comme pour toute option standard, le salarié n'aura intérêt à les lever que si le cours de l'action est supérieur au prix d'exercice. C'est cette différence entre le cours de l'action et le prix d'exercice qui constitue la plus-value.

Ces systèmes de stock-options ne peuvent que se généraliser, dans la mesure où ils présentent la double caractéristique d'être à la fois incitatifs et équitables, adjectifs qui ne sont ici que les deux facettes d'une même médaille. Cette notion d'équité présente trois volets.

Équité d'abord à l'intérieur de l'entreprise pour ne pas créer un salariat à deux vitesses, celui des équipes dirigeantes d'un côté, dont le salaire ne serait qu'un minimum garanti, mais dont les stock-options pourraient représenter une part importante sinon prépondérante de la rémunération globale, et d'un autre côté la plupart des autres salariés de l'entreprise qui ne seraient pas partie prenante de ces modes de rémunération incitatifs.

Équité ensuite entre salariés bénéficiaires de stock options et actionnaires non salariés. Il s'agit ici de mesurer correctement les performances des entreprises de façon à éviter que les salariés ne bénéficient de la levée de leurs stock-options avant même que les actionnaires non salariés aient obtenu une juste rémunération de leur placement.

Équité sociale enfin de l'État qui doit éviter de pénaliser fiscalement le système sous peine de lui faire perdre son caractère incitatif, voire de le faire disparaître.

L'équité entre salariés

Doit-on accepter une fois pour toutes que le salarié ne perçoive qu'un salaire sans référence à la richesse qu'il crée ? Le concept de création de richesse ou de création de valeur, étalon de la mesure de la performance des entreprises, est le dénominateur commun de l'équité et de l'efficacité des stock-options pour les salariés.

Le concept de création de valeur est simple. L'entreprise qui utilise un ensemble de facteurs de production doit les rémunérer correctement. C'est vrai des salariés qu'elle emploie, des matières qu'elle achète, mais aussi des capitaux qu'elle utilise. L'entreprise n'aura créé de la richesse ou de la valeur qu'à partir du moment où tous ceux qui ont une relation contractuelle avec elle auront été rémunérés selon les conditions de prix des différents marchés concernés, y compris les actionnaires.

Ainsi, il n'y a création de valeur qu'à partir du moment où la valeur en bourse de la société est supérieure au montant cumulé des fonds qui lui ont été apportés par les actionnaires au fil du temps. Ce qui se traduit aussi par le fait que bon an, mal an, il n'y aura création de valeur que si les bénéfices dégagés par l'entreprise dans ses comptes sont supérieurs à la rémunération normale attendue des actionnaires. Aucun système formel comptable ne prévoyant d'inscrire dans les charges de l'entreprise la rémunération des actionnaires, une entreprise peut à la fois dégager des bénéfices comptables et détruire de la richesse ou de la valeur. C'est le cas lorsque des bénéfices comptables ont été dégagés, c'est-à-dire que l'entreprise a pu correctement rémunérer l'ensemble des parties prenantes de l'entreprise mais que le montant de ces bénéfices est insuffisant pour rémunérer les actionnaires dans les conditions normales de marché. Ce n'est que dans la mesure où il y a un surcroît de bénéfices, une fois cette juste rémunération du capital déduite, qu'il y a création de richesse et de valeur. Ce n'est que lorsqu'il existe un surplus, que se pose la question de sa répartition équitable.

Tout intéressement donné aux salariés sous forme d'actions représenterait cependant une dilution de la richesse investie dans l'entreprise par les actionnaires si l'on se contentait de partager la même richesse entre davantage d'actions, mais ceci est une vue statique des choses. L'hypothèse sous-jacente aux systèmes de rémunération « incitatifs » est que ces modes de rémunération ne sont précisément pas des jeux à somme nulle, où ce qui est donné à Pierre est pris à Paul. La rémunération incitative proposée aux salariés sous forme de stock-options entraîne une dynamique d'effort, de créativité, d'intelligence, de coopération, de « chasse aux gaspi », etc., qui augmente la taille du gâteau, c'est-à-dire le montant des bénéfices par rapport à une situation où n'existerait pas de rémunération incitative, et contribue directement à la création de valeur. Quoi de plus équitable et de plus efficace, et donc de plus conforme aux intérêts de chacun, que de récompenser les salariés en les intéressant à cette création de valeur à laquelle ils ont largement contribué, en leur attribuant des options sur les actions des entreprises dont ils sont salariés ?

Cette hypothèse de dynamique de l'interaction entre la création de valeur et sa répartition équitable est d'ailleurs corroborée par les faits. Citons un seul exemple, mais il y en a beaucoup d'autres qui vont dans le même sens, aussi bien en Grande-Bretagne qu'aux États-Unis.

A côté des grands indices de valeurs françaises bien connus, CAC 40, SBF 120 ou SBF 250, il a été créé en 1999 le premier indice en France de l'actionnariat salarié (IAS). Cet indice inclut, fin 1999, vingt-neuf sociétés françaises qui réunissent les conditions suivantes : être cotées et appartenir à l'un des trois indices ci-dessus, avoir un actionnariat salarié supérieur à 3 % du capital, et au moins 25 % du personnel actionnaire. Du 31 décembre 1990 au 30 septembre 1999, l'IAS a progressé de 269 %, à comparer à 202,5 % pour le CAC 40 et 197 % pour le SBF 250, soit une progression annuelle de 16,1 % pour l'indice

IAS, contre 13,5 % pour l'indice CAC 40 et 13,2 % pour l'indice SBF 250.

Ces résultats montrent une corrélation marquée entre l'existence d'un actionnariat salarié dans des conditions de rémunération variables et incitatives et une surperformance boursière des entreprises concernées.

La valorisation des entreprises et de leurs stratégies devient une préoccupation majeure des directions générales et des conseils d'administration. Cet objectif ne peut être atteint qu'à condition de bien mobiliser toutes les ressources de l'entreprise. De nombreuses entreprises ont mis en place des mécanismes de rémunération ou d'intéressement pour leurs salariés qui sont fondés sur des indicateurs de performance, lesquels sont reliés à des critères de création de valeur. Ces systèmes de rémunération incitative concernant un grand nombre d'échelons et de niveaux hiérarchiques dans les entreprises, la grande majorité des salariés des entreprises qui les mettent en place peuvent et donc doivent en bénéficier.

L'équité entre salariés et actionnaires non salariés

Dans les dernières années où ces systèmes d'intéressement et d'incitation se sont répandus, les sociétés ont en général fixé les prix d'exercice au niveau (ou même parfois en dessous) du cours de bourse de la société au moment où les plans d'options étaient créés.

Dans une telle situation, le principe d'équité entre actionnaires et salariés risque de ne pas être respecté. Pour s'en convaincre, considérons l'exemple suivant d'un salarié à qui il est attribué des options sur 10 000 actions qu'il pourra lever dans cinq ans s'il est encore dans l'entreprise, à un prix d'exercice de 100 euros par action, qui correspond au cours de l'action au moment où les options lui sont attribuées. Si le cours de l'action s'accroît en moyenne de 5 % l'an, cinq ans plus tard, l'action vaudra exactement 130 euros, et le bénéficiaire empochera, en levant ses options, 300 000 euros.

Mais, si dans le même temps, la valeur de l'ensemble du marché des actions s'est appréciée de 10 % l'an, on peut prétendre au nom du principe d'équité qu'un tel bénéficiaire ne mérite pas d'encaisser cette plus-value. Aucun conseil d'administration ne devrait accepter que soit proposée à l'assemblée générale des actionnaires une telle récompense pour des performances somme toute médiocres. Il s'agit d'un transfert de richesse indu des actionnaires à ces salariés bénéficiaires. Elle avantage en effet les salariés au détriment des actionnaires puisque les premiers sont gratifiés d'options qui leur apporteront d'éventuelles plus-values avant même que les actionnaires aient reçu la juste rémunération des engagements financiers risqués qu'ils ont pris.

Une solution consiste donc à indexer les prix d'exercice des plans de telle sorte que les salariés ne pourront dégager une plus-value qu'à partir du moment où les actionnaires auront reçu la rémunération qu'ils étaient en droit d'obtenir lorsque les plans d'option ont été mis en place.

L'indexation du prix d'exercice

Compte tenu des conditions de marché de la fin de ce siècle, les investisseurs en actions d'entreprises françaises (mais c'est à peu près le même chiffre pour les actions des sociétés européennes et américaines) s'attendent à obtenir une rentabilité annuelle de 8,5 % de leurs placements, c'est-à-dire de l'ordre de 3 % de plus qu'un placement obligataire et de 5,5 % de plus qu'un placement monétaire, qui ne représente aucun risque.

De ce fait, une société dont le cours serait de 100 euros le 1er janvier 2000 et qui souhaiterait mettre en place un plan d'option pour ses salariés sur cinq ans devrait fixer un prix d'exercice de 150 euros pour le 1er janvier 2005. Ce n'est, en effet, que si le cours de la société atteint ce niveau que les actionnaires de la société au 1er janvier 2000 auront réalisé le 1er janvier 2005 une rentabilité de leur placement de 8,5 % l'an. Ce n'est qu'au-delà de ce niveau de cours que les salariés pourront partager avec les actionnaires les fruits de leurs efforts, sans que la rémunération de ces derniers se trouve amoindrie.

Même si un tel système d'indexation rend plus équitable cette rémunération incitative *ex-ante*, elle ne l'est pas forcément *ex-post*. Un retour en arrière éclairera ce point.

Les bénéficiaires des plans d'option créés au milieu de la décennie qui s'achève ont profité d'une situation de marché extraordinaire. Car les performances des marchés financiers depuis le début des années quatre-vingt, et singulièrement depuis 1995 n'ont « épargné » aucune entreprise ou presque. Entre 1996 et aujourd'hui, les indices français tels que le CAC 40 ou le SBF 120 se sont appréciés d'environ 25 % l'an. Dans une telle situation de marché les bénéficiaires de stock-options se trouvent ainsi gagnants quelle que soit leur performance personnelle, voire celle de leur entreprise. Mais la hausse du marché français comme celle des autres marchés européens, et encore plus américain, n'est pas tant à mettre à leur crédit qu'à celui des Trichet, Tietmeyer et autres Greenspan. Ces gouverneurs de banques centrales ont su faire baisser les taux d'inflation et donc les taux d'intérêt par une sage politique monétaire, avec le soutien tacite des opinions pbliques finalement acquises aux idées développées il y a plus de quarante ans par Milton Friedman et quelques autres pour contrer l'idée restée longtemps largement répandue d'une politique économique devant choisir entre inflation et chômage.

Pourquoi récompenser les salariés des sociétés parce que les idées de Milton Friedman auraient influencé les gouverneurs des principales banques centrales, les auraient encouragés à lutter contre l'inflation, ce qui leur a permis de progressivement baisser les taux d'intérêt ? Cette baisse a entraîné dans son sillage celle de tous les taux d'actualisation, avec pour conséquence la hausse vertigineuse des cours de bourse de la quasi-totalité des sociétés, et donc de la rémunération des actionnaires et des dirigeants actionnaires, sans qu'aucun lien de causalité entre ce phénomène et leurs mérites individuels et collectifs ne puisse être établi.

En définitive, l'indexation du prix d'exercice va dans le sens d'une meilleure équité, mais elle peut représenter cependant soit un gain soit un manque à gagner indus si les conditions macroéconomiques et financières de l'environnement de l'entreprise se modifient de manière drastique, dans un sens ou dans l'autre, sans que l'entreprise, ses dirigeants ou ses salariés y soient pour quoi que ce soit. Notons au passage que lorsque le mécanisme de hausse générale des taux d'intérêt s'enclenche, le phénomène inverse se produit, à savoir la baisse des valeurs boursières, auquel cas les salariés détenteurs de stock-options se trouvent pénalisés, quand bien même les performances spécifiques de l'entreprise auxquelles ils ont contribué auraient été satisfaisantes.

Il ressort de ce constat qu'il faut imaginer des systèmes qui corrigent ces effets pervers. L'un consiste à dissocier la création de valeur qui est du ressort de l'entreprise de celle qui résulte de l'évolution de l'environnement macroéconomique et financier de l'entreprise, et à ne tenir compte que de la première dans l'attribution des stock-options. L'autre, complémentaire du premier, consiste à comparer les performances de l'entreprise avec celles d'un ensemble d'entreprises qui lui sont comparables. En pratique, ces deux approches ne sont pas exclusives l'une de l'autre.

Dissocier les performances spécifiques de l'entreprise de l'évolution de son environnement macrofinancier

La valeur d'une entreprise à tout moment est la valeur actualisée des flux que le marché estime qu'elle devrait dégager au cours des exercices futurs, le taux d'actualisation étant celui qui correspond au taux des obligations à long terme majoré d'une prime de risque, fonction du niveau de risque de l'entreprise. Les taux d'actualisation implicitement utilisés par l'ensemble des opérateurs et des investisseurs à un moment donné sur les marchés financiers subissent des fluctuations substantielles au cours du temps, du fait même des variations et fluctuations des composantes de ce taux d'actualisation, et notamment de deux d'entre elles, la composante taux d'inflation anticipé dans le taux de rendement actuariel des obligations d'une part, et la prime de risque d'autre part. Le terme d'exubérance irrationnelle popularisé par Alan Greenspan en 1996 avait une traduction technique en terme de prime de risque : les investisseurs auraient oublié que les actions étaient un investissement risqué en poussant leurs cours à des niveaux tels que la prime de risque, c'est-à-dire l'écart de rentabilité normal entre les actions et les obligations, ne serait pas suffisamment préservée. Lorsque et si la prime de risque devait se reconstituer, cela ne pourrait alors se faire qu'à la suite d'une baisse significative des cours. Comme on l'aura compris, tout ceci se passe en dehors de l'entreprise et de ses salariés, de leurs efforts, de leurs mérites et de leurs performances.

Il est ainsi possible techniquement de dissocier, dans la valorisation boursière d'un titre entre deux dates, ce qui est dû aux performances internes d'une part, à l'évolution des facteurs de l'environnement de l'autre. Ce que les mécanismes de rémunération incitative tels que les stock-options veulent récompenser, ce n'est pas la baisse (hausse) des taux d'actualisation, ce qui a pour conséquence la hausse (baisse) de valeur de tous les actifs financiers, mais les performances spécifiques de l'entreprise.

Dans quel cas ces performances peuvent-elles être considérées comme satisfaisantes et enclencher une équitable rémunération incitative ? Dans le cas où l'on constate *ex-post* que la *rentabilité dégagée au sein de l'entreprise* a été supérieure aux attentes qu'en avait le marché *ex-ante*. Pour reprendre le schéma d'évaluation mentionné plus haut, cela se produira lorsque les flux de trésorerie et des bénéfices dégagés au cours du temps ont été supérieurs à ceux auxquels le marché s'attendait et qui étaient implicitement estimés par lui et valorisés dans les cours au moment de la création des plans d'options.

Même s'il est parfois délicat de dissocier complètement les facteurs exogènes des facteurs endogènes ou spécifiques de création de valeur, cette décomposition par facteurs est cependant indispensable si l'on veut d'une manière ou d'une autre relier la création de valeur à des mécanismes de mesure de performances, d'incitation et de rémunération dans les entreprises.

Pour délicate qu'elle soit, cette démarche peut être confortée par celle qui consiste à comparer les performances d'une entreprise à celles de ses analogues, opérant dans des métiers ou des secteurs semblables.

Comparer les performances de l'entreprise à celles de ses analogues

L'heure est au *benchmarking*, c'est-à-dire à la comparaison avec des analogues. En matière de création de valeur, il s'agit de comparer les performances boursières de telle ou telle société avec celle de sociétés qui lui sont comparables, c'est-à-dire qui exercent leurs activités dans des secteurs ou des métiers similaires, qui ont une taille voisine, qui sont en concurrence sur de nombreux marchés, etc.

Cela n'avait pas grand sens naguère, lorsque les économies nationales étaient cloisonnées et que très peu de sociétés étaient similaires à l'intérieur d'un même cadre national. Quoi de plus naturel aujourd'hui de comparer Carrefour et Promodès, du temps où elles étaient deux entités séparées, avec Casino, Metro (All.), Ahold (Holl.), ou Wal Mart (USA), ou bien Pernod Ricard, Diageo (GB), Seugram (Canada), Allied Domecq (GB) dans le secteur de l'industrie des alcools par exemple ?

Ce système comparatif a le mérite de la simplicité. Il n'est pas pour autant dénué de quelques possibles erreurs de mesure, ni de quelque incertitude sur la robustesse des résultats obtenus : les entreprises, s'il est vrai qu'elles se concentrent de plus en plus sur leurs principaux métiers, en exercent aussi d'autres. Elles ne sont donc jamais strictement identiques et donc comparables. Par ailleurs, comme elles n'ont généralement pas la même nationalité et n'opèrent pas strictement sur les mêmes marchés, l'évolution des taux de change peut avoir un impact réel direct et indirect sur ce type de mesure, et donc perturber les comparaisons.

Mais l'emploi simultané des deux méthodes qui viennent d'être exposées, complété par l'indexation des prix d'exercice, devrait sérieusement réduire les sept erreurs de mesure et rendre tout à fait acceptable et accepté ce mode de rémunération. Car, c'est la double inégalité, à la fois dans le mécanisme de déclenchement de la levée d'options et dans sa distribution souvent très inégalitaire au sein des entreprises concernées, qui a poussé les gouvernements successifs, à droite dans un premier temps, à faire voter une hausse de la fiscalité de ce type de rémunération, puis à gauche dans un deuxième temps, à ne pas l'abaisser, puis à s'engager à l'augmenter encore davantage, c'est-à-dire en quelque sorte à jeter le bébé avec l'eau du bain.

L'équité sociale de l'État

Le régime fiscal des stock-options a été plusieurs fois modifié au cours des années passées, dans le sens d'un durcissement de ce mode de rémunération incitatif. Si la fiscalité devient trop lourde, le caractère incitatif risque de disparaître. Ce serait fâcheux pour l'ensemble du système, y compris pour les recettes de l'État. Il peut aussi être tentant pour celui-ci de cibler certaines catégories de salariés, qui pourraient profiter davantage que d'autres de ces rémunérations incitatives. On a vu qu'au sein même des entreprises, cela n'était pas souhaitable. Le plus grand nombre possible de salariés devrait pouvoir profiter d'un système de rémunération incitatif sous forme de stock-options, même si cette forme de rémunération variable doit être une composante relative de la rémunération globale beaucoup plus élevée aux niveaux hiérarchiques supérieurs.

L'État pourrait vouloir cibler certaines catégories de salariés par le biais de la fiscalité. Les plus-values dégagées par les salariés lors de la levée de leurs options seraient ainsi plus ou moins fiscalisées, compte tenu de certains critères objectifs, tels que la taille ou la jeunesse de l'entreprise.

Attention à vouloir jouer aux apprentis sorciers, car de telles mesures discriminatoires peuvent susciter des effets pervers, dangereux et/ou coûteux, voire rendre ces mesures inéquitables et donc mal accueillies par l'opinion publique, sensibilisée par des affaires récentes sur ce sujet.

L'objectif des stock-options étant d'optimiser la valeur, c'est-à-dire d'obtenir de manière décentralisée une meilleure combinaison des ressources, par une répartition plus équitable, est-il souhaitable de favoriser la création de valeur dans les entreprises de petite taille et de ne pas vouloir l'encourager dans les entreprises de grande taille ? A court terme, c'est pourtant auprès de ces dernières que résident les plus grands gisements de productivité.

A-t-on bien réfléchi aux effets pervers d'une telle mesure, censée encourager la prise de risque ? Attention à ne pas trop l'encourager avec le danger d'être inéquitable en avantageant les salariés bénéficiaires de telles entreprises, au détriment d'autres parties prenantes de l'entreprise, à savoir les autres salariés de l'entreprise non bénéficiaires de tels plans d'options, les clients, les fournisseurs, les créanciers et les banquiers. La position d'actionnaire salarié encourage la prise de risque à cause du caractère asymétrique de ses résultats et de ses conséquences pour l'actionnaire. Celui-ci peut en effet gagner beaucoup si le risque tourne bien et perdre peu si le risque tourne mal. Les autres partenaires risquent de tout perdre dans ce dernier cas sans pour autant gagner davantage dans le premier cas. Laissons faire dans ce domaine subtil l'équilibre du tissu des relations contractuelles externes et internes.

Enfin, une telle mesure risque d'être facilement contournée, en tous les cas pour certains, et ce dans la plus grande transparence et la plus grande légalité. Il suffit d'observer la stratégie de plus en plus répandue des sociétés de haute technologie. Tout observateur de l'industrie de haute technologie n'a pu qu'être frappé par la frénésie de rachat par les grandes sociétés de ce secteur, aussi bien européennes qu'américaines, de petites sociétés souvent américaines et à peine sorties de leur état de « start up ». Les grandes sociétés elles-mêmes facilitent et promeuvent l'esprit entrepreneurial en finançant et en prenant une participation dans des projets et des idées refusées en interne, et que leurs promoteurs vont développer à l'extérieur en formant une société dans laquelle ils investissent conjointement avec leurs anciens employeurs et où ils attirent d'autres talents en leur attribuant des stock-options. Ce système présente à la fois les avantages de la grande entreprise et les atouts de la petite entreprise innovante. Les incitations fiscales que nous venons d'évoquer ne feraient que généraliser artificiellement ce type d'organisation industrielle, qui tend à se répandre dans un pays où n'existe pourtant aucune discrimination fiscale sur les plus-values des stock-options à l'avantage de certaines cibles de salariés bénéficiaires.

En conclusion, rappelons qu'en 1932 Berle et Means faisaient dans « The Modern Corporation and Private Property » de sombres prédictions quant à l'avenir du capitalisme américain, à une époque où les grandes entreprises avaient, selon eux, un actionnariat très dispersé, d'où il découlait que celles-ci, n'étant plus contrôlées par leurs actionnaires, étaient totalement dépendantes des décisions de leurs dirigeants, avec toutes les dérives néfastes que l'on peut imaginer.

Cette sombre prédiction ne s'est pas réalisée. Au contraire, l'actionnariat salarié des entreprises américaines a doublé à la suite d'une lente mais régulière progression en passant de 11 % environ en 1932 à plus de 21 % aujourd'hui, sans compter les détenteurs de fonds de pension ou de retraite dont les ayants droit sont les salariés américains. Par construction et subrepticement, les intérêts des salariés des entreprises et ceux de leurs actionnaires convergent de plus en plus dans la mesure où les deux populations se recouvrent davantage. La généralisation des stock-options comme mode de rémunération est pour beaucoup dans ce phénomène.

Principaux points

Il existe une tendance profonde à ce que les salariés représentent une proportion de plus en plus significative de l'actionnariat des entreprises où ils travaillent via des systèmes de rémunération incitatifs fondés sur les stock-options.

Cette configuration d'actionnariat va dans le sens d'une plus grande efficacité dans la mesure où les actionnaires et les salariés, occupant aussi la fonction d'actionnaires, ont des intérêts convergents et créent de la richesse.

Les systèmes de rémunération incitatifs doivent être équitables pour créer de la richesse.

Ils doivent être équitables entre les salariés et les actionnaires. Pour ce faire, les performances de l'entreprise doivent être soigneusement estimées en dissociant ce qui est du ressort de l'entreprise de ce qui est dû à l'évolution de l'environnement économique et financier.

Ils doivent être équitables au sein même de la population des salariés et doivent concerner le plus grand nombre. C'est aussi la condition de leur efficacité dans la mesure où il est aujourd'hui possible de mettre en place dans les entreprises des systèmes très fins, c'est-à-dire touchant le plus grand nombre, de mesure des performances des salariés en fonction de leur contribution à la création de valeur.

Les stock-options étant des modes de rémunération variables et incitatifs, cette caractéristique risque d'être fortement émoussée si une fiscalité trop décourageante leur est appliquée.

Il faut se garder de vouloir cibler, en les privilégiant fiscalement, certaines catégories de salariés sous peine de provoquer des effets pervers et préjudiciables.

Les nouvelles régulations publiques

Michel Didier

Dans les années soixante-dix, un président de la République avait annoncé que lorsque le taux des prélèvements obligatoires atteindrait 40 % en France, la France deviendrait un pays socialiste. La prédiction s'est avérée exacte. En 1981, le taux des prélèvements obligatoires a franchi ce seuil et la France a effectivement élu, pour la première fois dans l'histoire de la Ve République, un président socialiste. Par une de ces ruses que réserve l'histoire, c'est ce même président qui trois ans plus tard déclarait une pause fiscale en empruntant à l'économiste américain Laffer une devise désormais célèbre, « l'impôt tue l'impôt ».

La pause a été de courte durée. Le taux de prélèvements obligatoires a encore augmenté pour dépasser quinze ans plus tard 45 % de notre produit intérieur. Pour imager de façon concrète ce que représente cette nouvelle augmentation de cinq points, il suffit de rappeler que cinq points de PIB représentent quatre cents milliards de nos francs, c'est-à-dire à peu près le montant actuel de la totalité de l'impôt sur le revenu. Les choses se sont donc passées comme si depuis – et malgré – la décision de stabiliser le poids des charges fiscales et sociales en France, l'impôt sur le revenu avait été créé une deuxième fois dans notre pays. Aucun gouvernement n'augmente délibérément et de gaieté de cœur le poids des prélèvements. Tous l'ont pourtant fait à des degrés divers. L'explication du paradoxe se trouve dans les mécanismes qui génèrent la dépense publique, mécanismes si divers, si nombreux et finalement si puissants qu'ils conduisent les gouvernements libéraux comme socialistes à faire successivement ce qu'ils aimeraient bien pouvoir éviter.

Le mal n'est pas que français, mais il touche la France plus que d'autres pays. Le poids de la dépense publique est en France de 54 % du PIB total. C'est plus de cinq points de PIB au-dessus du niveau moyen des pays de l'euro. On retrouve une deuxième fois cet écart de 5 % qui représente la totalité de notre impôt sur le revenu. Si la France avait un niveau de dépense publique équivalent à celui de la moyenne européenne, l'impôt sur le revenu pourrait être tout simplement supprimé. On imagine facilement le succès d'un gouvernement qui proposerait un référendum dont l'unique question serait : « Êtes-vous favorable à la suppression de l'impôt sur le revenu ? » Et pourtant, les décisions prises presque quotidiennement par les ministres comme par les parlementaires aboutissent finalement au résultat opposé, c'est-à-dire à une augmentation quasi permanente de la pression fiscale. Peut-on espérer qu'avec le nouveau siècle, une nouvelle façon de dépenser l'argent des Français soit imaginée ? Il ne suffirait pas pour cela de décréter une fois de plus de façon abstraite et générale la pause des dépenses publiques. C'est au niveau des mécanismes qui produisent la dépense qu'il faudrait agir, en réglant autrement les conflits d'intérêt locaux qui ne se résolvent qu'en reportant la charge sur la collectivité tout entière. Bref, il faut inventer de nouvelles régulations publiques et voici quelques idées pour cela.

La dépense publique se compose de deux masses à peu près équivalentes. La première est un coût de production. La collectivité publique – État ou collectivité locale – assure directement certains services collectifs comme la défense, la police, la justice, la construction, les routes, l'éducation, les hôpitaux. Elle collecte des impôts et paie des fonctionnaires. Cette activité de production de services représente actuellement de l'ordre d'un quart du produit intérieur. La seconde masse, aussi d'environ un quart du PIB, est financée comme la première par des prélèvements obligatoires sous la forme de cotisations sociales et d'impôts. Mais à la différence de la première catégorie, ces dépenses ne rémunèrent pas un travail ou des achats de biens. Elles sont directement distribuées pour compenser des pertes temporaires de revenus ou des charges exceptionnelles (maladie, chômage), ou bien pour payer les retraites des personnes âgées. Ces deux types de dépenses publiques ont des logiques en partie similaires. Dans les deux cas, les règles d'accès au service public ou aux prestations doivent être reconnues comme socialement justes. Mais au-delà de cet aspect, les critères divergent. L'État producteur doit être efficace, il doit assurer au meilleur coût le service promis à la nation pour éviter d'amputer inutilement le revenu des citoyens. L'État redistributeur doit aussi être bien géré, mais les coûts de gestion ne représentent que quelques pour cent des sommes redistribuées. L'efficacité prend ici un autre sens. Elle concerne les règles de prélèvement et de redistribution et leurs conséquences sur l'économie. Existe-t-il des règles qui perturberaient le moins possible le fonctionnement naturel de l'économie, qui éviteraient par exemple de trop peser sur la compétitivité des entreprises ou d'encourager à l'inactivité plutôt qu'au travail ? À défaut de trouver ces règles, le pays s'expose à une redistribution élevée mais à une croissance faible.

L'emploi public atteint en France un record absolu. En s'en tenant aux seules administrations publiques, hors entreprises nationales, il est de cinq millions et demi de personnes en France (dont presque trois millions dans les administrations d'État) pour cinquante-huit millions d'habitants. Il est aussi de cinq millions et demi en Allemagne, comme en France, mais cela pour quatre-vingt-un millions d'habitants. Il est encore de cinq millions et demi au Japon… pour cent vingt-quatre millions d'habitants ! Au Royaume-Uni et en Italie, les populations à administrer sont égales à celle de la France mais l'emploi public est inférieur de près de deux millions à celui de la France. Les écarts sont considérables.

Pour progresser vers un meilleur rapport service-coût, il convient d'abord d'éliminer certaines idées fausses. Une première idée fausse est que l'emploi public diminuerait le chômage. En fait, pour payer un salarié du public, il faut commencer par prélever sur le secteur privé, ce qui diminue d'au moins autant l'emploi productif privé. L'objet des recrutements publics est d'assurer un service public, il n'est pas en temps normal de diminuer durablement le chômage car augmenter l'emploi public revient à supprimer d'un côté ce qui est créé de l'autre.

Une autre idée fausse est que les besoins publics seraient intouchables. Il est certes facile de trouver des exemples de classes surchargées, de rues trop peu surveillées, de bâtiments trop vétustes. Que cela se produise alors que notre emploi public est beaucoup plus élevé qu'ailleurs montre surtout que nous ne savons pas adapter nos moyens, les réaffecter là où ils manquent à partir de services dont l'activité régresse. On ajoute donc des emplois chaque fois qu'un besoin apparaît quelque part sans remettre en cause les moyens préexistants. La difficulté est que personne n'a intérêt à désigner les économies possibles, même lorsqu'il en aperçoit. Une réforme de la procédure budgétaire pourrait consister à imposer aux services de proposer chaque année, à tous les niveaux de l'administration, à la fois des « mesures nouvelles » positives et des « mesures nouvelles » négatives. Les ministres et le Parlement auraient ainsi des possibilités d'arbitrage entre des plus et des moins.

Encore faudrait-il pour cela qu'il y ait une vision longue de notre système public. Face au problème de la reconstruction d'après-guerre, nous avions créé le Commissariat du Plan. Non pas pour planifier, mais pour débattre et évaluer la cohérence d'ensemble. L'économie étant maintenant reconstruite, cette cohérence est assurée par les échanges et le marché. Le Commissariat du Plan n'a plus grand-chose à apporter à l'économie privée. Mais il aurait beaucoup à apporter au pilotage du secteur public, à sa rationalité et à sa cohérence. Pour ce qui concerne les outils des choix publics, il y a même eu régression. De grands espoirs étaient nés il y a presque trente ans avec ce que l'on avait appelé la Rationalisation des choix budgétaires (RCB). Chaque franc public devait être justifié par une évaluation de son utilité. Chaque projet devait être comparé à d'autres projets alternatifs afin de retenir le projet présentant le meilleur rapport entre les coûts et les avantages. L'ambition, peut-être excessive, a fait échouer la RCB. La mode a changé et tout a été abandonné, ambition et outils. Or l'ambition était légitime et les outils perfectibles et utiles. Des études comparatives des coûts et des avantages des projets publics continuent d'être mises en œuvre dans d'autres pays, notamment aux États-Unis et elles constituent des aides efficaces aux choix publics.

Une autre piste pour une plus grande efficacité est de rapprocher la décision de ceux qui en aperçoivent le mieux les données et les enjeux. La décentralisation territoriale des années quatre-vingt a constitué un pas en avant vers un rapprochement entre l'administration et les administrés. Mais elle a été faite sans véritablement renoncer à nos traditions centralisatrices et étatiques de sorte que se juxtaposent finalement deux structures d'administration sur l'ensemble du territoire. Une structure à trois étages (région, département, commune) et une structure nationale, centralisée dans ses décisions mais dont les moyens sont répartis sur l'ensemble du territoire. Il s'y ajoute désormais de nouveaux échelons européens. Dans la logique de l'intégration européenne, les pouvoirs et les moyens de ces échelons se renforceront à coup sûr dans les années deux mille. Mais quelles conséquences en tirerons-nous sur nos propres administrations ? Une recomposition de l'organisation du territoire s'impose tant pour des raisons d'efficacité que pour des raisons de coût. Les enjeux sont considérables car derrière l'équilibre actuel se cachent des intérêts et des conceptions différentes de la société. On a vu par exemple le centralisme à l'œuvre lorsque le ministère de l'Éducation nationale a entrepris de déconcentrer les affectations des enseignants. Autre exemple, dans l'université cette fois. La loi sur l'enseignement supérieur proclame depuis 1968 que les universités sont « autonomes ». Or, chacun sait que la réalité est bien différente. La plupart des décisions significatives restent prises à Paris, nominations, promotions, attributions de crédits. Dans beaucoup de domaines, la décentralisation reste à faire.

Face au client les entreprises s'adaptent. Ce n'est pas

facile, mais cela se fait tous les jours sous la pression de la concurrence. Les administrations s'adaptent plus lentement parce que l'incitation externe à rechercher le meilleur coût est plutôt faible. Réorganiser l'entreprise suppose une volonté forte qui vienne d'en haut. Au plan politique, le cumul des mandats nationaux et locaux peut empêcher que la volonté de réforme structurelle vienne d'en haut. Il conviendrait donc de limiter ces cumuls. Quant au niveau administratif, les corps de contrôle sont peu orientés vers le contrôle de gestion et ils sont en toute hypothèse trop proches des services à contrôler. Seule une pression externe peut faire bouger les services publics. Une idée pourrait être de faire appel à des compétences extérieures à l'administration pour analyser la gestion publique, proposer des réorganisations, alimenter le débat externe et accompagner le dialogue social interne. Une méthode complémentaire consiste à développer d'autres modes de gestion des services publics. Le système de la gestion déléguée permet d'un côté à la collectivité de mieux expliciter les objectifs et de faire jouer la concurrence, de l'autre à l'opérateur de bénéficier de la souplesse de la gestion privée. Il faudrait développer des organisations à buts publics mais à gestion privée, un peu comme le sont beaucoup d'universités dans le monde.

Si l'on veut réduire les coûts publics, il faut enfin alléger la charge de travail des administrations publiques. Les coûts d'administration sont élevés parce que la législation à appliquer est compliquée. Simplifier les textes, c'est éviter des conflits, des contrôles et des coûts de fonctionnement public, c'est aussi faciliter la vie des citoyens.

L'autre volet important de la dépense publique est celui de la redistribution sociale. L'État au sens large, c'est-à-dire l'ensemble des caisses publiques alimentées par la fiscalité et les cotisations sociales, prélève sur les uns pour redistribuer aux autres (aide sociale), ou bien pour redistribuer aux mêmes à un autre moment de la vie (santé, retraites). L'ensemble de la redistribution publique met aujourd'hui en jeu des sommes tout aussi importantes sinon plus que le coût des services publics. Le poids de la redistribution obligatoire est plus élevé en France que dans les autres pays. Sommes-nous pour autant mieux protégés contre les risques de l'existence ? Probablement oui dans certains cas. Par exemple la couverture du risque de maladie est plus générale qu'aux États-Unis, où certaines catégories de la population restent exclues. Mais il est difficile de prétendre que les Français sont mieux soignés ou ont de meilleures retraites que les Allemands ou les Néerlandais. Le problème de la montée des dépenses sociales se pose d'ailleurs aussi dans ces pays, et il deviendra critique d'ici peu avec l'augmentation du nombre de retraités à payer et la diminution du nombre de travailleurs actifs pour cotiser. Les crises répétées de la Sécurité sociale, masquées temporairement dans les périodes de reprise économique mais qui réapparaissent dès que la croissance ralentit, montrent que c'est la conception même du système qui risque de poser problème. De nouvelles régulations sociales sont donc nécessaires.

Il faut revenir aux principes de base et mieux distinguer ce qui est prioritaire dans l'affectation de la richesse nationale et relève par conséquent des prélèvements obligatoires, et ce qui, sans être secondaire, est néanmoins second et pourrait être par conséquent laissé à la libre appréciation de chacun. Dans la première catégorie figure certainement la couverture des besoins fondamentaux de l'existence, le risque maladie pour sa quasi-totalité, mais une partie seulement de l'assurance vieillesse voire du risque chômage. Un nouvel équilibre pourrait être recherché entre deux étages de protection sociale. Un niveau de base obligatoire et général destiné à garantir à chaque famille une vie décente et éviter le traumatisme des ruptures brutales. Un niveau obligatoire dans son principe mais plus libre dans ses modalités permettant à chacun de choisir à la fois auprès de qui il souhaite s'assurer (liberté du prestataire privé) et pour quel niveau de prime (liberté du niveau de garantie). Un tel changement peut être engagé de façon progressive mais rapidement puisqu'il ne remet pas en cause les acquis antérieurs. Il donnerait à notre protection sociale une orientation nouvelle et un second souffle. Il est particulièrement urgent pour les retraites avec la mise en place en plus des retraites de base et des retraites complémentaires, d'un troisième étage par capitalisation. On peut même, en allant plus loin, envisager que la couverture de base des besoins fondamentaux soit assurée globalement et indépendamment de tout risque par un système « d'impôt négatif » qui viendrait en déduction de toute autre prestation sociale à verser ultérieurement.

Une plus grande transparence et une meilleure information de l'opinion sont enfin nécessaires. Pour comprendre les enjeux, partons d'une expérience toute simple. Lorsqu'un voisin de bureau est amené à quitter ses fonctions, il est traditionnel d'organiser une collecte. Cette collecte est généralement organisée sous la forme d'une enveloppe qui circule et où chacun met de façon anonyme ce qu'il souhaite. Imaginons maintenant que les dons de chacun fassent l'objet d'un affichage dans les couloirs. Il y a fort à parier que la somme recueillie sera plus importante avec la deuxième méthode qu'avec la première. Ce phénomène bien connu des économistes est appelé le comportement de « passager clandestin ». Chacun veut être sur la liste de ceux qui ont donné, mais préfère, s'il le peut, donner de façon limitée. C'est parce que le comportement de passager clandestin est répandu qu'il faut des lois fiscales et des contrôleurs fiscaux. Imaginons ce que serait le budget de l'État ou de la Sécurité sociale si chacun envoyait en fin d'année le chèque de son choix au percepteur.

Ce que suggère notre expérience, c'est que le comportement social n'est pas nécessairement le même selon qu'il est connu ou inconnu des autres. L'observation est transposable à la dépense publique. Beaucoup d'acteurs économiques ou même d'individus réclament une rémunération, une subvention ou une aide aux pouvoirs publics. L'idéal est d'obtenir un article de loi créant un droit général dont on bénéficiera à titre particulier. Ces petites surenchères, que les Américains appellent le comportement de *rent-seeking* (comportement de recherche de rente) s'additionnent et viennent gonfler en permanence le flot de la dépense publique. Les gouvernements ont du mal à y résister parce qu'ils se trouvent toujours très seuls face aux multiples demandeurs, généralement organisés et toujours très motivés. Une façon de tempérer les comportements de passager clandestin ou de « chercheur de rentes » est la transparence. Or, l'administration publique est aujourd'hui un *trou noir statistique*. L'État publie beaucoup plus d'information sur les entreprises ou sur les personnes qu'il n'en publie sur lui-même, sur ses moyens, ses activités, sur ce qu'il dépense et qui en bénéficie. L'État se garde bien de comparer ses prix de revient avec ceux des autres pays. Comment se fait-il par exemple qu'il y ait en France beaucoup plus d'emplois publics qu'ailleurs ? On pourrait bien sûr accepter que la France soit beaucoup plus administrée que l'Allemagne ou l'Angleterre, si tel était bien le choix informé de la nation. Mais c'est une anomalie flagrante que sur les 4 000 milliards de la dépense publique, on ne trouve pas ce qu'il faut pour comparer de façon objective et en détail nos charges et celles des autres, pour savoir si ce plus d'administration est une meilleure administration ou une suradministration gaspilleuse. Notre système public n'a pas de régulateur parce qu'il ne produit même pas les informations nécessaires à sa régulation. Dans toute vie collective, la première des régulations est l'information et la transparence.

La réflexion sur la dépense publique touche aux ressorts profonds de notre vie sociale. Ce qui est en cause, c'est la façon dont s'organise notre démocratie, ce que la majorité doit et peut au nom d'un principe supérieur de justice imposer à tous les citoyens. Pour que les prélèvements nécessaires à la dépense publique restent compatibles avec des seuils d'acceptabilité sociale, et que ne se créent pas en définitive de nouvelles formes d'injustice et d'exclusion, de nouvelles régulations publiques devraient être recherchées. Le nouveau siècle peut être un siècle de grandes réformes.

L'avenir de la solidarité

Anton Brender

Aux yeux de beaucoup, la cause est entendue : en matière économique et sociale, la solidarité serait une valeur d'un autre âge. La triste fin de l'URSS fournit un argument majeur. En montrant la faiblesse irréductible d'une société fondée sur une solidarité consciemment assumée, l'échec soviétique aurait confirmé la supériorité de l'individualisme libéral. On peut, bien sûr, discuter de la validité d'une telle conclusion. Après tout, est-il si évident que l'effondrement du collectivisme russe éclaire en quoi que ce soit les perspectives des sociétés occidentales ? Certes cet effondrement marque la « fin d'une histoire », celle d'une concurrence de presque deux siècles entre deux principes d'organisation sociale. Mais en quoi établit-il le caractère définitivement dépassé des valeurs de solidarité ? Des évidences plus tangibles existent toutefois : la liberté quasi totale des mouvements internationaux de marchandises et de capitaux, le déplacement des entreprises d'un bout à l'autre de la planète, la mise en compétition mondiale qui en résulte, ne viennent-ils pas distendre, de façon chaque jour plus visible, le tissu traditionnel des solidarités régionales et locales ? En faisant du monde « un grand village », la globalisation ne marque-t-elle pas aussi la fin d'une géographie des solidarités qui hier encore pouvait sembler indélébile ? Et puis plus immédiatement et plus concrètement encore, le déficit permanent de notre Sécurité sociale, la déconfiture annoncée de nos systèmes de retraite, la désuétude croissante de notre école publique, ne démontrent-ils pas, sans équivoque possible, l'absolue ringardise des valeurs de solidarité sur lesquelles ils reposent ? Rien n'est moins sûr. Dans un monde où l'activité économique comme la vie sociale sont, chaque jour et partout, influencées par les forces du marché, la solidarité a sans doute devant elle un grand avenir. A condition de comprendre à quel point les évolutions qui ont marqué le XXe siècle, obligent à repenser les organisations qui lui donnent forme.

D'abord, la mondialisation crée, au niveau de la planète, un réseau d'interdépendances que les nations vont devoir, solidairement, maîtriser. Sinon, il faut en avoir conscience, cette mondialisation sera remise en cause. La finance fournit sans doute ici l'exemple le plus parlant. Dans ce domaine, les changements survenus au cours des dernières décennies ont été particulièrement spectaculaires. Limitée dans ses montants, restreinte à un petit nombre de pays au lendemain de la seconde guerre, la circulation internationale des capitaux privés a pris ensuite une extension considérable. Certains en ont conclu que les institutions publiques mises en place à Bretton-Woods, pour prendre en charge les interdépendances monétaires et financières internationales, pas plus d'ailleurs que les efforts concertés des États pour tenter de contrôler les mouvements de change, n'avaient désormais de raison d'être. Les vingt années qui viennent de s'écouler ont montré combien cette vision était erronée. La capacité de la finance privée à acheminer sans heurt des flux de capitaux importants, est, par nature, limitée, en particulier vers des régions émergentes : la crise de la dette du début des années quatre-vingt, celle plus violente encore des monnaies asiatiques en 1997, l'ont clairement montré. En même temps, on a pu voir à cette occasion combien la vulnérabilité du système financier globalisé était grande : sans l'intervention *in extremis* des autorités monétaires américaines pour sauver un *hedge-fund* touché de plein fouet par l'onde de choc du défaut russe, ce système risquait lui-même une crise majeure. La leçon de ces épisodes à haut risque doit être tirée : sans une coopération étroite entre les autorités publiques nationales destinée à prendre en charge les solidarités de fait que crée la finance privée globalisée, la circulation financière internationale continuera d'être secouée par de dangereux chaos.

Et ce qui est vrai dans le domaine financier, l'est tout

autant dans celui de la circulation internationale des marchandises, de l'information ou des hommes… Partout, l'extension de cette circulation comme son intensification renforcent les interdépendances. Ces interdépendances sont, à l'instar de ce qui a été observé en matière financière, à l'origine d'une vulnérabilité systémique nouvelle. Loin d'impliquer un retrait de la présence publique au niveau international, la mondialisation exige au contraire une coopération entre États toujours plus résolue et plus étroite pour prendre en charge les interdépendances ainsi créées. Si ces coopérations ne se développent pas suffisamment, il deviendra vite de plus en plus difficile pour un pays de lutter, seul, contre les épidémies ou le crime organisé, de protéger les inventions de ses ressortissants ou la qualité de leur environnement… L'ouverture toujours grandissante de nos économies et de nos sociétés s'en trouverait certainement compromise.

La mondialisation ne renforce toutefois pas « l'impératif de solidarité » au seul niveau international : elle le renforce également, contrairement à une idée fréquemment répandue, au sein même de chaque espace national. Certains pensent, on l'a dit, que la globalisation brise les solidarités traditionnelles propres à chacun de ces espaces. Le creusement des inégalités, la montée de l'exclusion, qui dans nombre de pays développés ont marqué la fin du siècle, ne sont désormais plus un problème, pour ceux au moins qui sont du bon côté de ces inégalités comme de cette exclusion. L'informaticien californien qui vient de faire fortune en créant une entreprise de logiciels n'a que faire de la violence de certains faubourgs de Los Angeles. Il vit, lui, dans un quartier protégé et la misère voisine ne le dérange en rien. Pourquoi lui faudrait-il s'en préoccuper ? Si cette violence devait, demain, le menacer, cette misère le gêner, son patrimoine financier et sa compétence professionnelle, partout transportables, lui permettront toujours d'aller vivre en des lieux plus sereins. Certes. L'exemple n'a toutefois pas la généralité qu'on lui prête souvent. D'abord parce qu'on ne peut exclure totalement que cet informaticien continue, malgré sa fortune nouvelle, d'éprouver un certain attachement pour son espace de résidence. Aux États-Unis, la chose est peut-être peu fréquente (d'ailleurs notre informaticien pourra fort bien être arrivé quelques années auparavant de Chine ou d'Inde). En Europe, toutefois, le sentiment d'appartenance nationale, voire régionale, est beaucoup plus fort. Il constitue un premier frein à la mobilité des individus. Il y a toutefois plus. Même dans les pays riches, seule une infime partie de la population dispose d'un patrimoine et de compétences aussi parfaitement transportables que celles de notre informaticien californien. Un médecin allemand, un enseignant français, un avocat espagnol hésiteront souvent, surtout s'ils ont déjà un certain âge, à changer de pays : même s'ils peuvent retrouver ailleurs un emploi, ils savent qu'ils auront du mal, ailleurs, à retrouver la même situation financière et le même statut social dans un pays étranger. Quant à leur richesse, elle est, elle aussi, le plus souvent difficilement transportable. Une maison en représentera souvent la part essentielle. Or si la région est gagnée par la misère et la violence, la valeur de cette maison va chuter fortement… Malgré la globalisation, beaucoup de ceux qui vivent dans les pays développés ont donc de bonnes raisons de souhaiter pouvoir continuer de « vivre et travailler au pays ». Y parvenir est toutefois aujourd'hui plus difficile : l'immobilité relative des hommes, jointe à la mobilité accrue des capitaux, des entreprises et des marchandises a en effet pour conséquence une mise en concurrence accrue des espaces économiques nationaux. Pour y faire face efficacement et défendre la place de leur espace national dans cette concurrence, les individus n'ont guère le choix : il leur faut assumer plus lucidement encore qu'hier la solidarité de fait qui lie ceux qui sont attachés à cet espace.

Plus que jamais la solidarité est donc une valeur d'avenir. Pour les pays riches, endiguer la montée de l'exclusion, sous toutes ses formes, devient une priorité. Entre deux pays disposant des mêmes ingénieurs, des mêmes usines et du même niveau de taux d'intérêt, les capitaux privés, qu'ils soient financiers ou industriels, choisiront toujours d'aller là où la cohésion sociale est la plus forte. La cohésion sociale est clairement un facteur de compétitivité : « investir dans la cohésion sociale » a donc un sens pour un espace économique confronté à la concurrence avivée qu'implique la mondialisation. Encore faut-il que cet investissement se fasse au meilleur coût. Là réside le vrai défi que les pays les plus avancés doivent aujourd'hui relever. Leurs entreprises sont les plus performantes du monde, leurs marchés financiers viennent de connaître une évolution spectaculaire, leurs réseaux de communications et de télécommunications sont à la pointe du progrès technique… mais leurs infrastructures sociales n'ont, souvent, pas été modernisées depuis un demi-siècle. Dans beaucoup de pays européens, les systèmes de santé, d'enseignement, de retraite, l'appareil administratif, la justice, la police… toutes les institutions par lesquelles une société assure la prise en charge de la solidarité qui existe entre ses membres n'ont pas changé autrement qu'à la marge. Pourtant les évolutions démographiques, techniques, économiques du dernier demi-siècle ont profondément bouleversé les conditions dans lesquelles ces institutions fonctionnent. Leur modernisation, et plus généralement celle de l'État, est désormais la tâche centrale à laquelle il faut, en Europe, s'atteler. Là se joue le sort du modèle social européen.

L'économisme
est-il la fin de l'histoire ?

Pierre Dockès
Marc Guillaume

Tel Janus, l'économie a deux faces qui s'inscrivent dans des espaces de signification incommensurables. Elle est, de ce fait, le lieu de malentendus profondément enracinés.

D'une part, l'économie définit un *champ*. Celui des opérations de production, de consommation et d'échange de biens et services valorisés. L'étude des structures et des mécanismes en œuvre dans ce champ relève d'une discipline récemment constituée qui s'intitule, non sans quelque prétention, la *science économique*. Dans le langage courant, l'économie désigne à la fois ce champ et le savoir accumulé sur lui.

D'autre part, l'économie constitue un *ordre*. Celui des pratiques et des représentations, des hiérarchies de valeurs et de pouvoir, des rapports sociaux qui permettent le fonctionnement du champ de valorisation économique et sont, en retour, confortés par lui. Cet ordre est un principe d'agencement, de hiérarchisation des hommes et des valeurs, mais aussi un principe de causalité et de finalité du monde. C'est, en bref, une *organisation* et une *vision globale*, l'organisation des pays industrialisés qui imposent progressivement leur vision au reste du monde : l'ordre économique mondial comme « principe » de la société *globale*.

En tant que champ, l'économie apparaît nécessairement déjà, sous des formes diverses, dans les sociétés primitives et dans les civilisations anciennes. C'est alors un champ étroit et secondaire, subalterne. Le savoir qui le concerne se réduit à quelques règles de sage gestion, d'où l'origine grecque du terme économie (*oikonomia*, administration de la maison, du domaine).

L'ordre économique, en revanche, n'apparaît que récemment. Comme l'a observé Karl Polanyi, une fois les sociétés traditionnelles disloquées par la généralisation d'un champ économique qui cesse d'être « encastré » dans les relations sociales, la société est gérée en tant qu'auxiliaire de ce champ. Ce renversement de la hiérarchie des valeurs définit l'*économisme*.

La primauté de l'économique dans la société, sur le

politique et le monde des idées, a supposé d'abord l'auto-
nomisation de l'ordre économique, puis son hégémonie
sur l'ordre social, un processus qui s'est appuyé sur le principe de rationalisation qui organise la modernité occidentale. Ce renversement culturel a une origine localisée,
dans le temps et dans l'espace : le XVIIIᵉ siècle en Angleterre[1]. A partir de ce foyer originel, les « métastases » du
nouvel ordre culturel se répandront à travers l'Europe puis
aux États-Unis, au Japon, pour dessiner aujourd'hui une
apparente « fin de l'histoire » au niveau de la planète.

Pour accompagner cette transformation, le savoir économique a évolué. Avec le mercantilisme, il s'était étendu
de l'administration du domaine royal à la richesse de
l'État, puis de la Nation. Au cours du XVIIIᵉ siècle se développe un savoir mixte, l'*économie politique*, qui traite à la
fois du champ économique traditionnel et de l'origine,
de la légitimité, des conséquences de l'ordre économique
naissant. La construction de l'économie classique, mais
aussi celle de l'économie marxiste, ont donc plutôt été le
fait de penseurs de la société dans sa totalité (de Quesnay,
Turgot et Smith à Marx et Walras) que d'économistes au
sens étroit actuel (Ricardo déjà).

Il n'en va plus de même désormais. Les économistes
sont aujourd'hui accaparés par leurs fonctions d'experts
d'un champ économique devenu très complexe ; ils ont
dû se spécialiser dans des fractions étroites de ce champ,

---

1. Si les Pays-Bas l'anticipent, les deux Révolutions anglaises du XVIIᵉ siècle
jouent un rôle décisif. Naturellement, les intellectuels français participent de
ce mouvement très précocement.

une division parcellaire du travail, sans doute cohérente avec l'évolution des disciplines scientifiques, mais qui pose des problèmes lorsqu'il s'agit de mettre ce savoir au service de l'action, des problèmes d'autant plus redoutables qu'il ne s'agit pas d'une science « dure »[2]. Les économistes se préoccupent peu de l'ordre économique qui déborde largement leur discipline et leur apparaît comme un fait acquis. Alors même que l'économisme règne en maître, il a perdu ses penseurs ou, du moins, les économistes eux-mêmes ont déserté ce terrain. Pour examiner la question d'une éventuelle « fin de l'histoire », il importe de revenir aux problèmes qu'avaient su poser ceux qui avaient théorisé sa naissance. Cela conduit à examiner la relation entre l'économique d'une part, le social, le politique et le culturel d'autre part, l'aspect fondateur du principe de rationalité, mais aussi une dimension plus souterraine, à savoir la dimension de *religion* de cet ordre.

1. L'économisme : l'ordre économique fonde l'ordre social

Qu'est-ce qui fonde le lien social, quelle logique principale sous-tend l'ordre social et son évolution ? Pour faire bref, trois types de réponses se présentent, une sorte de triangle des déterminations du lien social, étant entendu qu'aucune des trois déterminations n'est jamais totalement absente.

---

2. On retrouve des problèmes de même type, *mutatis mutandis*, avec la médecine.

La première, celle de l'Antiquité, celle des cités et de leurs philosophes, particulièrement celle d'Aristote, est que l'homme est un animal politique. Au-delà de la famille et de la *gens*, le lien social est pensé comme un lien citoyen, l'homme libre est celui qui va aux assemblées, délibère et participe à la vie de la cité.

La deuxième, celle du Moyen Âge, pense le lien social avant tout comme religieux, la cité des hommes à l'image de la cité de Dieu. La fausse étymologie de religion (mais les fausses sont plus intéressantes que les véritables) n'est-elle pas ce qui relie, qui produit du lien social ? Les hommes sont solidaires comme membres d'une communauté fondée sur une foi commune. Et la foi, la fidélité sanctifiée par Dieu, est ce qui soutient le lien du paysan à son seigneur comme le lien vassalique et cela jusqu'au roi. Du moins est-ce ainsi que la société se pense ou est pensée par les clercs, seuls à tenir la plume.

La troisième réponse consiste à penser la société comme un ordre économique [3]. C'est elle qui se constitue en Angleterre, en France aussi, au XVIIIe siècle. La vision « économiste » avait déjà été esquissée par certains auteurs

---

3. Les temps modernes verront le retour du politique, une conception héritée de l'Antiquité certes, mais renouvelée avec la formation des nations par des penseurs de la « Cité nouvelle », d'abord Machiavel. En effet, la formation du lien politique est ce qui fait sortir l'homme de l'état de nature, cet état barbare de l'isolement, de la misère et de « la guerre de chacun contre chacun ». Hobbes est caractéristique de ce retour du politique, non que l'homme soit un « animal politique » comme le pensait Aristote, mais parce que le contrat qui institue la société le fait passer à l'état social.

jansénistes (en quelque sorte par antiphrase), chez les théoriciens du contrat social, en particulier Pufendorf, chez Locke lors de la description de l'état de nature. Elle explose, provocatrice, avec le génial amoraliste Bernard de Mandeville et sa révolutionnaire *Fable des abeilles*, brûlée sur les principales places publiques européennes. Sous une figure plus avenante, elle se développe en France avec les premiers libéraux, avec Turgot, les Encyclopédistes, Condorcet et les matérialistes idéologues. En Angleterre, avec Hume et Smith, elle triomphe, dégagée des considérations « scandaleuses » de Mandeville.

Comme l'explique Albert Hirschman, l'idée essentielle est de faire le tri entre les passions humaines pour en sortir une, très spéciale, l'intérêt, l'ancienne « avarice », qui, jusqu'alors, était conçue comme l'un des pires péchés capitaux[4]. Mandeville avait montré que les vices privés peuvent être des vertus publiques. Sur certains de ces vices, mieux valait détourner la tête ou espérer qu'un « acte de foi » permettrait de se débarrasser de cette odeur de soufre. Mais pour l'intérêt ? Grâce à cette « passion », à ce vice, l'ordre social s'organise spontanément sur l'ordre économique, c'est-à-dire par « la spécialisation des occupations », et du mieux qu'il est possible. Il ne m'est pas nécessaire, explique Adam Smith, de compter sur « la bienveillance de mon boucher », je peux simplement compter sur l'idée qu'il se fait de son intérêt. La division

---

4. Albert O. Hirschman, *Les Passions et les intérêts*, Paris, PUF, 1980.

du travail, donc l'échange et le marché, tisse le lien social. Ce qui relie les hommes n'est pas ce qu'ils ont en commun, ce qu'ils partagent dans la communauté, c'est au contraire ce qu'ils ont de différent, le besoin que les uns ont des autres par la spécialisation des occupations.

Cette « passion économique » qu'est l'intérêt a ceci de très précieux qu'elle tend à assagir les autres passions, à atténuer les conflits politiques, voire même à faire disparaître les conflits sociaux et militaires. C'est la croyance au « doux commerce ». Comme l'intérêt n'est pas une passion comme les autres, la concurrence économique n'est pas un conflit comme les autres. Les nations, comme les individus d'ailleurs, ont intérêt à la richesse des autres puisqu'on ne peut guère échanger avec celui qui n'a rien à offrir. Comme le disait David Hume, l'Angleterre a intérêt à la richesse de tous ses voisins, *même la France* ajoutait-il, pour bien marquer ce que son théorème avait d'extraordinairement général. « La Paix par le libre-échange », comme l'écrira Walras en digne successeur de tout ce courant.

Ainsi, lorsque les hommes auront perçu quel est leur « intérêt bien compris », les luttes sociales, comme les luttes politiques, devraient disparaître. Le rapport social est pensé comme une spécialisation et l'on se retrouve en présence, là aussi, d'un simple échange travail contre capital. Des marchés des facteurs de production correctement organisés éviteront les grèves, feront disparaître les tensions sociales. Finalement, la paix sociale et internationale par le libre-échange. C'est d'ailleurs à ce titre que Léon Walras va espérer obtenir le prix Nobel... de la Paix !

2. L'économisme comme rationalité

L'économisme, finalement, est donc l'égoïsme fait vertu. Chacun ne visant que son propre bien, tous collaborent, comme dirigés par « une main invisible », au bien public. Mais on peut faire un pas de plus, celui qui va de l'intérêt au calcul, donc à la rationalité économique, celle des moyens rares appliqués à des fins alternatives, ce qui finit par devenir la définition même de l'économique.

Ce « principe de non-gaspillage » est un des aspects majeurs de l'économisme, l'autre façon de penser l'avarice, le vice devenu vertu de la bourgeoisie qui s'oppose à ceux de l'aristocratie : le luxe, l'ostentation, le don qui manifeste la grandeur et qui crée ou vérifie les hiérarchies.

Une société visant à l'adéquation optimale des moyens aux fins, à la minimisation de l'effort – un ordre économique (donc rationnel), un ordre rationnel (donc économique) – est-elle autre chose qu'un programme ? Est-il pensable que l'économie puisse fonctionner sans gaspillage ? N'est-ce pas plutôt le gaspillage, l'excès, qui permettent le développement d'une économie vouée à la recherche indéfinie de nouveaux débouchés ?

L'ordre économique rationnel a d'ailleurs été pensé, paradoxalement, dans deux directions opposées mais qui tendent à se retrouver en un certain « absolutisme » (si l'on récuse le terme de totalitarisme) : l'État ou le marché généralisé, ces deux expressions de la rationalité.

Avec Hegel par exemple, l'État représente la suprême rationalité en marche dont l'État prussien est la préfiguration. Dès lors avec Marx, et de façon plus caricaturale avec les marxistes, l'économisme a pu prendre la figure de l'État omniscient et omnipotent contrôlant l'économie et, par cet intermédiaire, une société transparente. L'ordre économique rationnel est pensé comme ne pouvant être qu'étatique, un État rationnel qui ne gouvernerait les hommes qu'en administrant les choses.

Pour les libéraux, le marché autorégulateur se substitue à l'État. La mécanique d'un système de marchés concurrentiels constitue alors l'ordre économique qui préside à l'ordre social : les rapports sociaux ne sont que des rapports de répartition de la production. La propriété privée et l'échange concurrentiel généralisés rendent rationnelles l'allocation des ressources, la répartition du revenu et la distribution des produits.

On le voit, l'économisme a deux fers au feu, l'État ou le marché rationnels, l'un ou l'autre, voire l'un et l'autre (c'est d'ailleurs le cas chez des penseurs de la synthèse aussi différents que Léon Walras et Max Weber).

3. La religion économique

En dépit de l'énorme accumulation de savoir qui constitue l'économie comme science et de la posture d'explication rationnelle du monde que revendique notre modernité, nos sociétés, comme celles du passé, ne s'expliquent pas complètement à elles-mêmes ce qui sert de base à leur fonctionnement et à leur évolution.

Pour expliquer ce paradoxe, ne faut-il pas supposer que l'économie ou plutôt *l'ordre économique* est une *religion* : si le Moyen Âge fondait le lien social sur la religion, nos sociétés qui le fondent sur l'économique ne font-elles pas de l'économisme une religion ? Mais ici les difficultés commencent…

Comme l'écrit Serge Latouche : « Imagine-t-on en plein Moyen Âge chrétien un livre prétendant donner les clés de la théologie et expliquer les mystères de la religion d'un point de vue neutre, impartial et *scientifique* ?[5] » Aucune société ne peut fonctionner et évoluer sans maintenir une certaine opacité sur ses « valeurs » et sur ses fins dernières. Cette volonté de ne pas savoir ce qu'il en est vraiment de l'ordre économique atteste précisément que cet ordre est au fondement de notre modernité.

S'interroger sur l'ordre économique aujourd'hui, alors même qu'il exerce ses effets totalitaires, est donc une tâche non seulement difficile mais risquée : on ne risque évidemment plus l'Inquisition mais l'incompréhension, voire un silence hostile. On comprend alors que les questions qui viennent d'être abordées soient délaissées par les économistes actuels. Les sociologues et les anthropologues ne s'y intéressent pas beaucoup non plus, ces séparations disciplinaires n'expliquant d'ailleurs qu'une partie de la tache aveugle qui s'étend ainsi au milieu de nos savoirs. L'analyse critique de l'ordre économique (que des philosophes, des

---

5. Serge Latouche, « L'économie dévoilée », revue *Autrement*, novembre 1995, p. 9.

historiens ou des écrivains ont quand même menée) reste isolée, sans débouchés institutionnels ou pratiques, sans influence sur les économistes et sans audience dans le grand public. Il manque à l'économie une philosophie de l'économie.

La première question qu'il faut affronter concerne la nature, l'essence de cette nouvelle religion. Une religion laïque disait Rousseau (dans l'article « économie » qu'il a rédigé pour l'*Encyclopédie*). Et, au-delà de la naïveté, et du ridicule, de leurs rites, de leurs prêtres ou « pères », les saint-simoniens avec leur volonté de fonder un Nouveau Christianisme appuyé sur un économisme rationnel n'avaient-ils pas une réelle prescience de cette dimension religieuse de l'économisme ?

Une religion est un artefact culturel permettant l'évitement de l'insupportable, sous ses formes diverses, ses noms multiples : le désir, l'animalité, la part maudite, la perte, la mort. L'efficace d'une religion c'est la consolation – la communication de la consolation. C'est aussi par la mise en scène de la fatalité, de l'impossibilité qu'il y ait un « autrement », que l'économisme est religieux. La révolte contre l'ordre économique est sans signification, impossible, impensable.

Toute religion construit des mythes ambivalents, mi-effrayants, mi-consolants pour aider à affronter la destinée humaine, la peur du futur et de l'imprévisible. On peut analyser ainsi l'emprise de l'Église sur les questions de l'avenir, du hasard et donc aussi bien du jeu que du prêt à intérêt, emprise qui se concrétise par une prolifération d'interdits dont notre culture garde la trace (juridique en particulier) sans conserver la mémoire de leur origine. Ces interdits ont d'ailleurs joué le rôle d'un frein à la naissance du capitalisme en ralentissant jusqu'à la fin du XVIII ͤ siècle le développement des assurances.

Comparée à la subtile violence des religions monothéistes, la religion économique apparaît comme bien sommaire mais d'une grande efficacité. A l'évidence de la vie, elle oppose le divertissement de la concurrence, la croyance en la croissance infinie – hypostase de l'éternité –, l'anéantissement de la conscience dans l'accumulation des marchandises.

Pourquoi les hommes n'ont-ils pas adhéré plus rapidement à une religion laïque aussi efficace ? Sans doute fallait-il d'abord que les religions universelles préparent le terrain.

Les petites hordes se représentent les autres, l'extérieur, comme incommensurables à elles-mêmes. A l'intérieur, même quand ces hordes s'agglomèrent, l'incommensurable est tout aussi présent : ce sont des sociétés de castes, des sociétés holistes (L. Dumont). L'idée d'une religion universelle, s'appliquant identiquement à tous, est en dehors de leur conscience possible. Dans ces groupes, l'économie n'existe, comme le nom l'indique, qu'au niveau de la maison, de la famille.

Les grandes communautés et les religions universelles (cosmologies) sont en revanche vulnérables à l'ordre économique car elles fondent les principes de l'*individu* et d'une *commune mesure*. Elles ne cessent pas, d'abord, de rejeter cet ordre possible comme leur pire – prochain – ennemi[6]. C'est le protestantisme, ainsi que l'a montré Max Weber, qui fera, le premier, alliance avec l'économie moderne. Une économie qui mérite désormais un autre nom, plutôt celui de *cosmonomie*. Mais le protestantisme ne sera qu'un vecteur qui s'effacera finalement devant le triomphe actuel de la cosmonomie. Deux mille ans après le catholicisme panoptique, le monde s'est rétréci à la re-présentation que nous en donnent les informations ca-thodiques et capitalistes. Dans le même temps, il s'est ouvert sur un défi étrange et grandiose, celui d'une *crois-sance* indéfinie – et mal définie –, défi qui est le cœur et le moteur de tout l'ordre économique et dont l'analyse permet de mieux comprendre comment la croyance méta-religieuse dans l'ordre économique peut s'articuler avec les enjeux qui se jouent dans le champ économique.

---

6. Pour ne prendre qu'un exemple, *L'Éthique à Nicomaque* met en évidence que la commensurabilité économique (par le marché par exemple) est bien vue par Aristote comme incompatible avec l'ordre social interne. De même, en Chine, l'ordre économique sera perçu comme incompatible avec les valeurs traditionnelles, du confucianisme en particulier ; cf. par exemple *La Dispute sur le sel et le fer*, texte chinois, 81 avant J.-C., publié en français, J. Lanzmann et Seghers éditeurs, 1978.

4. Des philosophies de l'histoire au miroir de la croissance

Si l'économie manque d'une philosophie de l'économie, l'ordre économique s'érige en philosophie de l'histoire, cette croyance en la possibilité de déterminer le sens et la fin de l'histoire : l'économisme tend à se donner *une* histoire. Mais l'historicisme a pris des formes diverses et les philosophes de l'histoire, Hegel et Marx, déjà Vico, Turgot et Condorcet, Auguste Comte, peuvent être répartis sur divers axes : histoire cyclique (Vico) *versus* « flèche de l'histoire » ; idéalisme (Condorcet, Comte, Hegel) *versus* matérialisme (Smith, Marx) ; évolution continue, complexification croissante (Smith, Comte) *versus* rôle des conflits (Hegel, Marx).

La forme smithienne, généralement négligée, pense la marche de l'histoire comme développement de l'échange et de la division du travail, généralisation et approfondissement des marchés. D'une certaine façon, l'historicisme marxien est une synthèse de celui d'Adam Smith, mais généralisé par le passage de la division du travail au développement des forces productives, et de celui de Hegel (la conception dialectique, le rôle des conflits). Toujours cependant, sous ces formes diverses, l'économisme pense la détermination historique du social et du politique par l'ordre économique. Et cela que le moteur de l'histoire soit le développement de la division du travail ou des forces productives, l'explosion des techniques, la montée de l'échange et de la propriété privée (Hicks, les théoriciens des *Property Rights*, Douglass North) ou le progrès de la rationalité dans ses aspects divers (Max Weber).

La façon dont, dans la seconde partie du XXᵉ siècle, l'économisme s'est emparé de l'historicisme est révélatrice. Il a « rabougri » la dialectique historique en une analyse de la croissance économique et fait de celle-ci la « flèche de l'histoire » et « l'horizon indépassable du capitalisme ».

Au milieu de notre siècle, les pays développés se sont donné une représentation économique simple en projetant les rapports sociaux et l'infinie diversité des choses et des services dans le miroir de la production. Ayant bâti des systèmes de comptabilités nationales, ils ont pu résumer leur performance économique globale en un seul chiffre et mesurer sa croissance annuelle. Celle-ci est devenue l'indicateur fétiche d'une finalité suprême, d'un état du monde, selon la vision des pays les plus riches qui ne doutent d'ailleurs pas que cette vision doive être partagée par tous.

Dans un premier temps, les théories de la croissance supposaient la pluralité des voies et se fondaient sur des conceptions diverses du développement social, politique et culturel. Quelques années avant la crise, la croissance avait même été contestée comme finalité en soi, par une fraction des jeunes générations des pays les plus favorisés et sa possibilité même, à long terme, avait été mise en doute : *Halte à la croissance ?*, ouvrage issu des travaux du Club de Rome en 1972, a été l'un des best-sellers économiques du siècle. La notion actuelle de « croissance soutenable » est issue de ces réflexions et de cette sensibilité.

Aujourd'hui le miroir s'est brouillé : les représentations sont devenues paradoxalement à la fois moins simplistes et plus contraignantes. Depuis que la croissance s'est ralentie, sa finalité en soi et sa possibilité à long terme restent débattues. Paradoxalement, dans le même temps, sa nécessité est devenue plus impérieuse que jamais car elle apparaît comme un moyen de réduire le chômage – même s'il est généralement reconnu que ce moyen est, à lui seul, insuffisant. En outre, aujourd'hui ne semble subsister qu'une « voie royale » du développement : faire émerger les institutions les plus efficientes pour l'expansion de l'échange marchand, l'intégration dans l'économie mondiale, la croissance néocapitaliste. Pour reprendre l'hypothèse religieuse, il ne reste qu'une seule façon de faire son salut.

Cet impérialisme de la croissance invite à interroger sa signification profonde, au-delà des effets habituels de la rhétorique économique. Pour y voir un peu plus clair, on doit projeter la notion dans deux espaces complexes distincts, celui des nations et des entreprises d'une part, celui de la société et des individus d'autre part.

Dans le premier, la croissance n'est-elle pas restée simplement l'autre nom, le moyen direct et avouable, de la puissance ? Telle était la position des mercantilistes, mais Adam Smith ne se résigne-t-il pas à « inventer » et à illustrer le libéralisme pour mettre le *moteur* de la cupidité des masses dans la société aristocratique anglaise, dans la perspective de faire de son pays la plus puissante nation du monde ?

Rien n'a vraiment changé à cet égard, même si l'entreprise géante, l'entreprise-monde, tend à se substituer à la Nation. Mais la compétition économique mondiale, plus complexe et plus technologique certes, reste géopolitique, militaire, culturelle dans sa structuration en grandes zones. La croissance économique demeure l'indicateur synthétique le plus adéquat de la puissance de chaque groupe industriel, mais aussi de chaque nation, bref de toutes les instances engagées dans la compétition, la guerre de tous contre tous.

Dans l'espace social en revanche, la croissance prend des significations plus ambivalentes. Au niveau individuel, la jouissance est sans doute l'élément fondamental, mais chacun porte intérêt à la puissance, donc à la croissance : que ce soit notre pays, notre secteur d'activité, ou notre entreprise, sa croissance est facteur de sécurité, de prestige, de ressources accrues, de risques de chômage réduits, etc. La croissance semble à la fois le garant de la puissance des institutions et de la jouissance des individus. Mais le second lien, cette contrepartie sociale de la croissance, est plus fragile que le premier et il lui est subordonné. On l'a vu à la fin des Trente Glorieuses : dans une conjoncture assurant le plein emploi et promettant « toujours plus », ce plus perdait de sa force de mobilisation. On percevait, d'abord, que d'autres « plus » – plus de temps libre, plus de services collectifs, plus d'attention à l'environnement – n'étaient guère pris en compte dans une croissance principalement orientée par l'objectif de puissance nationale. Et surtout, comme on disait alors, « on ne tombe pas amoureux d'un taux de croissance ». Telle est, en effet, l'insuffisance de la croissance : elle répond aux besoins des hommes, mais pas à leurs passions, à leurs désirs. Les institutions et les organisations visent la puissance qui se décline en consommations et jouissances pour ceux qui dépendent d'elles. En revanche, elles n'ont que faire des passions et, plus généralement, de l'*éros* qui s'inscrivent dans le registre de la consumation, de la dépense, du dépassement de soi.

L'impératif de la croissance perdure cependant. Pas seulement par inertie, mais d'abord parce que l'économisme a fait table rase de toutes les autres valeurs, qu'il ne reste que cette « religion », et ensuite, plus prosaïquement, parce qu'on en espère un mieux pour le chômage et une réduction du risque d'explosion sociale. Dans la guerre économique mondiale, chaque pays cherche à repousser le plus possible des réformes structurelles toujours difficiles ou périlleuses (la réduction de la durée du travail et son partage par exemple) et qui peuvent compromettre ses positions de compétitivité.

C'est dire que la croissance recherchée vise à « passer sans casser » en se rapprochant des performances de l'économie américaine. Elle reste plus que jamais au service de la puissance des firmes et des nations. Même si les contreparties sociales de cette croissance asservie à la compétitivité restent insuffisantes, qui pourrait contester cette stratégie de lutte contre le chômage, même si ses effets sont insuffisants ? On s'interroge moins sur les finalités de la croissance quand celle-ci n'est plus assurée, sur le caractère aliénant du travail quand il devient rare, sur les méfaits de la normalisation industrielle quand on n'imagine plus d'autre futur qu'une reprise économique durable. C'est le paradoxe du chômage de rendre les contraintes de la guerre économique, qui l'a d'ailleurs engendré, mieux acceptables, de naturaliser cette forme de compétition entre les nations et les groupes industriels et finalement d'interdire de *penser l'armistice* dans les rapports internationaux.

Il n'est pas sûr cependant que la situation actuelle représente un équilibre durable. La crise économique et le ralentissement de la croissance en Europe ont certes donné un sursis à l'ordre économique et mis une sourdine à bien des questions. D'une manière générale, on peut admettre que les évolutions dans le champ et dans l'ordre économiques s'inversent. Si la crise a conforté cet ordre, le retour à des perspectives plus favorables peut, à nouveau, le menacer. D'autant plus que les sensibilités aux questions d'environnement – lequel n'a évidemment pas cessé de se dégrader fortement –, aux déséquilibres géopolitiques et aux inégalités dans le monde se sont accrues.

De plus, la compétition économique mondiale a perdu l'une de ses principales justifications : l'affrontement du bloc capitaliste et du bloc communiste. La construction de l'Union européenne réduit également les impératifs de compétitivité : l'affrontement direct de naguère peut laisser la place à une organisation concertée de la concurrence. Reste finalement une compétition entre les trois pôles de la triade, laquelle est certes vive mais sans être

massive. Au total, dans le cadre encore fragile et contestable de l'OMC, la guerre économique a perdu la vigueur,
le statut d'impérieuse nécessité qu'elle avait il y a vingt
ans. Certains y voient les signes d'une fin de l'histoire :
une définitive pacification politique et sociale à l'échelle
mondiale, imposée par le triomphe d'un seul « modèle »,
celui de l'économie libérale, et le triomphe *global* de cette
unique passion, l'intérêt.

On peut penser que, tout au contraire, l'atténuation
des confrontations fragilise l'ordre économique. Mais
finalement, le plus probable est que nous sommes dans
un équilibre métastable, précaire, défiant toute prévision
car cette apparente « fin de l'histoire » est une situation
entièrement nouvelle dans l'histoire des civilisations.

5. La fin de l'histoire

La fin de l'histoire peut supposer à la fois, ou séparé-
ment, l'apaisement des conflits moteurs et l'accomplissement du « programme » de rationalité parfaite, que ce soit
dans la direction étatique ou marchande.

Aujourd'hui, la conception d'un État rationnel omniscient et omnipotent n'est plus guère retenue. En revanche, l'idée d'une généralisation de la propriété privée et
des autres institutions de l'économie de marché alimente
le consensus médiatique et l'emporte sur la nouvelle scène
du géopolitique.

On se trouve en effet dans une situation où la loi des

marchés tend à devenir le mode dominant de régulation, où la généralisation de l'appropriation privée permet d'étendre à l'infini le règne de la marchandise et où, enfin, les marchés ont atteint la dimension de l'univers. L'échange marchand généralisé et la mondialisation de l'économie ne pourraient-ils pas dès lors réaliser le programme de « la paix par le libre-échange » et le « doux commerce » ?

Paix sociale et paix politique, domination absolue d'une conception du monde devenue sans rivale crédible, absence d'alternative, acceptation par tous de la rationalité économique et de ses lois, l'économisme ne semble-t-il pas désigner une fin de l'histoire ? Le règne absolu et mondialisé de l'intérêt, cette passion supposée régulatrice, du calcul économique, disons de la raison économique, un règne dans les faits et dans les représentations, permettrait d'entrevoir cette fin de l'histoire que le bruit de la cavalerie française avait rendue perceptible à Hegel.

Cette vision est celle de Francis Fukuyama, développée dans un livre *La Fin de l'histoire et le Dernier Homme,* publié aux États-Unis en 1992 (traduit en français la même année). Redisons pour nombre de « lecteurs-consommateurs » de cette thèse que, loin d'être nouvelle, elle revient hanter comme un spectre les cerveaux occidentaux. Le thème eschatologique de la « fin de l'histoire », de la « fin de la philosophie », du « dernier homme », etc., était déjà omniprésent dans les années cinquante. Si, pour l'essentiel, l'ouvrage est l'exercice scolaire d'un lecteur appliqué et tardif de Kojève et de sa lecture de Hegel, il n'est pas aussi naïf que pourrait le laisser croire l'exploitation médiatique

qui en a fait la vitrine idéologique du capitalisme vain-
queur dans une démocratie libérale parvenue à la pléni-
tude de son idéal. Il est parfois habilement nuancé et
mériterait une analyse serrée[7]. Pour se limiter à l'essentiel,
la thèse, la « bonne nouvelle » est celle-ci : « La démocratie libérale reste la seule aspiration politique cohérente
qui relie différentes régions et cultures tout autour de la
terre » et qui a « toujours été accompagnée par une révolution libérale dans la pensée économique ». Fukuyama
n'ignore pas ce qui peut faire douter de ce nouvel évan-
gile : les deux guerres mondiales, les horreurs du totalitarisme, les massacres de Pol Pot, etc. Encore faudrait-il
ajouter à cette liste tous les phénomènes de paupérisa-
tion et d'inégalités croissantes, ces « fractures sociales »,
nationales et internationales, qui nous font retrouver
l'ombre des « luttes de classes sans conscience de classes »,
la guerre économique entre zones (et à l'intérieur d'une
même zone), les contradictions qui travaillent le commerce
des pays riches avec le reste du monde. Mais ce ne sont
pour lui que des événements empiriques, des « accidents »
de l'histoire, dont l'accumulation ne contredit pas l'orientation *idéale* de l'humanité vers l'économie libérale garante
d'une « accumulation infinie des richesses », les régions
les plus pauvres n'étant qu'en retard sur cette « voie royale »
à sens unique.

---

7. Cf. sur cette question le commentaire de Jacques Derrida, *Spectres de Marx*,
Galilée, 1993.

Pour atteindre ce résultat, il n'hésite pas à faire glisser un discours (celui des faits, qu'il renvoie au « flot empirique des événements ») sous celui d'une schématisation de l'explication hégélienne de l'histoire. Sous cette oscillation du discours (la démocratie libérale définie tantôt comme réalité effective, tantôt comme simple idéal), la thèse apparaît comme un simple reflet de la domination des institutions sociales et politiques du capitalisme et des régulations qu'elles mettent en œuvre.

A l'époque où le communisme était à son apogée, lorsque la grande crise des années trente, puis la guerre, semblaient condamner l'économie de marché, la fin de l'histoire n'apparaissait-elle pas évidente derrière l'État socialiste, en apparence pleinement rationnel et omnipotent, dirigeant l'économie et produisant un ordre social à la fois optimal et ultime, visant à l'universel par l'« internationalisme » ?

Finalement, la bévue des uns (le « tout-État » rationnel) vaut celle des autres (le « tout marché » rationnel). D'ailleurs, si l'utopie destructrice de l'État rationnel a triomphé un temps pour une vaste fraction du monde, pour s'effondrer, l'utopie non moins destructrice du marché autorégulateur généralisé a, elle aussi, déjà triomphé une fois (au début du XIXᵉ siècle) et, comme l'a montré K. Polanyi, est déjà morte une fois (la *Grande Transformation* qu'il analyse est l'histoire de cette mort à la fin du XIXᵉ et au début du XXᵉ siècle). Aujourd'hui, la résurgence de l'utopie de l'économisme marchand accompagne la montée du néocapitalisme, comme son ancêtre, celle du marché

351

autorégulateur de la fin du XVIII᷄ᵉ et du début du XIXᵉ siècle, accompagnait la naissance du capitalisme industriel.

Or la paix sociale par le marché généralisé vaut celle par l'étatisme. L'une et l'autre ne sont pas moins imposées ; elles ne tiennent que dans la mesure où la conflictualité ne peut s'exprimer. Étouffée sous le règne de la nécessité, l'absence d'alternative, elle ne peut s'exprimer. Elle n'en existe pas moins à l'état latent sous la chape de la violence d'État d'un côté (surtout d'un côté, ce qui ne laisse pas l'autre innocent), de l'aliénation et du chômage de l'autre.

L'économisme finalement se piège lui-même. Il projette à l'infini un moment spécifique et suppose que « ce qui est » ne peut qu'être l'esquisse de « ce qui sera » et que « ce qui sera » ne peut qu'être l'accomplissement de « ce qui doit être ». Il érige les désirs et l'utopie des uns en solution définitive et prend la « fin » des conflits pour la disparition de la conflictualité. Surtout, il est la question et la réponse, il joue sur les mots : l'économisme ne pourrait être la fin de l'histoire que si la finalité des hommes était seulement celle qu'il désigne lui-même : l'intérêt, avec le calcul comme unique horizon. Mais il est d'autres passions !

6. Pour une philosophie de l'économie

Cette tension entre un champ économique construit sur les besoins et les intérêts et un monde extra-économique fait de passions et de désirs, devrait fonder (refonder) une discipline, la philosophie économique. Cette discipline n'existe pas, ou plus, pour les raisons que nous avons évoquées, et pourtant beaucoup de travaux critiques, dispersés et mis à l'écart du débat public, pourraient la nourrir.

Le modèle hégélien du Savoir absolu et de l'État apaisant la « lutte pour la reconnaissance du sujet », celui de Marx d'une répartition des richesses selon les besoins de chacun, celui d'une démocratie stabilisée (alors que la démocratie est un *mouvement,* un état toujours à *venir,* à *construire*), bref le modèle d'un homme en équilibre et d'une société également en équilibre, n'est qu'une construction conceptuelle historiquement datée. A laquelle s'opposent non seulement la plupart des constructions philosophiques traditionnelles et *a fortiori* celles de la modernité (après Nietzsche et Freud) mais aussi l'évidence de la vie. Évidence à laquelle les économistes sont parfois sensibles. Stuart Mill n'écrit-il pas : « Il vaut mieux être un homme insatisfait qu'un porc satisfait » ? L'intérêt et l'accumulation des richesses ne peuvent être qu'un moteur partiel de l'histoire (Borgès : « Ce n'est pas ce que nous avons qui a de la valeur mais ce qui nous manque ») et, comme on l'a vu, n'est-ce pas en période de bonne santé de l'économie que l'ordre économique apparaît le plus fragile ?

D'ailleurs, sur cette intuition, Georges Bataille avec *La Notion de dépense* (1933) et *La Part maudite* (1949) a construit l'une des visions les plus stimulantes d'un dépassement de l'ordre économique[8]. Selon lui, l'économie est l'enveloppe sociale, externe, le monde de la subsistance et des intérêts et en même temps celui de la *méconnaissance*, de la volonté de ne rien savoir. Il l'écrit dans l'article « Hegel, la mort et le sacrifice » : « L'homme ne vit pas seulement de pain mais des comédies par lesquelles il se trompe volontairement. » L'économie apporte le pain, la croyance économique apporte la comédie[9].

Méconnaissance de quoi ? De la servitude après que « la masse de l'humanité a donné son accord à l'œuvre industrielle[10] », de cette servitude qui réduit la masse à l'ordre des choses. L'économie, cet arraisonnement de l'homme par son œuvre industrielle, n'est pas objet de haine pour Bataille, mais plutôt de commisération. Sur le plan d'une philosophie de l'économie générale et de l'évolution de l'humanité, cette *stratégie inconsciente du pire* est la voie de la Rédemption, d'une transformation décisive, « comparable en un sens au passage de l'animal à l'homme (dont elle serait d'ailleurs, plus précisément, le dernier acte)[11] ».

---

8. On se limite ici à une évocation de l'œuvre de Georges Bataille en raison de son caractère novateur et fondateur mais la perspective qu'il ouvre a eu de nombreux échos et prolongements. Chez Pierre Klossowski, Gilles Deleuze, Jacques Derrida, Jean Baudrillard ou Jean-François Lyotard, pour ne citer que quelques noms.
9. Soulignons encore cependant que la religion économique n'est pas sans faille. De même qu'on peut se poser la question : « les Grecs croyaient-ils vraiment à leurs dieux ? », on doit se poser la question : croyons-nous vraiment à l'ordre économique ? Des attitudes de rejet se manifestent périodiquement, attestées, par exemple, par des succès de librairie (*Halte à la croissance ?*, *L'Horreur économique*...).
10. *Théorie de la religion*, O.C., tome VII, p. 339.
11. *La Part maudite* s'achève sur une alternative : apocalypse ou apothéose. Dans le premier cas, « le fou que je suis se perdra dans un monde qui ne sera pas moins insensé que lui », dans le second se réalise l'accomplissement de la

L'ordre économique peut conquérir (a déjà conquis partiellement) ce qui lui est incommensurable (la singularité de l'être, voire la *simple joie d'exister*, ce bien dont Aristote soulignait déjà la singularité). Cependant, comme le note Jean Baudrillard : l'économie est le monde de la mesure mais ce qui lui est extérieur, par définition, est hors mesure. Aucun étalon extérieur à l'économie ne peut mesurer la valeur de l'économie elle-même [12].

Bataille voit donc l'ordre économique comme ce qui ne peut manquer de disparaître, avant le dévoilement final (eschatologie de l'apocalypse, comme chez Heidegger à propos de la technique).

Peut-être faut-il adopter une position plus radicale encore permettant d'éviter l'hypothèse de renversement, d'homme nouveau, etc. Et admettre que le renversement n'est pas à attendre mais qu'il a déjà eu lieu, obscurément, souterrainement, partiellement.

Parce que nous jouons double jeu avec l'ordre économique.

Nous jouons le jeu de l'économie par intérêt et par besoin de méconnaissance certes, mais, sur un autre plan,

---

conscience de soi. Dans *Théorie de la religion*, Bataille est plus proche de la seconde hypothèse : « Le développement géant des moyens de production a seul la force de révéler pleinement le sens de la production, qui est la consommation improductive des richesses – l'accomplissement de la *conscience de soi* dans les libres déchaînements de l'ordre intime. », O.C., tome VII, p. 339.

12. La bulle financière, telle que la voit Baudrillard, est sans doute moins déconnectée de l'économie réelle qu'il le croit ou feint de le croire : peu importe, c'est une métaphore juste et surtout l'économie dite réelle, elle-même, est partiellement détachée du réel humain.

nous sommes fascinés par une économie mondiale qui, sous nos yeux, avec l'aide de l'explosion technologique et surtout biotechnologique, s'autonomise, se développe toute seule, sans finalité, comme un monde satellitaire ayant atteint une vitesse de libération. Comme un système singulier, inhumain, ouvrant non sur une « fin de l'histoire » mais tout au contraire sur une mutation anthropologique sans précédent et radicalement impossible à penser [13].

Notre hypothèse est donc plutôt que ce basculement s'étant déjà réalisé, en partie au moins, nous vivons dans deux mondes parallèles, qui évoluent sans rapports réels.

L'économie mondialisée, la technologie, le monde virtuel (même si nous y adhérons par intérêt et par méconnaissance) ne touchent pas à l'essentiel de ce qui constitue notre destin individuel. Peut-être même nous débarrassent-ils de ce qui ne nous concerne pas vraiment [14]. Mais ce développement qui semble échapper à notre contrôle, qui peut nous conduire à une mutation impensable ou à une apocalypse ne cesse de nous fasciner. Un monde devenu aussi fatal, aussi imprévisible que notre destin, ouvre paradoxalement un abîme de choix pour l'humanité.

---

13. Qui s'inscrit cependant dans le programme cartésien : « se rendre maître et possesseur de la nature » ne peut déboucher que sur un « arraisonnement » de l'homme lui-même par la technique.
14. De la même façon que la démocratie formelle nous débarrasse du soin de penser à l'État ou à l'art de la sociabilité. Cf. Sloterdijk, *Dans le même bateau*, Bibliothèque Rivages, 1997, p. 80.

S'il est possible de tirer de ce tableau quelques recommandations concrètes, nous nous limiterons à trois propositions.

1. Introduire dans les cursus d'économie, mais aussi de sociologie et de philosophie, une philosophie de l'économie, comme il existe déjà une philosophie de la plupart des disciplines. L'enjeu de cet enseignement est de réduire la tache aveugle qui nous empêche de voir et de mettre en débat ce qui fonde nos sociétés.

2. Favoriser dans les instances économiques et culturelles, nationales, européennes et mondiales, les débats non pas seulement sur les rapports entre économie et culture (et sur les questions dérivées d'exception culturelle) que sur *l'économie comme culture dominante* et sur les conséquences désastreuses (chômage, exclusions, inégalités croissantes, conflits) qui peuvent en résulter.

3. Il ne suffit pas que le prétendu *ordre* économique mondial fasse l'objet de débats dans des instances telles que le G7 ou le forum de Davos. Les organisations internationales dans le champ de la sécurité, de la santé, de l'humanitaire, de l'environnement, de la culture et, plus récemment, dans le domaine pénal, ouvrent des pistes intéressantes, même si elles rencontrent beaucoup de limites et peuvent faire l'objet de multiples manipulations. L'organisation mondiale du commerce (OMC), en se démarquant un peu des règles du GATT directement inspirées de la législation américaine, l'évolution récente des pratiques de la Banque mondiale, sont des signes timides mais encourageants.

La compétition à l'échelle mondiale des grands groupes capitalistes et des États pousse les législations nationales vers l'encouragement de la concentration des entreprises, la recherche effrénée (au sens strict) de la productivité et du profit, l'acceptation de pratiques anticoncurrentielles en matière d'entente, d'intégration et de contrôle, enfin vers le « moins disant » social. Pour l'éviter, il serait souhaitable d'étendre le champ du droit international vers l'édification progressive d'un droit économique et d'un droit social mondial, au-delà de la souveraineté des États.

Postface

Maurice Lévy

Si je connaissais assez bien un grand nombre de membres du Cercle des économistes, je n'avais pas la moindre idée de ce que représentait l'institution, jusqu'au jour où ils m'ont très gentiment invité à un de leurs dîners. C'était, je crois, la première fois que le Cercle recevait un homme de communication : les éminents économistes se commettaient en quelque sorte avec la publicité, la communication des marques et des entreprises.

Passionnant dîner au cours duquel nous nous sommes « découverts ». Avocat de mon métier, de « l'industrie de la communication commerciale », j'ai essayé de leur faire partager mes expériences et de leur faire découvrir un secteur largement méconnu (ou mal connu) de la plupart d'entre eux. J'ai éprouvé un véritable plaisir – et j'espère qu'il fut partagé – à débattre avec ce corps constitué de l'économie. Je ne sais si je fus convaincant, mais une chose est certaine, nous continuons à nouer et à renforcer des relations fréquentes et chaleureuses.

C'est ainsi qu'il y a six mois, nous décidâmes de nous lancer dans une nouvelle aventure où nous allions inverser les rôles. Nous allions tenter, non seulement de réunir ce que je considère comme les plus brillantes analyses et propositions économiques en France, mais nous allions également essayer de les diffuser, donc de les transmettre. Vaste ambition dont on peut imaginer à quel point elle était stimulante pour un homme dont le métier consiste à promouvoir le plus souvent des produits. Mais l'exigence était telle de part et d'autre, le sentiment amical de conduire un projet si fort, que nous l'avons porté ensemble. Le résultat est là, il est le triple produit de l'ambition intellectuelle, du souhait de servir la Cité et surtout celui de l'amitié. J'espère qu'il a atteint au moins l'un des objectifs en mettant à la portée du plus grand nombre les réflexions des meilleurs économistes français qui ont su, au-delà des clivages des écoles de pensée, esquisser des perspectives et faire des propositions d'actions.

CET OUVRAGE A ÉTÉ ACHEVÉ
D'IMPRIMER POUR LE COMPTE
DES ÉDITIONS DESCARTES & CIE
PAR LA NOUVELLE IMPRIMERIE
LABALLERY A CLAMECY EN
N O V E M B R E   1 9 9 9
NUMÉRO D'IMPRESSION : 911096.
DÉPÔT LÉGAL : DÉCEMBRE 1999
N U M É R O   D ' É D I T I O N :   6 3 .

Imprimé en France